도담뜰

한솔교육희망재단 중점 프로그램

집필진

자문위원

김정미 한솔교육연구원 원장(발달심리전공 심리학박사)

검수위원

신은하 한솔교육희망재단 사무국장(문학석사)

윤영선 한솔교육희망재단 보육사업단장(아동보육과교육전공 박사수료)

편집위원

이경진 한솔교육희망재단 교육연구원 원장(유아교육전공 교육학박사)

이유진 한솔교육희망재단 교육연구원 선임연구원(유아교육전공 교육학석사)

참여 어린이집

LG CNS 어린이집

국회 제1어린이집

대웅 어린이집

루셈 어린이집

마포구청 어린이집

서대문구청 어린이집

이랜드코코몽(가산) 어린이집

코닝정밀소재 어린이집

풀무원 어린이집

한화여의도 어린이집

현대자동차남양연구소 어린이집

감사의 말씀

〈도담뜰〉 출간에 도움을 주신 LG CNS 어린이집, 국회 제1어린이집, 대웅 어린이집, 루셈 어린이집, 마포구청 어린이집, 서대문구청 어린이집, 이랜드코코몽(가산) 어린이집, 코닝정밀소재 어린이집, 풀무원 어린이집, 한화여의도 어린이집, 현대자동차남양연구소 어린이집의 아이들, 교사, 원장님께 감사드립니다. 또한 본문에 수록된 그림책 표지 이미지 사용에 동의해 주신 출판사들에게도 감사드립니다.

또담뜰

한솔교육희망재단 중점 프로그램

한솔교육희망재단

나눔사

'별을 닮은
행복한 아이'를
키우는 도담뜰

한솔교육희망재단이 어느덧 창립 10주년을 맞았습니다. 우리 희망재단은 행복할 권리를 가지고 태어난 이 땅의 아이들에게 꿈과 희망을 더하기 위해 복지와 보육을 통합적 관점에서 제공해왔습니다. 재단 설립 이전부터 '희망특공대'라는 이름으로 사회공헌활동을 펼쳐왔고, 재단 설립 이후에도 '에듀케어', '책 읽는 공부방 만들기' 등으로 '아이가 희망인 세상'을 열기 위해 기업이 지닌 사회적 자원과 역량을 아낌없이 나누고 함께해왔습니다.

이와 함께 보육사업은 2005년 LG CNS 직장어린이집 컨설팅 및 수탁운영으로 시작되었습니다. 10년이 지난 지금 다수의 국가기관과 기업체의 직장어린이집을 운영하며, 아동복지의 근간인 보육을 통해 한솔교육희망재단의 이념을 구현하고 있습니다.

이제 한솔교육희망재단이 창립 10주년을 맞아 새로운 비전을 선포합니다. '별을 닮은 행복한 아이'는 한솔교육희망재단의 새로운 비전이자 '영유아 행복도 1위' 보육전문재단으로서의 의지와 지향을 담고 있습니다. 이 땅의 모든 아이들은 저마다 소중하고 의미 있는 존재이며, 그 자체만으로도 빛나는 별이기 때문입니다.

또한 그 '별'은 한솔교육희망재단이 추구하는 신체·정서·인지·언어·사회성 발달의 5개 꼭지를 지닌 바람직한 어린이상을 나타내는 별이기도 합니다. 우리 아이들이 특정 영역에 치우치지 않고 통합적이고 전인적인 발달을 통해 '별처럼 빛나는 행복한 아이'로 자라나, 행복한 가정과 행복한 세상을 만들도록 지원하고자 합니다.

이처럼 '별을 닮은 행복한 아이'는 한솔교육희망재단 어린이집이 구현하고자 하는 보육모형이기도 합니다. 그 보육모형의 중심에는 '도담뜰 프로그램'이 자리하고 있습니다. '도담뜰'은 그림책을 매개로 하여 영유아의 통합적 발달을 촉진하는 책놀이 프로그램으로, 영유아·부모·교사가 모두 참여할 수 있는 교육활동의 장입니다.

이 책은 보육현장에서 '도담뜰 프로그램'을 보다 잘 이해하고 적용할 수 있도록 하기 위해 만든 교사 안내서입니다. 1부는 '도담뜰 프로그램'의 의미와 개요, 교사의 역할 등을 다루었으며, 2부에서는 각 연령별 프로그램 활동사례를 담아 실제 보육과정에 도움이 될 수 있도록 구성되었습니다. 이 책이 단지 이론서에 그치지 않고 현장에서 발전적으로 활용되었으면 하는 바람입니다.

아무쪼록 잘 가꾸어진 도담뜰에서 우리 아이들이 아무 탈 없이 잘 놀며 건강하게 자라고, 부모와 교사 모두가 울타리 없이 마음껏 어울렸으면 좋겠습니다. 그 속에서 자란 우리 아이들이 마침내 '별을 닮은 행복한 아이'가 되어 별처럼 영롱한 빛을 비추었으면 좋겠습니다. 그 빛을 받아 온 세상이 행복하게 되었으면 좋겠습니다.

2016년 6월

한솔교육희망재단 이사장

목차

2. 도담뜰 프로그램의 실제

한솔교육희망재단 어린이집에서는 개원 시 책 읽기 영역을 가장 중심에 설계하고 '도담뜰'이란 공간을 구성한다. '도담뜰'은 어린이집의 배움, 놀이, 휴식 공간이며 영유아, 부모, 교사가 모두 참여할 수 있는 교육활동의 장이다. 또한 '도담뜰'은 한솔교육희망재단 어린이집의 차별화된 중점 보육 프로그램으로 그림책을 활용하여 영유아의 통합적 발달을 돕는다. 따라서 보육과정을 운영하는 한솔교육희망재단 어린이집 교사들은 '도담뜰' 프로그램에 대한 이해와 프로그램 운영 지침을 숙지하고 있어야 한다.

1

도담뜰
프로그램의 이해

01

도담뜰 프로그램의 의미

1) 공간 도담뜰
2) 프로그램 도담뜰

1) 공간 도담뜰

　질 높은 보육 프로그램을 위해서는 최적의 공간을 확보해야 한다. 어린이집은 운영 특성상 어린 시기의 아이들이 일정 기간 동안 오랜 시간 머무는 공간이기 때문에 어느 교육시설보다 물리적 환경이 중요하다(NAEYC, 2007). 어린이집 공간의 질이 높을수록 영유아는 자유롭게 활동할 수 있고 서로 존중하며 배려할 수 있게 된다(박경희, 이진희, 2014). 실제로 공간의 크기, 밀도에 따라서 사회·환경적 상호작용이 달라지며 영유아의 학습 성취력에도 큰 영향을 미치는 것으로 알려져 있다(이상영, 2014).

　한솔교육희망재단 어린이집에서는 영유아가 집과 같이 안락함을 느낄 수 있는 장소, 사랑 받는 장소, 그리고 영유아의 주도적 놀이가 일어나는 장소로서 '도담뜰' 공간을 마련하고 있다. '도담뜰'은 아이뿐만 아니라 부모, 교사 모두를 고려하여 친환경적으로 설계된다. 아이들과 교사는 도담뜰에서 소통하면서 자연스럽게 활동에 참여할 수 있고, 부모들은 직장생활을 하면서도 일과 중에 언제든지 아이들을 만나 책을 읽어줄 수 있도록 지원하고 있다.

　도담뜰은 '도담도담'과 '뜰'이란 순수 우리말을 합쳐서 만들어졌다. '도담도담'은 어린아이가 탈 없이 잘 놀며 자라는 모양을 가리킨다. '뜰'은 평평한 빈터로, 주로 화초나 나무 등을 키우는 공간이다. 따라서 '도담뜰'은 '아이들이 아무 탈 없이 잘 놀며 건강하게 자라는 공간'이라는 의미를 가진다. 여기에는 우리 아이들이 즐겁고 다양한 활동을 통해 행복한 아이로 자라기를 바라는 희망재단의 바람이 담겨 있다.

한솔교육희망재단 어린이집의 중심 공간 '도담뜰'은 다음과 같은 특징을 지닌다.

① 부모가 어린이집에 쉽게 접근할 수 있다. 부모들이 아이들을 기다리며 휴식할 수 있는 공간이며, 교사를 만나 소통하는 공간이 된다. 예를 들어 부모가 책 읽기 자원봉사를 하거나 양육 전문가를 만날 수 있으며, 부모의 양육 효능감을 신장시킬 수 있는 프로그램이 운영되는 장소가 된다.

② 교사들도 어린이집을 이용하는 주체로서 오랜 시간 머무르고 싶은 공간이 필요한데, 이러한 공간은 교사의 육체·정서적 소진을 줄여줄 수 있다. 도담뜰에서 교사는 영유아와 긍정적인 관계를 만들 수 있다. 적응이 어렵거나 상호작용이 어려운 아이들과 자연스럽게 상호작용할 수 있으며, 보육 활동으로 연결되는 장소가 된다.

③ 영유아와 가정, 지역사회를 연계하는 활동을 한다. 예를 들어 그림책 작가와의 만남의 공간, 지역사회 전문가와 지역 주민들이 만나는 공간으로 활용할 수 있다. 실제로 프로젝트 결과를 발표하거나 전시하는 공간, 소그룹 활동을 하는 공간으로 활용되고 있다. 공간 '도담뜰'은 우리 아이들이 세상을 만나고 이해하며 자신들의 꿈을 찾을 수 있는 한솔교육희망재단 어린이집의 중요한 중심 공간이다.

한솔교육희망재단 어린이집 도담뜰 전경

  한솔교육희망재단 보육사업의 목표는 영유아와 부모, 교직원이 모두 함께 행복한 어린이집을 만드는 것이다. 이를 위해 영유아를 위한 안전한 환경, 안정된 프로그램, 그리고 안심하고 맡길 수 있는 수준 높은 보육환경을 제공하고자 '도담뜰' 프로그램을 중점적으로 운영하고 있다. '도담뜰' 프로그램에서는 영유아의 5개 발달 영역, 즉 신체·정서·인지·언어·사회성 발달을 돕기 위해 인성, 생태, 나눔, 예술, 오감각과 같은 주제 중심 활동을 진행한다. 이를 위한 구체적 실행 내용은 다음과 같다.

① 도담뜰 프로그램에서는 어린이집의 특성을 반영하여 보육과정 속에서 그림책을 매개로 창의적이고 독창적인 활동 주제를 선정, 계획하고 운영한다. 이러한 도담뜰 프로그램은 객관적인 평가를 통하여 영유아, 부모, 교사의 발달과 성장을 확인한다. 또한 어린이집 간의 협력과 공유를 통하여 프로그램의 질적 수준을 향상시키고 있다.

② 도담뜰 프로그램에서는 포괄적 육아 지원 서비스를 실현하고자 효과적인 부모 지원 프로그램을 운영한다. 또 부모와 공감대 형성과 교류를 통해 가정의 안정을 도모하고 자유스러운 의사소통 체계를 마련하는 데 도담뜰 프로그램을 활용하고 있다. 즉, 부모는 영유아에게 책 읽어주는 활동을 하거나 책을 빌려갈 수도 있으며, 주제에 따른 활동에 능동적으로 참여할 수 있다.

③ 한솔교육희망재단에서는 도담뜰 프로그램 운영을 위해 지속적으로 교직원 교육을 하고 있으며, 사업체, 지역사회 기관을 연계하는 협력 시스템을 구축하고 있다. 이러한 노력을 통하여 질 높은 직장 어린이집 보육 모형을 제시하고자 한다. 또한 영유아에게 최적의 보육환경을 제공하여 보육의 사회적 책임을 실천하고자 한다.

그림책을 활용한 주제 중심 도담뜰 프로그램

02 도담뜰 프로그램의 개요

1) 프로그램의 목적과 목표
2) 프로그램 내용 구성
3) 프로그램 운영 방법
4) 프로그램 평가 방법

1) 프로그램의 목적과 목표

'도담뜰' 프로그램에서는 언어, 수학, 과학, 미술, 음률, 신체 활동 등 다양한 활동에서 그림책이 활용된다. 그림책은 신체·정서·인지·언어·사회성 등 영유아의 발달을 통합적으로 돕는 매력적인 도구이기 때문이다. 실제로 그림책은 우리가 살고 있는 세상 이야기를 그림을 통해 표현하고 있기 때문에 읽는 즐거움을 준다. 또한 글과 그림으로부터 다양한 정보를 추출하고 새로운 의미를 구성하기 위한 고차원의 사고를 요구한다. 그림책은 영유아가 세상에 대한 이해와 사고의 지평을 넓혀갈 수 있도록 지원하고, 세상과 소통할 수 있도록 하는 다양한 생각거리를 제공하는 매체로서 유아의 삶에 중요한 기능을 한다(이차숙, 2013).

따라서 도담뜰 프로그램의 목적은 그림책에 대한 친숙함을 높이고 그림책을 활용한 다양한 활동을 통해 영유아의 창의성과 전인 발달을 돕는 것이다. 또한 가정 연계를 통하여 부모가 영유아 생활에 대해 이해하고 양육 기술을 알게 함으로써 보육의 효율성을 높이고 자녀 발달에 긍정적으로 기여할 수 있게 돕고자 한다. 아울러 지역사회와 협력 체계를 구축하고 어린이집의 보육 과정과 환경을 이해시키며 관심을 가지도록 한다. 이를 위한 도담뜰 프로그램의 구체적 목표는 다음과 같다.

① 올바른 책 읽기 습관을 기르고 책 읽는 문화 환경을 만든다.
② 통합적 보육 활동으로 영유아의 창의성과 전인 발달을 돕는다.
③ 가정, 지역사회의 협력을 구축하고 보육 과정의 질적 수준을 향상시킨다.

　　도담뜰 프로그램의 내용은 영유아의 경험을 바탕으로 주제 중심 활동을 통해 통합적인 방법으로 접근한다. 따라서 주제와 관련된 그림책 선정과 활동으로 구성되며 내용과 활동은 프로그램의 목표와 연결된다(서정숙, 김정원, 2008). 실제로 주제 중심 활동은 영유아의 현재 수준과 흥미영역을 바탕으로 상호 연결성이 있도록 조직하고, 연령별로 갖춰야 할 지식, 태도와 행동이 포함되도록 선정한다. 즉, 영유아의 발달 수준, 특성과 연령별 내용을 유기적으로 연계하여 활동할 수 있도록 한다.

　　한솔교육희망재단의 도담뜰 프로그램은 인성, 생태, 나눔, 예술, 오감각 등 5가지 주제 활동을 선정하여 진행한다. 특별히 도담뜰 프로그램은 반응성 상호작용 교수법(Responsive Teaching, 김정미, 2008 ; Mahoney, & Macdonald, 2007)을 통하여 교사-영유아가 반응적인 상호작용을 할 수 있도록 도움으로써 궁극적으로 영유아의 발달을 촉진한다.

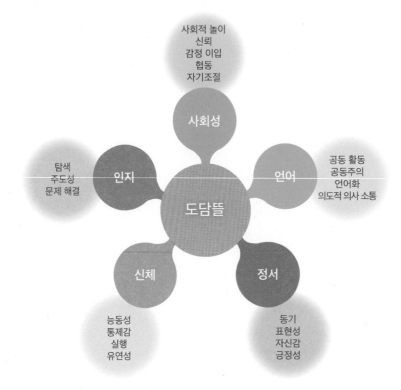

반응성 상호작용 교수법을 통한 중심축 행동 발달 프로그램

도담뜰 프로그램 운영을 위해 먼저 프로그램을 계획하고 실행을 통해 평가하는 과정을 지속적으로 진행한다.

❶ **계획** - 도담뜰 프로그램을 계획할 때 활동의 유형과 활동 영역, 활동시간을 염두에 두어야 한다. 이것은 영유아를 위한 교육목표가 무엇인가와 연결된다. 교육목표가 결정되면 교육목표와 일치하는 주제를 선정하고 활동을 계획한다. 프로그램을 계획할 때는 표준보육과정과 누리과정의 보육 목표와 내용을 기초로 하고 영유아의 발달특성을 고려해야 한다.

❷ **실행** - 영유아가 흥미를 가지는 주제를 파악하고 발달단계마다 이루어야 할 과업을 중심으로 개념을 소개하고 활동을 전개해야 한다. 또한 프로그램을 실행할 때는 영유아의 연령과 발달 수준, 경험적 배경, 어린이집과 지역사회의 특성을 반영하여 실행한다.

❸ **평가** - 프로그램의 효과를 입증하기 위해 평가가 필요한데, 과정과 결과를 모두 평가하여야 한다. 영유아의 성장과 발달을 위한 목표 달성이 되었는지, 내용의 범위는 적절하였는지, 주제 선정은 적합하였는지를 평가한다. 교사의 지도전략과 프로그램의 효율성, 실용성에 대한 정확하고 객관적인 평가는 좀 더 발전되고 질 높은 수준의 프로그램을 다시 계획하고 실행할 수 있게 하는 데 큰 도움이 된다(김혜금, 2010).

평가는 프로그램 전반의 적절성과 타당성을 밝힐 수 있어야 한다. 따라서 기대했던 프로그램의 효과와 의도한 결과를 수량화하는 양적 평가와 프로그램에 참여한 영유아나 부모들의 반응에 초점을 두는 질적 접근 방식의 평가 방법을 모두 활용해야 한다. 이는 결과 중심의 사고에서 벗어나 과정 중심의 시각으로 프로그램을 총체적으로 인식하기 위해서이다.

도담뜰 프로그램의 진행 과정

평가가 체계적으로 잘 이루어지기 위해서는 올바른 평가 방법이 필요하다. 무엇을 평가할 것인지 평가 항목을 기술하고, 정확한 자료를 수집하고 면밀하게 분석하여야 한다. 아무리 객관적인 평가 도구라 할지라도 기관의 특성과 영유아의 특성을 고려하지 못한다면 평가의 최종 목적인 프로그램의 질적 효과를 가져올 수 없다. 실제로 관찰기록부, 활동계획안, 부모저널, 교사저널 등과 같은 어린이집에서 가지고 있는 자료를 평가에 반영할 수 있다. 또한 프로그램의 가치, 실용성, 효과를 평가의 기본으로 삼아야 한다(Spodek, 1992).

(1) 어린이집 자체 평가

어린이집 내에서 하는 자체 평가는 어린이집과 영유아의 특성을 반영하여 평가하게 되므로 좀 더 세밀한 평가가 가능하다. 아울러 질적으로 향상된 활동을 확인하거나 평가자의 반성적 사고를 통하여 전문성을 기를 수 있다. 또한 자율장학을 체계화시키고 질적 변화가 가능하게 이끌어 준다.

평가는 결과를 유용하게 이용할 때 의미가 있다. 평가 결과는 영유아의 성장 발달을 이해하는 자료로서, 영유아의 욕구를 만족시키고 발달을 자극할 수 있는 교육계획을 수립하는 데 활용하는 것이 마땅하다. 부모와 함께 평가 결과를 공유함으로써 영유아에 대해 보다 효과적이고 연계성 있는 지도전략의 자료로 활용할 수 있다(권영례, 이영자, 2010).

한솔교육희망재단 어린이집에서는 도담뜰 프로그램 진행단계에 따라 아래의 표와 같이 평가하고 있다.

도담뜰 프로그램 어린이집 자체 평가기준

프로그램 진행단계	평가내용	구체적 세부 평가내용				
		1 전혀 그렇지 않다	2 약간 그렇지 않다	3 그렇다	4 약간 그렇다	5 매우 그렇다
계획	목표	표준보육과정, 누리과정 관련 요소를 포함한다. 중심축 행동 발달을 계획한다. 연령에 맞는 활동을 계획한다. 개별차를 보완할 수 있는 활동을 계획한다. 목표 진술은 어린이집의 특성에 맞춰 설정한다. 목표 진술이 구체적이다.				
	경험	영유아의 사전 경험을 반영한다. 영유아의 흥미와 발달 과정에 대한 관찰과 기록 후 활동을 계획한다. 영유아의 삶과 관련성이 높은 활동으로 계획한다.				

프로그램 진행단계	평가내용	구체적 세부 평가내용				
		1 전혀 그렇지 않다	2 약간 그렇지 않다	3 그렇다	4 약간 그렇다	5 매우 그렇다
계획	주제 선정	표준보육과정, 누리과정에 근거한 주제를 선정한다. 어린이집의 특성을 고려한 주제를 선정한다. 활동의 대상자(영유아, 부모)의 요구를 반영한다. 지역사회의 특성을 고려한 주제를 선정한다.				
	그림책 선정	활동 주제와 부합되는 그림책을 선정한다. 영유아의 발달특성을 고려한 그림책을 선정한다. 영유아가 흥미로워할 수 있는 그림책을 선정한다.				
	연간계획 월간계획 주간계획 일일계획	연간, 월간, 주간, 일일계획을 연계한다. 실현 가능하고 구체적이다. 교사-아동, 아동-아동, 아동-놀잇감의 상호작용과 탐색을 격려하는 환경을 계획한다.				
실 행	발달 수준	연령에 적합하다. 개별차를 보완할 수 있다.				
	경험적 배경	영유아의 사전 경험과 일상 경험을 고려하여 실행한다.				
	어린이집 특성	어린이집의 특성과 환경을 고려하여 실행한다. 어린이집의 일과를 고려하여 실행한다.				
	흥미 영역	영유아들이 흥미 영역에서 자유롭게 선택하며 능동적으로 참여한다. 영유아의 관심, 요구, 연령, 발달 수준을 고려한 놀이시간과 공간을 마련한다.				
	가정 연계	부모의 관심과 요구를 반영한다. 가정과 연계하여 부모가 참여할 수 있도록 실행한다.				
	지역사회 연계	지역 전문가나 지역 자문기관 협력체계를 구축한다. 지역사회를 연계하여 실행한다.				
평 가	목표 달성	표준보육과정, 누리과정 관련 요소를 포함한 목표를 달성한다. 중심축 행동 발달을 확인한다. 진술된 목표를 달성한다.				
	내용	영유아의 발달에 적절한 내용을 제공한다. 내용에 따른 교재·교구가 있다.				
	주제 적합	주제에 적합한 활동이다. 영역 간 통합이 되는 주제이다.				
	교수 전략	영유아의 특성에 따른 교수전략이 있다. 영유아의 개별차를 반영한 교수전략이 있다. 목표를 달성할 수 있는 교수전략이 있다. 반응성 상호작용전략이 있다.				
	효율성	목표를 달성하기 위한 시간과 경비를 최소화한다. 활동에 필요한 다양한 교수-학습자료를 준비하고 활용한다. 영유아의 발달 수준, 흥미, 요구, 놀이 전개 상황 등에 따라 융통성 있게 운영한다.				
	실용성	활동의 실행, 평가가 가능하다. 추후 반복 활동과 확장 활동 적용이 가능하다.				
	교사 평가	교사는 활동목적을 충분히 인지하고 있다. 교사가 실현할 수 있도록 수립되었다. 교사가 활동 과정에 만족한다.				
	부모 평가	부모는 활동 목적을 충분히 인지하고 있다 부모의 관심과 요구가 반영되었다. 부모가 활동에 만족한다.				
	평가 활용	평가 결과를 활동의 계획, 부모 상담, 교사 교육에 활용하고 있다.				

(2) 한솔교육희망재단의 도담뜰 프로그램 평가

한솔교육희망재단에서는 연 1회 도담뜰 우수 프로그램 공모전을 통해 도담뜰 프로그램의 질적 수준을 향상시키려는 노력을 꾸준히 계속하고 있다. 평가를 통하여 어린이집은 프로그램의 내용을 공유하고 독창적이고 창의적인 활동을 해마다 새롭게 진행하고 있다.

우수 프로그램의 평가는 객관적인 기준을 세워 전문 평가단에 의해 진행되는데, 이때의 평가 기준은 주제는 적합한지, 독창적이면서 실현 가능한 프로그램인지, 프로그램의 목표에 따라 계획한 바를 성실하게 진행하고 있는지를 평가한다. 아울러 가정과 지역사회 연계 활동을 포함하고 있으며 부모의 참여도와 반응이 긍정적인지를 본다. 구체적인 평가 기준은 아래와 같다.

한솔교육희망재단 우수 도담뜰 프로그램 평가기준

프로그램 진행단계	평가내용	구체적 세부 평가내용				
		1 전혀 그렇지 않다	2 약간 그렇지 않다	3 그렇다	4 약간 그렇다	5 매우 그렇다
적합성	영유아	영유아 발달에 적합한 활동이다. 영유아 특성과 요구를 반영한 활동이다. 영유아가 그림책에 대한 관심과 흥미를 가지는 활동이다.				
	부모	부모의 요구를 반영한 활동이다. 부모가 그림책에 대한 관심과 흥미를 가지는 활동이다.				
	교사	교사의 교수능력을 반영한 활동이다.				
	어린이집	어린이집의 특성과 보육환경에 적합한 활동이다.				
	지역사회	지역사회의 특성을 반영한 활동이다.				
	주제	생활주제, 소주제와 관련된 활동이다.				
독창성	주제	새롭고 창의적인 주제 활동이다.				
	아이디어	새로운 아이디어를 활용하는 활동이다.				
	방법	다양한 방법을 소개하는 활동이다.				
	흥미도	영유아가 흥미로워하는 활동이다.				
실용성	가능성	활동의 실행, 평가가 가능하다.				
	적용	추후 반복 활동과 확장 활동 적용이 가능하다.				
	효과	활동의 기대효과가 나타나는 활동이다.				
성실성	계획	연간, 월간, 주간, 일일계획안을 연계하여 구체적으로 수립한다.				
	실행	활동을 지속적으로 기록한다. 아동 중심, 주제 중심, 반응 중심의 통합 활동을 한다.				
	평가	프로그램 단계마다 평가를 구체적이고 정확하게 한다. 평가를 반영한 활동을 계획하고 실행한다. 영유아, 부모, 교직원의 평가를 반영한다.				
가정 연계	참여도	부모의 활동 참여도가 높다.				
	만족도	부모가 활동에 만족한다.				
지역사회 연계	연계성	지역 전문가나 지역 자문기관과의 협력체계를 구축한다.				
	참여도	지역사회를 연계하여 실행한다.				

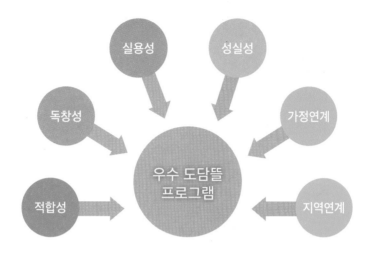

도담뜰 프로그램 평가 기준

우수 도담뜰 프로그램 발표

03 도담뜰 프로그램의 특징

1) 주제 중심 통합 발달 프로그램
2) 관계 중심 반응성 상호작용 프로그램
3) 가족 중심 가정·지역사회 연계 프로그램

1) 주제 중심 통합 발달 프로그램

도담뜰 프로그램에서는 영유아의 생각과 흥미를 반영하고 융통성 있게 운영하는 것을 원칙으로 한다. 영유아의 수준을 반영한 주제를 가지고 다양한 활동이 통합되어 진행된다. 즉, 영유아는 한 가지 주제 아래 신체·정서·인지·언어·사회성 등 발달을 돕는 통합교육을 한다.

앞에서도 밝혔듯이 도담뜰은 그림책에 대한 친숙함을 높이고 그림책을 활용한 활동을 통해 영유아의 발달을 돕는다. 또 영유아들이 그림책 작품에 등장하는 주인공의 삶을 간접 체험하고, 자신의 생각을 자유롭게 표현해보는 활동을 한다. 그동안 도담뜰에서 가장 많이 진행했던 주제는 5가지, 즉 인성, 생태, 나눔, 예술, 오감각으로 요약할 수 있다. 이 주제의 주요 내용은 다음과 같다.

(1) 인성

글로벌 인재가 갖추어야 하는 핵심 역량으로서 경쟁력 있는 능력도 중요하지만 그 이전에 도덕성이 먼저 바탕이 되어야 한다. 영유아는 바른 기본생활습관을 형성하고 사회 구성원들과 바람직한 관계를 맺기 위한 올바른 인성교육을 받아야 사회공동체 안에서 건강하고 행복한 구성원으로 살아갈 수 있다(교육과학기술부, 2012; 김유나, 2013).

인성교육은 올바른 인격과 성품을 가질 수 있도록 영유아들에게 연령에 적합하고 다양한 구체물과 매체, 자료를 통한 교육 과정을 제공해야 한다. 3~5세 누리과정에서는 배려, 질서, 협력의 기본생활과 바른 인성을 기르는 것의 중요성을 인식하고, 이를 실천할 수 있는 능력을 기르기 위한 내용을 강조하고 있다(교육과학기술부, 2012).

좋은 그림책의 경험은 과거와 현재를 이해하도록 도우며, 삶에 대한 관점을 넓혀주기 때문에 인성교육에서도 활용된다. 또한 영유아가 상황을 이해하고 공감하며 문제해결을 위한 합리적인 방법을 생각할 수 있게 한다(김명화, 천혜경, 김세루, 2012). 다시 말해 그림책 읽기 활동은 영유아에게 이야기 이해를 돕고 인물의 상황이나 문제 상황을 공감하게 한다. 또한 나와 다른 사람의 의견과 생각을 느끼는 동시에 타인과 공동체와 바람직한 관계를 형성할 수 있는 배려, 존중, 협력, 나눔, 질서와 효에 관한 경험을 제공해줄 수 있다(교육과학기술부, 2012).

배려, 존중, 협력, 나눔, 질서와 효에 관한 경험을 제공

(2) 생태

생태환경에 대한 감수성을 증진시키기 위해서는 직접 자연을 체험하는 것이 가장 효과적이고 중요하다(조형숙, 박성혜, 박은주, 2010). 그러나 의미 있는 자연체험을 제공하는 것이 어려운 어린이집에서는 생태적 인식을 바탕으로 한 그림책을 통한 간접 경험이 도움이 된다(서정숙, 김정원, 2008; 양연숙, 송진영, 김윤경, 2015; 이승민, 2015).

그림책은 자연환경과의 간접 경험을 가능하게 하는 좋은 이야기를 담고 있고, 세밀한 관찰 능력, 변화 개념 탐색, 감각 교육, 자연세계에 대한 보살핌의 태도를 길러준다(조형숙 외, 2010). 따라서 그림책을 활용하여 생태계의 다양한 문제를 다룰 수 있다.

모종 심기   텃밭 활동

(3) 나눔

나눔은 제9의 지능으로 불릴 만큼 중요한 가치로 대두되고 있다. 나눔은 현대 사회뿐만 아니라 미래 사회에서 더욱 중요하게 인식되는 새로운 시대정신이라고 할 수 있다(김영옥, 홍혜경, 이현경, 이규림, 2013). 나눔은 타인을 위한 선의, 인류애, 나누고 돌보는 것, 그리고 공익을 위해 자신의 시간, 재능, 재산을 계획적이고 지속적으로 대가 없이 전달하는 것을 의미한다(맹지나, 2010).

나눔의 습관은 어린 시기부터 길러질 수 있는데 영유아도 나눔을 실천할 수 있고, 직접 경험을 해보면서 나눔의 습관이 형성될 수 있다. 따라서 영유아가 나눔에 대한 긍정적인 태도를 가질 수 있도록 생활 속에서 나눔의 가치를 가르치는 것은 매우 중요하다(김영옥 외, 2013). 우리나라 보육과정에서도 사회 구성원으로 살아가기 위해 영유아기부터 타인 배려와 나눔을 교육할 것을 강조하고 있다. 그림책은 영유아들에게 보다 친근하게 나눔 교육 활동을 할 수 있는 효율적인 매체로서 다양한 의미 있는 교육으로 이끌어준다. 영유아에게 나눔의 가치를 알게 하고 더불어 살아가는 태도를 증진시키는 데 그림책 활용 교육은 그 의미가 크다고 볼 수 있다.

아나바다 활동

(4) 예술

　영유아기는 전조작기 발달 단계에 해당되며 예술적 창의성 발현에 있어서 중요한 의미를 갖는 시기이다. 최근에는 그림책을 활용한 예술 교육 활동이 장려되고 있다. 그림책은 여러 예술 장르가 통합된 것으로 작가의 생각과 느낌을 전달하는 매체이기 때문이다(강보경, 2013; 변윤희, 현은자 2004). 실제로 그림책은 영유아가 가장 친숙하게 자주 접할 수 있는 최초의 예술 작품으로써 영유아의 상상력을 크게 자극한다. 다시 말해, 그림책은 글과 그림의 텍스트가 나름대로 독특하게 배치된 하나의 예술 작품으로서, 영유아의 자유로운 상상력과 창의력이 활발하게 발현하도록 도와주는 일종의 도구이다(서정숙, 2011).

　그림책을 통한 예술 교육으로는 미술 교육, 이야기 줄거리에 바탕을 둔 음악극, 신체 활동에서 그림책과 연계한 동작을 만드는 활동 등이 있다. 그림책은 언어와 미술 이외에 미술과 음악, 미술과 동작과 같은 다양한 예술적 결합을 통해 의미가 확장된다(변윤희, 현은자, 2004). 이를테면, 그림책 속의 비 오는 소리, 눈 오는 풍경 등은 우리의 경험과 연결되며, 소리와 움직임을 상상하게 된다. 이와 같이 그림책은 다양한 예술 표현을 경험하게 하고 여러 예술 장르를 통합적으로 교육할 수 있는 연결고리가 될 수 있다.

라이트박스 표현예술 활동

(5) 오감각

　영유아기는 출생하면서부터 가지고 있던 지각과 감각능력을 사용하여 새로운 경험을 하게 되는 시기이다. 즉, 자신의 주변 세계를 탐색하며 자신이 가지고 있는 인지 능력에 새로운 도식을 더하면서 형성해 간다. 새로운 사물이나 상황에 대해서는 탐색을 통해 익숙하게 된 후 감각에 기초하여 사물을 들여다보고, 바라보고, 냄새 맡으며, 흔들어보고, 두드려보도록 할 충분한 시간을 주는 것이 중요하다(보건복지부, 2013; 이기숙, 김정원, 이현숙, 전선옥, 2008).

　영유아의 감각 교육을 위해 직접 감각기관을 훈련하는 방법도 있지만, 실물, 교구, 시청각 자료, 그림책 등 다양한 매체를 활용해볼 수도 있다(신설아, 2011; 이기숙 외, 2013). 특히 그림책은 영유아의 상상력과 표현 활동을 도울 수 있는 매체이다. 이미지, 색, 글자, 소리, 음악, 촉감, 냄새 등 그 자체가 가진 다양한 감각적 속성으로 인해 다른 매체보다 감각의 상호작용성이 강하게 나타날 수 있다(안연옥, 2004).

꽃잎 탐색

(6) 발달 영역 통합 프로그램

　도담뜰은 신체·정서·인지·언어·사회성 발달을 통합할 수 있는 활동이다. 특히 그림책은 영유아가 탐험하지 못한 경험을 이해하는 데 도움이 되며, 영유아의 상상력과 탐구력을 활용하여 표현의 기회를 제공한다(양연숙 외, 2015). 또 영유아는 그림책 속의 등장인물, 사건, 이미지 등에 감동받게 되는데 이러한 영유아의 느낌이나 마음을 다양하게 표현하는 활동을 하게 된다. 그림책은 영유아의 욕구를 자유롭게 표출하게 함으로써 심신을 발달시켜 나갈 수 있게 한다.

영유아는 그림책을 읽으면서 그 내용을 이해하고 논리적으로 분석하게 된다. 작품 속에 등장하는 인물들의 관계와 사건을 연계하고 원인을 분석하는 등 문제해결의 방법을 찾게 된다. 이러한 활동을 통해서 영유아는 자신들이 알고 있는 개념과 새로운 개념을 적용하며 상황에 대처하는 능력과 문제해결력을 높일 수 있다.

그림책은 시간과 공간을 자유롭게 넘나들며 수많은 세계를 보여주며 여러 나라의 문화와 각 나라의 지식을 얻을 수 있다. 이렇게 다양한 세계의 간접경험을 통해 영유아의 사회성을 발달시켜갈 수 있다. 사회적인 관습과 규율을 간접적으로 경험함으로써 사회구성원으로서 가치관과 도덕적 판단력을 기를 수 있다. 아울러 도담뜰에서 영유아들은 동일한 연령의 또래뿐만 아니라 다른 연령의 또래와 그들의 부모와 교사를 만나게 됨으로써 최초의 사회 구성원으로서의 역할을 할 수 있게 된다.

도담뜰에서 영유아들은 그림책을 통하여 감동을 받고 즐거움을 느끼게 된다. 기쁨과 슬픔, 분노와 괴로움 등 다양한 정서를 간접적으로 경험함으로써 감정에 대해 이해하고 감정을 나타내고 표현하는 방법을 배우게 된다. 또한 다양한 환경 속에서 등장하는 인물들의 감정을 경험하면서 자신의 감정뿐만 아니라 타인의 감정을 이해하고 배려하는 공감능력이 발달하게 되는 것이다.

발달 영역 통합 프로그램

2) 관계 중심 반응성 상호작용 프로그램

(1) 반응성 상호작용 교수법

교사의 자질과 전문성이 높을수록 교사는 영유아와 친밀한 관계를 잘 유지하며, 영유아는 전인적으로 발달하며 궁극적으로 영유아기를 행복하게 보낼 수 있다. 도담뜰 프로그램에서는 매우 구체적이고 명확한 반응성 교수전략을 통하여 영유아와 교사의 상호작용을 높이고 행복감을 증진시키고자 한다. 즉, 반응성 상호작용 교수법(RT: Responsive Teaching; 김정미, 2009; Mahoney, & Macdonald, 2008)을 통하여 일상 중에서 영유아, 교사와 부모의 상호 반응성을 증진시켜 준다.

반응성 교수전략은 교사가 영유아와 반응적인 상호작용을 할 수 있도록 도움으로써 이후 발달과 학습의 근본이 되는 영유아기 중심축 행동의 발달을 이룰 수 있도록 돕는다(김정미, 2008; 엄미리, 2013). 이는 OECD와 미국 NAEYC 영유아 교육에서 제안하는 기초역량과도 매우 부합한다(김정미, 2008). 도담뜰 프로그램에서는 마호니(Mahoney, 2009)가 제안한 3개 영역 16개 중심축 행동을 보육과정 영역의 5개 영역에 맞추어 20개 하위 영역으로 재구성하였다.

발달영역별 영유아의 중심축 행동 발달

발달영역	신체	정서	인지	언어	사회성
중심축 행동	• 능동성 • 통제감 • 실행 • 유연성	• 동기 • 표현성 • 자신감 • 긍정성	• 탐색 • 주도성 • 문제해결	• 공동활동 • 공동주의 • 언어화 • 의도적 의사소통	• 사회적놀이 • 신뢰 • 감정 이입 • 협동 • 자기조절

반응성 상호작용 교수법은 교사들이 일상생활에서 상호작용을 어떻게 수행해야 하는지에 대한 명확한 근거 자료에 의해 만들어졌다(김정미, 2008; Mahoney, & Macdonald, 2007). 반응성 상호작용 교수법은 교사들이 유아와 상호작용하는 능력을 최대화하도록 조력함으로써 영유아의 발달과 안정을 도모하고 증진시킨다. 다시 말해 교사가 반응성 상호작용 교수전략을 통해 영유아의 중심축 행동을 촉진하고 발달을 증진하도록 한다. 그 과정은 아래 그림과 같다.

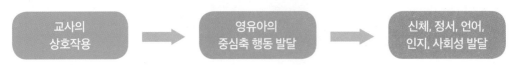

반응성 상호작용의 과정

(2) 반응성 상호작용 유형과 핵심전략

제럴드 마호니(Mahoney, & Mac Donald, 2007)는 반응성 상호작용을 5개 유형으로 범주화하고 각 범주별로 반응성 상호작용을 촉진하는 방법으로써 66개의 RT전략을 제안하였다. 도담뜰 프로그램에서는 '김정미·제럴드 마호니(2013) 제안'에 따라 5개 유형별로 핵심 RT전략 10개를 제안한다. 구체적인 내용은 다음과 같다.

반응성 상호작용 유형별 주요 RT 전략

반응성 상호작용 유형	RT 전략
주고받는 상호작용	1. 아동의 세계로 들어가기 2. 하나 주고 하나 받기
민감한 상호작용	3. 작은 행동에도 즉각적으로 반응하기 4. 아동의 행동에 의미 있는 것처럼 반응하기
아동 주도적인 상호작용	5. 질문 없는 의사소통하기 6. 아동의 방식대로 행동하고 대화하기
즐거움이 있는 상호작용	7. 일상 중에 재미있게 상호작용하기 8. 생동감 있게 표현하기
반응을 확장하는 상호작용	9. 의도를 명확하게 표현해주기 10. 환경 변화 시키기

❶ 주고받는 상호작용

교사와 아동이 서로 주거니 받거니 하며 교환하는 식으로 상호작용하는 것을 '주고받는 상호작용(reciprocal interaction)'이라고 할 수 있다. 즉, 교사와 아동 간에 하나 주고 하나 받는(give & take) 조화로운 상호작용 정도라고 말할 수 있다. 그러나 상호성에서 가장 중요한 점은 교사와 영유아 간에 일상 중 활동을 공유(joint activity routine)하는 빈도가 높아지고 상호작용이 길게 이어지는 정도라 할 수 있다(김정미, 2008).

교사는 영유아와의 주고받는 상호작용을 통하여 성취감과 즐거움을 얻게 되면서 교수효능감이 증가할 뿐 아니라 교사와 영유아 간의 상호 호혜적인 상호작용이 촉진된다. 따라서 주고받는 상호작용은 교사와 영유아 간의 바람직한 관계를 증진하는 데 가장 근본이 된다. 주고받는 상호작용을 위해 아래와 같은 두 가지 전략을 활용할 수 있다.

RT전략 1 아동의 세계로 들어가기

아동의 흥미와 관심을 알려면 아동의 세계를 이해해야 한다. 아동의 세계로 들어가려면 어른들은 아동이 세상을 보는 것과 똑같이 보아야 한다. 다른 사람과 상호관계를 형성하려면 두 사람이 공통된 이해를 공유하는 것이 필수적이다. 그런데 아이들이 관계를 형성하고자 교사에게 자신을 맞출 수 있는 능력은 없다. 따라서 교사와 아동 간의 관계의 질은 교사가 아동에게 맞추는 조정 능력에 달려 있다. 교사들이 아동의 능력 범위 안에서 아동과 상호작용하고 놀아줄 때 아동은 자연스러운 놀이 속에서 적극적으로 참여를 하여 자신이 갖춘 잠재능력을 최대로 나타내 보이게 된다.

RT전략 2 하나 주고 하나 받기

하나 주고 하나 받기(give & take)는 아동의 반응을 얻기 위해 아동이 반응한 만큼 또는 그 이하의 행동 또는 언어를 주고받는 것이다. 나아가 서로 주거니 받거니 하는 차례 중 교사가 하는 횟수나 길이를 줄이는 것을 의미한다. 교사와 아동 간의 하나 주고 하나 받는 상호작용은 아동으로 하여금 자신이 교사를 움직이고 있다고 느끼게 해줌으로써 통제감을 높여 준다. 때로 교사는 아동과 상호작용하면서 아동이 잘하도록 제시하고 설명하는 것을 하나의 지원이라고 생각할 수 있다. 하지만 아동은 느리고 교사와 같은 수준으로 응답할 수 있는 능력이 없다.

따라서 교사가 아동과 하나씩 주고받는 상호작용을 하기 위해서는 아동과 같은 수준으로 교사 자신의 보조와 자극의 양을 줄여야만 한다. 이렇게 아동과 하나씩 조화를 이루며 아동의 능력대로 교사가 상호작용할 때 아동은 자신의 능력을 나타낼 기회를 빈번히 얻게 된다. 이를 통해 아동은 자신감, 통제감을 키울 것이고, 교사 또한 아동과 서로 상호작용을 주고받으며 서로에게 영향을 미치는 관계의 즐거움을 알게 될 것이다(김민선, 2015).

❷ 민감한 상호작용

민감한 상호작용은 아동이 먼저 만들어낸 행동과 직접적인 관계가 있는 교사의 상호작용이라 할 수 있다. 교사는 아동과 상호작용하면서 아동의 반응을 이끌어내려고 하지만 아동이 교사의 의도대로 반응하지 않는 경우가 많다. 아동의 반응을 이끌어내려면 교사가 아동의 활동이나 관심에 무엇보다 민감해야 한다. 교사가 아동의 반응에 민감하려면 아동을 예민하게 관찰하고 행동을 지속적으로 살펴야 한다. 아동이 현재 응시하고 있는 대상이 무엇인지, 아동의 표정은 어떠한지,

아동이 미묘하게 나타내는 의사소통 내용이 무엇인지를 잘 간파해야 한다. 민감한 상호작용을 위해 아래 두 개의 전략을 활용할 수 있다.

RT전략 3 아동의 작은 행동에도 즉각적으로 반응하기

어린아이들이 사용할 수 있는 의사소통 능력은 제한되어 있다. 자신의 생각, 느낌이나 희망사항을 나타내는 비언어적 단서를 사용하여 의사소통할 수 있다. 따라서 교사들은 아동이 주는 다양한 의도와 신호를 상황과 맥락 속에서 간파하여야 한다. '아동의 작은 행동에도 즉각적으로 반응하기'는 민감한 상호작용을 위해 교사가 가장 먼저 해야 할 전략이다.

만약 교사의 의도대로 아동을 이끌기 위해 교사의 방식대로 한다면 아동이 현재 하고 있는 모든 것을 놓치게 될지도 모른다. 반면, 교사가 아동이 현재 하는 것을 잘 파악하고 아동에 대해 알고자 하려면, 교사는 효과적으로 아동이 하고 싶어하는 것을 학습하게 할 수 있을 것이다.

RT전략 4 아동의 행동에 의미 있는 것처럼 반응하기

아동은 다른 사람에게 자신의 감정이나 요구를 전달하는 능력을 가지게 됨에 따라 점차 상대와 의도적으로 의사소통하게 된다. 의사소통은 의미를 교환하는 것뿐만 아니라 사람들 간의 관계라 할 수 있기 때문에 중요하다. 따라서 아동은 자신이 만들어내는 비의도적인 행동에 교사가 의미 있는 것처럼 반응해줄 때, 자신이 한 행동에 의미를 만들어 점차 결과를 기대하는 행동을 할 수 있게 된다.

❸ 아동 주도적인 상호작용

반응적인 교사는 아동 주도적인 상호작용을 위하여 아동에게 지시와 지침의 횟수를 줄이려고 노력하고 아동에게 지시하려 하기보다는 아동이 만들어낸 행동에 반응해주는 경우가 더 많다. 또한 지시를 사용한다 하더라도 일차적으로 아동이 주도할 수 있도록 돕거나 아동과 의사소통을 쉽게 할 목적으로 사용한다. 비지시적인 상호작용은 아동 주도적인 상호작용을 설명하는 데 결정적인 요인이라 할 수 있다(MacDonald, & Grillette, 1986).

교사가 아동이 주도하는 대로 따를 때 사실상 아동의 관심에 반응하고 있는 것이다. 아동이 흥미 있어 하는 것에 더 많이, 더 자주 반응해줄수록 아동은 더 많은 것에 관심을 보이고, 더욱 강력한 흥미를 나타낸다. 또한 관심이 많아질수록 관심의 강도 또한 더욱 강해진다. 아동주도적인 상호작용을 위해 아래 두 개의 전략을 활용할 수 있다.

RT전략 5 질문 없는 의사소통하기

교사는 많은 경우 아동에게 무언가를 하라고 지시하며 아동이 하는 행동들을 통제하려고 애쓴다. 아동에게 무엇인가를 하도록 요구하는 지시성은 질문, 부가설명 또는 비언어적 행동으로 나타날 수도 있다. 그러나 교사들이 자주 질문하고 요구하며 제안하고 지시적으로 상호작용할수록 아동은 상호작용에 적극적으로 참여하지 않는다. 질문은 어른들이 아이들에게 안내하고 방향을 제공하는 데 중요하지만, 지나치게 질문하고 요구할 때는 아동의 흥미를 떨어뜨린다. 또 질문은 아동들로 하여금 하기 싫은 활동에 억지로 참여하도록 강요할 수 있다. 결국 아동은 질문이 많은 지시적인 교사와의 상호작용을 피하는 것으로 반응할 수도 있으며 부정적으로 반응할 수도 있다. 따라서 아동을 통제하거나 아동에게 지시하는 횟수를 줄이는 간단한 전략은 '질문 없이 대화하는 것'이다.

RT전략 6 아동의 방식대로 행동하고 대화하기

아동은 교사가 자신과 같은 방식으로 모방해주는 것을 매우 즐거워하고 재미있어 한다. 교사가 아동이 시작한 말 또는 행동을 그대로 따라 하는 상호작용을 하면, 아동은 교사와 함께 있는 것을 즐거워하고 더욱 능동적으로 주의를 집중하게 된다. 교사가 아동이 하는 방식대로 행동하고 대화할 때 아동이 주도할 기회를 만들어주게 되며, 아동은 주도할 기회를 많이 가져봄으로써 능동적으로 활동을 시도하게 되고 교사와 함께 상호작용을 이끌어가는 데 자신감을 갖게 된다.

❹ 즐거움이 있는 상호작용

반응적인 교사는 아동과 함께할 때 생동감 있어 보이는 몸짓으로 다양한 표현을 쓰며 아동과 함께 있는 것 자체에 대한 즐거움을 나타낸다. 아동은 이러한 교사와 함께 활동하면 즐거움과 흥분된 반응을 자주 보인다. 교사의 애정 어린 태도만으로 반응적이라 정의할 수는 없을 것이다. 하지만 교사의 애정 어린 표현은 아동이 교사와 함께 상호작용하는 것에 흥미를 느끼도록 해주고 상호작용의 목적이 재미나게 노는 것임을 알려주게 된다. 즐거움이 있는 상호작용을 위해 아래 두 개의 전략을 활용할 수 있다.

RT전략 7 일상 중에 재미있게 상호작용하기

아동은 놀잇감이나 도구보다는 교사로부터 더 많은 것을 배운다. 교사를 통하여 사회화되고 의사소통 방법을 배운다. 교사는 누구보다 아동의 주의를 끄는 데 영향력이 있기 때문에 재미있고 생동감 있게 행동해야 할 필요가 있다. 교사는 즐거움이 있는 상호작용을 위하여 아동의 흥미와 발달을 고려하여 하루 일과 계획을 즐겁고 재미있게 준비하여야 한다. 즐거운 활동에서 아동은 더 오랫동안 상호작용하며, 활동에 즐겁게 오래도록 머물러 있을수록 학습도 쉽게 이루어진다.

RT전략 8 생동감 있게 표현하기

아동은 아이처럼 행동하는 교사 그리고 재미있는 교사와 더 오래 상호작용하면서 머물러 있는다. 교사가 재미있는 표정을 만들어내고 아이가 내는 소리나 행동을 이용하여 놀이처럼 반응해줄 때 아이를 쉽게 상호작용 안으로 끌어들여 유지시킬 수 있다. 아동은 교사가 놀이 상대자로서 상호작용할 때 더 많은 것을 학습하게 된다. 따라서 교사는 의식적으로 생동감 있게 행동하면서 아동이 교사에게 관심을 기울여 상호작용하도록 이끌어야 한다. 교사와 달리 아동은 활동을 여러 번 해도 지치지 않는 경향이 있다. 그렇지만 교사가 아동의 즐거움을 촉진하고자 이러한 활동을 계속하려고 노력할 때 아동은 교사와 함께 상호작용하는 것이 즐거운 활동임을 느끼고 교사와 함께하는 기회를 늘리게 된다.

❺ 반응을 확장하는 상호작용

반응적인 교사는 아동이 하는 것을 지지하고 북돋우며 풍성하게 하는 데 초점을 맞춘다. 반응적인 교사는 아동의 선택에 자주 반응해주고 지지해줌으로써, 아동이 자발적으로 선택하는 것을 배울 기회를 증진시킨다. 즉, 아동 스스로의 능력을 최대화하도록 지지하는 협력자가 되어준다. 반응을 확장하는 상호작용을 위해 아래 두 개의 전략을 활용할 수 있다.

RT전략 9 의도를 명확히 표현해주기

아동은 각각의 순간에 경험하는 것과 관련된 내용을 교사가 적합한 단어로 반응해줄 때 언어발달이 증진된다. 상황에 맞지 않는 생소한 단어를 일부러 제시하여 가르치기보다는 아동이 현재 경험하고 있는 행동, 감정 그리고 의도에 맞는 단어를 사용하여 표현하는 것이 좋다. 아동이 일상에서 보고 만지고 듣고 느끼는 것과 직접적으로 관련이 있는 문장을 사용할 때 아동은 단어를 더욱 빠르게 배울 수 있다. 아동이 지각하고 경험하는 것들을 민감하게 관찰하고 아동이 경험하는 감정이나 느낌을 단어로 명확하게 표현해준다.

RT전략 10 환경 변화 시키기

아동과 놀이하며 의사소통할 때 다음 단계를 보여주고 이에 대한 아동의 반응을 살펴본다. 이때 중요한 것은, 아동에게 새로운 의미와 목적을 보여주는 확장(expansion)이 아동이 하고 있는 행동이나 활동과 관련 있는 것이어야 한다는 것이다. 교사는 아동이 수행한 행동의 의도나 목적을 그대로 유지하면서 아동이 현재 하고 있는 것을 조금 더 복잡한 형태로 확장시킬 수 있다.

확장은 아동이 현재 하고 있는 활동 안에서 조금 더 나아가는 것이며, 새로운 활동으로 전환하는 것은 확장이 아니다. 만일 아동이 교사가 주는 확장 내용을 따르고 싶어하지 않는다면 강요하지 않고 아동이 원래 하던 활동으로 돌아가도록 한다. 또한 아동이 확장하는 것에 반응하지 않는다면, 확장 내용이 아동의 발달능력 범위 안에 있는 것인지, 아동의 흥미와 감각에 맞는 것인지 살펴보아야 한다.

주고받는 상호작용	민감한 상호작용
• 아동의 세계로 들어가기 • 하나 주고 하나 받기	• 아동의 작은 행동도 즉각적으로 반응하기 • 아동의 행동에 의미 있는 것처럼 반응하기

아동주도적인 상호작용	즐거움이 있는 상호작용	반응을 확장하는 상호작용
• 질문 없는 의사소통하기 • 아동의 방식대로 행동하고 대화하기	• 일상 중에 재미 있게 상호작용하기 • 생동감 있게 표현하기	• 의도를 명확히 표현해 주기 • 환경 변화 시키기

반응성 상호작용 유형과 핵심 전략

3) 가족 중심 가정·지역사회 연계 프로그램

효율적인 교육이 되기 위해서는 부모와의 연계가 필수적이다. 부모는 영유아와 함께 도담뜰 주제에 관한 이야기를 나누거나, 전문가로서 함께 활동할 수 있으며, 마무리 단계에서는 결과를 공유할 수 있다. 또한 지역사회는 활동 진행에 필수 요소인 현장학습이나 여러 가지 자원의 원천으로서 중요한 역할을 한다. 때문에 도담뜰 프로그램은 가족 중심 접근(family-centered approach)에 근거하고 있으며, 가정과 지역사회를 연계하는 프로그램으로 운영한다.

(1) 가정 연계 프로그램

어린이집과 가정의 연계는 영유아 보육에서 매우 중요하다. 가정 연계 프로그램은 부모가 어린이집의 교육철학과 내용, 방법을 이해할 수 있게 하며 부모의 협력을 증대시킨다. 아울러 어린이집 운영의 어려움과 교사의 입장을 이해하는 계기가 되기도 한다.

도담뜰 프로그램을 통하여 부모에게 영유아에 대한 다양한 정보를 제공하고 가정에서의 영유아 행동, 변화된 모습 등에 대해 자연스럽게 상호 교류도 할 수 있다. 부모는 자원봉사, 일일교사 또는 보조교사 역할을 하면서 아이의 발달에 대한 여러 가지 정보를 얻을 수 있고, 또한 자신이 가지고 있는 다양한 재능을 사회에 기부하는 기회를 가질 수도 있다. 그럼으로써 어린이집이 영유아, 부모, 교사, 지역사회가 어울려 사는 삶의 공동체임을 인식하게 해준다.

어린이집 부모 참여 프로그램

할머니, 할아버지와 함께하는 Happy lunch time

(2) 지역사회 연계 프로그램

　도담뜰 프로그램은 어린이집과 지역사회가 협력하는 프로그램이다. 어린이집을 지역사회에 개방하고, 지역사회 구성원들이 다양한 방식으로 참여할 수 있는 기회를 만든다. 지역사회는 견학과 현장학습의 장소를 제공하고, 보유하고 있는 각종 기반시설들을 사용할 수 있도록 함으로써 어린이집과 협력하고 지원할 수 있다.

　어린이집은 지역 주민에게 유익한 경험을 제공하기도 한다. 예를 들어 지역사회와 함께하는 음악회, 벼룩시장, 경로잔치, 바자회 등의 프로그램으로 지역 주민이 영유아의 생활과 어린이집의 특성을 이해하는 계기를 마련한다. 이렇게 지역사회와 어린이집 연계는 지역사회가 어린이집의 적극적 동반자 역할을 함으로써 지역 주민의 삶도 변하게 될 수 있다. 또, 지역사회의 주민은 어린이집에 자원봉사자로서 협력할 수도 있다. 의사, 도예가, 태권도 사범, 축구 선수, 신발가게 주인, 슈퍼마켓 주인 등 영유아들이 알고 싶어하는 직업을 가진 지역사회 주민의 협력을 통하여 영유아들이 의미 있는 지식을 구성해갈 수 있도록 한다.

지역사회 연계 프로그램

04

교사의 역할

1) 연령별 교사의 역할
2) 프로그램 단계별 교사의 역할

1) 연령별 교사의 역할

(1) 0~2세반 교사의 역할

영아반 교사는 성장이 가장 빠른 시기에 있는 어린 영아들의 보호와 교육을 담당하고 있다. 연령이 어린 영아들은 교사에 대한 의존도가 높다. 그런 만큼 교사는 영아의 욕구를 보다 많이 수용해야 하고, 이를 감당할 수 있는 교사로서의 자질이 요구된다. 영아반 교사는 보호와 교육뿐 아니라 영아들이 영아기에 익혀야 할 다양한 감각과 사회성을 기르고 정서적 안정감을 함양할 수 있도록 노력하여야 한다. 이는 영아들이 유아기를 거쳐 건전한 정신을 가진 전인적인 인간으로 성장할 수 있는 바탕이 된다.

만 0~2세 영아기는 연령별 발달의 차이가 크고 가르치는 사람의 영향력도 큰 시기이다. 따라서 교사는 영아의 발달특성에 맞게 도담뜰 프로그램을 운영할 수 있도록 영아 발달에 적합한 활동을 구성하여야 한다.

연령	책과 관련된 행동 발달
2~4개월	• 교사나 성인이 그림책을 보여주면 그림책에 시선을 보내지만 아직 손으로 잡거나 잡아당기지는 않는다.
4~8개월	• 두꺼운 하드커버로 된 책을 양손으로 쥐고 책장을 열고 닫는 등의 탐색을 할 수 있다. • 책을 손으로 잡고 입으로 가져가 빨거나 씹는 행동을 하며 책을 흔들고 구기고 휘두른다.
8~12개월	• 성인에게 책을 읽어달라고 하며 책을 보기 위해 10분 이상 앉아 있기도 할 수 있다. 한번 읽어주면 책을 받아 쥐고 다시 책을 돌려주면서 또 읽어달라고 요청한다. • 책을 신체적으로 다루는 행동이 감소하고 시각적으로 주의집중을 하는 행동이 증가하며 서툴게 책을 넘길 수 있다.
12~15개월	• 책을 다루는 어려움 때문에 책장을 찢는 경우도 있으나 의도적으로 책장을 찢는 일은 없다. • 한 손에 여러 페이지를 함께 쥐고 책장을 빨리 넘긴다.
15~20개월	• 책의 특정 페이지를 선호하여 그 부분만 반복해서 읽는다. • 거꾸로 놓은 책을 돌려서 바로 놓거나 그림을 바로 보려는 듯 고개를 돌리기도 한다. • 그림이 거꾸로 되어 있으면 똑바로 하려고 책을 이리저리 돌린다.
20~24개월	• 그림책에는 그림과 글이 있음을 안다는 의미로 그림의 이름을 말하면 그림 가까이에 있는 글씨를 가리키거나 따라 읽는다. • 인형이나 동물 모형에게 책을 읽어주는 척한다.

(김현자, 조미영, 김기웅, 노희연, 서화니, 2015)

위 표에서와 같이 그림책에 대한 영아의 행동은 발달단계에 따라 많은 차이가 있다. 개별차를 이해하고 도담뜰 프로그램을 진행한다면 완성도 높은 프로그램을 진행할 수 있을 것이다. 교사의 프로그램 운영을 위한 역할을 살펴보면 다음과 같다.

• 영아의 신체발달과 정서발달 수준을 이해하고 있어야 한다. 연령별 발달 차이가 큰 시기이므로 주제 선정 시 같은 연령에서도 1, 2수준으로 나누어 활동을 진행한다.
• 영아 각 개인의 개별성을 고려하여 융통성 있게 활동을 진행한다. 이 시기는 날씨 변화, 기분, 건강 상태 등의 영향을 많이 받는 시기이므로 융통성 있는 프로그램 진행이 필요하다.
• 발달 수준을 고려하여 최소한의 것을 선택하고 가르친다. 영아에게 적합한 단편적인 주제를 선정하고 유아의 활동처럼 폭넓게 지도하지 않는다.
• 부모와 교사 간의 원활한 의사소통이 필요하다. 프로그램 진행 시 아토피, 식품 알레르기, 안전 등을 고려하고 부모가 안심하고 프로그램에 동참할 수 있도록 충분한 사전 협의를 한다.
• 우유병 떼기, 이유식 진행, 배변 훈련 등의 일상생활을 고려하여 프로그램을 계획하고 진행한다.

(2) 3세반 교사 역할

    25개월 정도가 되면 성인과 함께 책 읽기를 좋아하는 시기가 된다. 그림책을 함께 보면서 새로운 지식을 만나고 상상의 날개를 펼치며 사고를 확장해 나가게 된다. 이 시기에는 교사와 영유아가 함께 그림책을 보고 이야기를 나누며 신뢰감을 형성할 수 있다(김희정, 2015).

    영유아를 품에 안거나 무릎에 앉히고 책을 읽어주는 것이 좋은데, 이때 영유아는 귀로 이야기의 내용을 듣고 따뜻한 품안에서 편안함을 느끼며 안정감을 취할 수 있기 때문이다. 영아와 교사가 함께 그림책 읽기는 내용도 중요하지만 어떤 분위기에서 읽었느냐가 더 오래 기억되고 영아에게 좋은 영향을 미친다(정옥분, 2012). 이 시기의 책과 관련된 연령별 행동 발달의 예를 살펴보면 다음과 같다.

연령	책과 관련된 행동 발달
24~30개월	• 책이 잘못 놓인 것과 어떤 사물을 거꾸로 하려는 의도에서 책의 특정 페이지 그림을 거꾸로 보이게 하는 것과의 차이를 인식한다. (박쥐가 나무에 매달려 있는 그림이 있을 때 책을 회전시키지 않는다.) • 좋아하는 이야기 부분이나 전체 구절을 암송하여 말한다.
30~35개월	• 손가락이나 손을 인쇄 글자를 따라 움직이며 무엇이라고 쓰여 있는지를 언어로 말한다. 이때의 언어적 표현은 영아가 그림을 나름대로 이해한 내용을 말로 표현하는 것이거나 성인이 읽어준 내용을 기억하여 말하는 형태이다. • 스스로 친근한 책을 찾아 소리 내어 읽으며, 그 책이 매우 익숙한 책인 경우에는 그림의 내용과 일치하도록 읽기를 즐긴다.

(김현자 외, 2015)

    위 표에서와 같이 3세 유아의 책과 관련된 행동은 영아기보다 세분화 되어 있지 않고 다소 차이가 있다(김현자 외, 2015). 따라서 3세의 행동 발달 특성을 이해하고 도담뜰 프로그램을 다각적으로 마련해야 한다.

• 그림책을 활용한 다양한 활동계획을 세우고 진행한다. 스스로 책을 선택하여 읽고 이해하기는 어려운 연령이나 그림책에 대한 호기심과 흥미가 발달하는 시기이므로 다양한 보육 활동 방법을 모색해야 한다.
• 자기주장이 생기고 병행놀이를 하는 시기이므로 도담뜰 프로그램을 통해 다른 사람의 정서와 감정을 이해하고 수용할 수 있는 프로그램을 계획해본다.
• 인지능력, 언어능력, 대소근육 발달이 급속도로 이루어지는 시기이므로 혼자서 할 수 있는 자

조기술을 익힐 수 있는 프로그램을 진행하고 0~2세보다 활발한 자유놀이 속에서 성취감을 느낄 수 있는 활동을 포함시킨다.

(3) 4~5세반 교사의 역할

이 시기 유아는 사용하는 어휘의 수가 증가하고 문법발달이 이루어진다. 호기심이 많고 질문이 많아지며 창의적 사고를 하게 되며 주도성을 갖게 된다(이기숙 외, 2013). 또 이 시기는 단순한 개념과 사물에 대한 호기심이 눈에 띄게 발달하는데 자신과 가족에 관심이 많고, 주변 세상에 대해서 호기심이 많다(노운서, 노명희, 김명화, 백미열, 2013).

4세는 이야기를 듣거나 읽고 난 후 재창조를 좋아하므로 교사는 유아들이 지속할 수 있도록 책과의 상호작용을 도와야 한다. 5세 유아는 초등학교 입학을 앞두고 있는 시기이므로 부모의 요구는 취학 준비에 집중되어 있을 수 있으나, 유아의 특성을 반영한 자유로운 활동 중심으로 프로그램을 구성하되 하반기에는 초등학교와 연계가 이루어질 수 있도록 계획하는 것이 필요하다.

활동 구성 시에는 유아-교사 간 상호작용뿐 아니라 유아-유아 간에 활발한 논의가 이루어질 수 있도록 하고, 그를 통해서 활동의 방향도 정하고 유아가 주도적으로 활동할 수 있도록 한다. 이 시기의 책과 관련된 연령별 행동 발달의 예를 살펴보면 다음과 같다.

연령	책과 관련된 행동 발달
4세~5세	• 책에 대한 관심과 더불어 책 읽기를 좋아하며 책에는 여러 종류가 있다는 것을 알게 된다. • 특정 유형의 책을 좋아하게 된다. • 단순하고 구조화된 줄거리로 된 책, 환상, 모험을 그린 책, 유머러스한 내용의 책을 좋아하게 된다. • 반복되는 문장이 나올 때마다 그 부분을 따라 하는 행동을 한다. • 책의 일정 부분은 성인 대신 본인이 꼭 읽으려는 시도를 하게 되며 책의 겉장에 있는 제목을 하나씩 손으로 짚으며 읽는다. • 책을 읽는 방법, 읽는 방향, 페이지, 제목 등을 알고 소리와 글자 간의 일대일 대응을 할 수 있다. <div align="right">(김현자 외, 2015)</div>

• 교사는 프로그램 교수자로서 유아와 함께 할 활동을 계획해야 한다. 유아의 발달 수준과 기관의 여건, 부모와 지역사회의 요구, 보육과정 등을 기초로 하여 통합적이고 체계적인 프로그램의 활동 계획을 수립해야 한다.

• 프로그램 계획에 적합한 환경과 일과를 조직하여 계획적인 일상 속에서 유아 발달을 촉진하도록 한다.

- 교사는 프로그램 계획을 수립하지만 유아의 요구, 흥미, 상황에 따라 융통성 있게 운영한다. 기계적으로 엄격하게 운영하기보다는 상황에 따라 탄력적으로 운영하여 역동적인 교육 과정이 되도록 한다.
- 사전에 계획된 활동을 소개하여 유아가 정해진 과정을 따라 하도록 하기보다는 유아가 스스로 계획하고 다양하게 탐색하며 이전의 경험을 바탕으로 확대해 나가는 활동을 하도록 하는 것이 필요하다.
- 교사는 유아의 의사를 존중하여 유아의 자발적 탐색 활동과 놀이를 격려하고 유아가 심화된 내용을 적용하고 재구성해볼 수 있는 시간적 여유와 기회를 충분히 제공해주어야 한다.
- 다양하고 흥미로운 활동을 개방적으로 제공하여 유아가 준비된 환경 속에서 하고 싶은 활동을 자율적으로 선택하고 능동적으로 상호작용하도록 한다.
- 유아의 활동은 어떤 반응이든 의도를 파악하고 인정해준다. 시간이 걸리더라도 기다려줘야 하며, 예상치 못한 실수 등도 교육적 활동으로 연결되도록 순발력과 융통성을 발휘한다.
- 다양한 자료와 활동을 조직적으로 구성하여 유아가 도전을 경험하고 흥미를 갖도록 하며, 변화시켜 제공할 수 있는 활동도 준비해둔다.
- 교사와 번갈아가며 책 읽기를 하거나 혼자 책 읽기를 해보도록 한다.
- 교육활동 수행 후 교사는 반드시 활동과 프로그램에 대해 평가하고, 유아의 반응 또한 평가하여 그 결과를 다음 교수에 반영하고 개선해야 한다. 유아의 반응에 대한 평가는 지속적인 관찰에 의해 이루어져야 하므로 교사의 계속적인 노력이 필요하다.

2) 프로그램 단계별 교사의 역할

도담뜰 프로그램을 담당하는 교사는 프로그램의 계획, 실행과 평가 등을 수행해야 한다.

(1) 프로그램의 계획

교사는 표준보육과정과 누리과정의 보육목표와 내용을 기초로 하고 영유아의 발달 특성을 고려하여 도담뜰 프로그램 계획을 수립해야 한다. 이때 기본적으로 고려해야 하는 영유아 교수-학습의 원리는 다음과 같다(이기숙 외, 2013).

- 프로그램은 영유아의 신체·정서·인지·언어·사회성 발달을 통합적으로 이루도록 한다.
- 프로그램은 영유아의 발달 수준, 흥미에 따라 선택하고 속도를 조절할 수 있도록 개별화한다.
- 교사의 적절한 개입을 통해 동기유발되고 주도적인 참여를 지속할 수 있도록 한다.
- 영유아 자신의 흥미와 내적 동기에 따라 능동적인 학습자가 되어 자발적으로 다양한 활동에 참여할 수 있게 한다.
- 영유아가 인적·물적 환경과의 상호작용 속에서 스스로 지식을 구성할 수 있게 한다.
- 여러 영역에 걸쳐 다양한 놀이와 활동이 제공되도록 하며 융통성 있게 운영한다.
- 영유아의 생활 경험과 밀접한 내용 중심으로 주제를 선정하여 영유아가 구체적이고 직접적인 경험을 통해 학습할 수 있도록 계획한다.
- 통합된 활동으로 영유아의 관심사를 반영하여 영유아가 자신이 좋아하는 활동을 주도적으로 충분히 경험하도록 한다.

실행 단계별로 내용을 살펴보면 다음과 같다.

❶ 프로그램의 주제 선정 ➤ ❷ 목표 설정 ➤ ❸ 그림책 선정 ➤ ❹ 활동 구성 ➤ ❺ 환경 구성 계획

❶ 프로그램의 주제 선정

- 표준보육과정과 누리과정의 보육목표와 일관되게 전 영역이 포함될 수 있는 주제를 선정한다.
- 한솔교육희망재단에서 정하고 있는 도담뜰 프로그램의 기본 방향을 숙지하고 반영하여 주제를 선정한다.
- 영유아가 경험하는 생활과 관련된 주제를 선정한다.
- 영유아의 발달특성을 반영하여 흥미와 관심을 갖는 내용을 선정한다.
- 지역사회의 특성을 파악하여 지역의 문화와 가치관을 긍정적으로 받아들이고 발전시킬 수 있는 주제를 선정한다.
- 선정된 주제와 관련된 활동을 하면서 영유아가 능동적으로 즐겁게 참여하고 지식, 기술, 태도의 발달을 촉진시킬 수 있는지 고려한다.
- 프로그램의 주제를 큰 맥락으로 잡은 후 맥락 내에서 활동 간 연계가 되는 세부 계획을 수립하도록 한다.

◎ 2013년도 국회 제1어린이집 만 3세

'어르신과 함께 하는 인성 발달 행복놀이'- 인성 그림책 중심으로 가정의 조부모와 함께 하는 다양한 놀이 활동을 통해 예절, 사회성 등 인성과 기본생활습관을 기른다.

◎ 2015년도 마포구청 직장어린이집 만 2세

'퍼포먼스 예술-와글와글 시끌벅적 색깔놀이터'-그림책과 연계한 다양한 퍼포먼스 미술 활동을 통해 자신의 생각, 느낌, 감정을 창의적으로 표현함으로써 예술성을 신장한다.

월	주제	활동
4	재미있는 놀잇감	1. 감각 활동(다양한 탐색 즐기기) - 마카로니 탐색 - 수수깡 탐색 - 반죽 탐색 - 물감 탐색 2. 연계 활동 - 마카로니 마라카스 만들기(꾸미기)- 마카로니 길 꾸미기 - 삶은 마카로니 탐색하기
5	예쁜 내 얼굴	1. 감각 활동(음률) - 내 몸의 부분 찾아보기(스티커 붙이기) - 내 몸으로 소리내보기 - 다양한 악기 소리 내기 - 노래 부르며 악기 두드리기 - 우리가 만들어 꾸민 악기놀이- 소면 탐색 2. 연계 활동 - 마라카스 만들기(꾸미기)
6	활발한 움직임	1. 감각 활동(탐색) - 크림 탐색- 코코아 가루 탐색 - 밀가루 묽은 반죽(응가 점토)/ 반죽놀이 - 물고기(풍선 활용) 응가놀이 2. 연계 활동 - 아기 인형 변기놀이(쌓기, 역할) - 응가 스티커 붙이기(창의적 표현)
7	첨벙첨벙 물놀이	1. 감각 활동(탐색) - 물 탐색(스펀지, 재활용품, 물놀이 도구, 물총) - 얼음 탐색(얼음 그림그리기, 놀잇감 얼리기, 녹이기) - 거품 탐색(거품놀이, 놀잇감 씻기) 2. 연계 활동 - 목욕탕놀이(쌓기, 역할)

❷ 목표 설정

- 도담뜰 프로그램의 목표는 보육과정의 목표, 단위 어린이집의 교육과정의 목표, 교사의 수업 목표가 서로 연계되도록 설정한다.
- 영유아의 놀이와 흥미 중심에 부합하지만 동시에 미래의 삶에서도 가치 있는 것으로 설정한다.
- 활동 이전에 계획했더라도 전개하면서 새롭게 생성되는 새로운 내용까지 수용할 수 있을 만큼 융통적이어야 한다.
- 영유아가 접하는 지역사회를 인식하고 그에 따라 목표를 조절한다.
- 영유아의 개인별 차이를 고려하여 설정한다.

목표 선정의 예시

◎ 2015년도 한화여의도 어린이집 만 1세

[오감각 활동]

- 그림책과 감각 탐색 활동을 연계하여 진행

프로그램명

- 이야기로 만나는 오색 오감

목표

- 가장 친근하게 접할 수 있는 그림책을 활용하여 오감각 활동이 진행됨으로써 주변 환경에 호기심을 가지며, 다양하게 느끼고 표현하기를 통해 즐거움을 갖고, 전인적 발달을 이룬다.

◎ 2015년도 LG CNS 어린이집 만 1세

[인성 영역]

프로그램명

- 마음 쑥쑥

목표

- 그림책을 활용한 활동을 통해 말소리를 구분하고 의사소통의 기초를 마련한다.
- 그림책을 보며 즐거움을 느끼고 다양한 감성을 기른다.
- 그림책을 통해 자기존중, 협력, 예절, 배려 등 다양한 인성을 발달시킨다.

◎ 2015년도 풀무원 어린이집

[예술, 오감각 영역]

프로그램명

- 그림책 읽는 부모, 노래하는 아이

목표

〈영아〉

- 그림책 속 내용이 담긴 개사동요에 흥미와 즐거움을 느끼며 그림책 속 다양한 어휘를 익힌다.

- 부모와 함께하는 다양한 감각 활동을 경험하면서 정서적 안정감을 느낀다.

- 그림책을 통한 오감놀이를 통해 놀이의 즐거움뿐 아니라, 탐색 능력을 증진시키고 창의적 표현능력을 기른다.

〈부모〉

- 자녀와의 상호작용 수준을 높이며 언어적 모델링이 된다.

- 그림책 읽기의 효과적인 방법에 대해 안다.

- 활동 참여를 통해 자녀와 안정적인 애착을 형성한다.

❸ 그림책 선정

도담뜰 활동은 교육목표를 중심으로 목표와 관련된 다양한 학습 경험을 영·유아의 발달 수준에 적합하게 선정하여 구성한다. 그림책 속에서 활동 영역, 영유아의 흥미나 관심, 일상생활, 계절과 연관된 적절한 교육 내용을 선정한다. 선정된 주제의 개념과 아이디어를 전개하여 개념과 아이디어의 이해 및 실천에 필요한 지식, 태도, 기술 습득에 도움이 되도록 통합적으로 활동을 구성한다.

선정된 그림책은 각 활동에서 통합적으로 다루어질 수 있도록 구성한다. 영유아의 연령 또는 발달 수준에 적합하도록 활동을 구성하며, 그림책을 중심으로 통합된 형태의 주간계획안 및 일일계획안을 작성한다.

그림책 선정의 예시

월	주제	활동명	그림책	활동내용
4	나눔의 의미와 필요성	나눔이란? / 나눔이 필요해요	모두가 행복해!	글: 넨시 E. 가이에 그림: 이르고 올레니코프 역: 박성원 출판사: 넥서스주니어	나눔에 대한 생각이나 이전 경험 그림 그리기
			다다의 의자	글·그림: 송혜원 출판사:한솔수북	릴레이 나눔 동화 짓기
					시립서부노인요양센터 어르신 생신 축하 공연하기
5	나눔의 대상	나누면 즐거워요	엄마의 의자	글: 베라 윌리엄스 그림: 베라 윌리엄스 역: 최순희 출판사:시공주니어	경단 만들어 가족에게 선물하기
			쿠키 한 입의 인생 수업	글: 에이미 크루즈 로젠탈 그림: 제인 다이어 역: 김지선 출판사: 책읽는곰	어린이집에서 우리에게 나눔을 베푸시는 분들 인터뷰하기
					어버이날 감사 공연하기
					나눔문화관 현장학습 가기

- 영유아의 과거 경험, 선행 지식, 흥미, 연령, 발달 수준을 고려하여 그림책을 선정한다.
- 그림책 선정 기준을 세우고 주제 연관 활동 전개에 적합한 그림책을 선정한다.
- 생활 주제에 기초하여 관련 그림책을 선정하여 영유아에게 의미 있는 맥락을 제공할 수 있게 한다.
- 날씨, 영유아의 최근 경험, 시사 등 상황과 관련 있는 그림책을 선정하는 것이 효과적이다. 박물관 견학 전후라면 박물관 관련 그림책을 선정할 수 있다.
- 번역된 외국 그림책에 치중하기보다는 다양한 장르의 그림책을 선정하는 것이 바람직하다.

❹ 활동 구성

- 활동은 교육목표를 중심으로 목표와 관련된 다양한 학습경험을 영유아 발달수준에 적합하게 선정하여 구성한다.
- 그림책 속에서 활동 영역, 영유아의 흥미나 관심, 일상생활, 계절과 연관된 적절한 교육 내용을 선정한다.
- 선정된 주제의 개념과 아이디어를 전개하여 개념과 아이디어의 이해와 실천에 필요한 지식, 태도, 기술을 습득하는 데 도움이 되도록 통합적으로 활동을 구성한다.
- 활동을 선정할 때에는 우선 개괄적으로 편성하고 이후 구체적으로 나열하여 그중 실천 가능한 것들을 선정한다.
- 각 영역의 활동은 상호 연결성이 있으면서 다각적 탐구, 활용이 의미 있게 전개되도록 한다.
- 선정 그림책은 각 활동에서 통합적으로 다루어질 수 있도록 도서 중심의 통합된 형태로 연간계획안을 작성한다.

❺ 환경 구성 계획

- 환경은 프로그램의 철학을 반영한다. 교사는 프로그램에 적합한 환경을 구성하여 영유아의 학습과 발달을 도와야 한다.
- 안전하고 편리한 환경을 구성하여 영유아가 자유롭게 움직이고 마음껏 탐색하고 새로운 도전을 시도하며 교사와 함께 즐길 수 있도록 한다.
- 영유아의 신체 크기를 고려하고 안정감을 주어 스스로 관심 있는 것을 탐구하고 긍정적 행동을 증진시킬 수 있도록 한다.
- 다양한 활동이 가능하도록 역할, 미술, 쌓기, 조작, 언어 등 영역을 구성하고 풍부한 교구와 재료를 체계적으로 제시하여 적절하고 활발한 사용을 증진시킨다.
- 전체 환경은 프로그램의 목적, 내용, 방법을 고려하여 일관성 있게 구성한다.
- 융통성 있게 구성하여 영유아의 관심과 활동의 변화시 재구성이 용이하도록 한다.

◎ 2013년도 국회 제1어린이집 만2세 예술, 오감각 프로그램

활동명 - 오물조물 맛있는 그림책 놀이 프로그램

월	주제	활동	그림책
3	어린이집에 왔어요	활동 1 [그림책] 엔리코가 유치원에 갔어요 활동 2 [오감표현놀이] 보들보들 밀가루놀이 활동 3 [요리] 어린이집 모양 러스크	엔리코가 유치원에 갔어요 (샬럿 미들턴/바다어린이)
4	친구	활동 1 [그림책] 혼자 먹기는 아까워 활동 2 [오감표현놀이] 달콤한 설탕 놀이 활동 3 [요리] 숲속 친구에게 선물하는 컵케익	혼자 먹기는 아까워 (다루이시 마코/시공주니어)
5	봄	활동 1 [그림책] 꽃밭에 꽃밭에 활동 2 [오감표현놀이] 　향기 나는 꽃잎 탐색 · 꽃 액자를 꾸며봐요 활동 3 [요리] 꽃밭에 활짝 핀 꽃피자	꽃밭에 꽃밭에 (사라 질링엄/한솔수북)
6	동물	활동 1 [그림책] 누가 내 머리에 똥 쌌어 활동 2 [오감표현놀이] 　여러 동물이 살고 있는 마카로니 동물원 　색깔 점토로 동물들의 똥을 만들어봐요 활동 3 [요리] 뿌지직! 고구마 몽블랑	누가 내 머리에 똥 쌌어 (베르너 홀츠바르트/사계절)
7	여름	활동 1 [그림책] 풍덩! 시원해요 활동 2 [오감표현놀이] 커다란 수박을 쪼개면? 활동 3 [요리] 풍덩! 요플레 속에 빠진 과일 꼬치 퐁듀	풍덩! 시원해요 (심조원 / 호박꽃)
8	건강한 생활	활동 1 [그림책] 채소가 최고야 활동 2 [오감표현놀이] 쿵쿵! 야채가 지나간 발자국 활동 2 [요리] 쑥쑥! 튼튼! 야채 컵 비빔밥	채소가 최고야 (이시 즈치히로/천개의 바람)
9	음식	활동 1 [그림책] 밤송이가 뚜벅뚜벅 활동 2 [오감표현놀이] 국수(소면) 놀이 활동 3 [요리] 뾰족뾰족 밤송이 크로켓	밤송이가 뚜벅뚜벅 (동화 짓는 마을/형설아이)
10	탈것	활동 1 [그림책] 작은 배가 동동동 활동 2 [오감표현놀이] 쿵덕쿵덕 고구마 으깨기 활동 3 [요리] 슝~ 고구마 보트	작은 배가 동동동 (김성은/시공주니어)

11	색깔과 모양	활동 1 [그림책] 콩콩콩 활동 2 [오감표현놀이] 말랑말랑 두부 탐색 놀이 활동 3 [요리] 유부 주머니 속에 담긴 알록달록 주먹밥	콩콩콩 (앤디 컬런/내인생의책)
12	겨울	활동 1 [그림책] 눈사람과 함께 놀아요 활동 2 [오감표현놀이] 눈처럼 내리는 하얀 빵가루 놀이 활동 3 [요리] 데굴데굴~ 빵가루 눈에 굴리는 치즈스틱	눈사람과 함께 놀아요 (올리브 스튜디오/킨더랜드)
1	설날	활동 1 [그림책] 우리 우리 설날은 활동 2 [오감표현놀이] 오감 자극! 밀가루 반죽 쿵덕 쿵! 활동 3 [요리] 새해 복 가득 담은 복주머니 만두	우리 우리 설날은 (임정진/푸른숲주니어)
2	이만큼 자랐어요	활동 1 [그림책] 뽀메로의 성장 이야기 　　　 : 키 한 뼘 마음 두 뼘 활동 2 [오감표현놀이] 통 통 와르르~ 통밀 탐색 놀이 활동 3 [요리] 길어져라, 얍! 길쭉길쭉 통밀 츄러스	뽀메로의 성장 이야기 : 키 한 뼘 마음 두 뼘 (로마나 바스데쿠/파인앤굿)

(2) 프로그램의 실행

• 영유아의 생각을 있는 그대로 수용, 명료화하고, 새로운 창안을 제안한다.

• 영유아의 욕구, 흥미, 관심, 날씨 등에 따라 융통성을 가지고 운영한다.

• 다양한 활동을 제시하고 영유아가 자유롭게 충분한 시간 동안 탐색하여 스스로 참여를 선택하도록 한다. 교사는 계획한 활동을 안내하고 제안할 수 있지만, 특정 활동을 지시하거나 제한하지 않는다. 불가피하게 조정하고자 할 경우에는 영유아에게 사전에 충분한 설명을 하여 이해할 수 있게 한다.

• 계획하는 내용을 영유아에게 사전에 미리 안내해주어 스스로 자신의 행동을 조절하고 (갑작스레 재촉하지 않게 하여) 편안하게 참여할 수 있게 한다.

• 교사는 효과적인 상호작용을 위해 영유아를 주의 깊게 관찰하여 개입 여부를 결정하고 놀이를 활성화시켜 경험의 폭을 넓혀준다.

• 교사는 개별 영유아의 발달 수준, 현재의 관심사, 또래 관계, 사전 경험 유무 등을 잘 알고 파악하여 활동을 일관성 있게 진행한다.

- 영유아가 활동의 주체로서 내재적인 능력이 보다 잘 길러질 수 있도록 교사는 체계적인 활동의 안내자이어야 한다.
- 영유아가 호기심을 가지고 탐색하여 구체적인 지식을 획득할 수 있도록 격려한다.
- 영유아의 문제 또는 과제를 함께 해결하고 협동적으로 학습하도록 지원한다.
- 또래 간의 긍정적 상호작용이 자연스럽고 원활하게 이루어지도록 기회를 제공하고, 서로의 행동을 존중하고 격려하도록 하여 영유아의 경험의 질을 높인다.

영유아들은 교사와 그림책을 보면서 친밀한 상호작용 속에서 개인적인 대화를 나누며 의미 있는 교류를 한다. 이처럼 교사와 그림책을 읽는 활동은 교사의 개입에 의해 가치를 무한히 창출할 수 있다. 교사의 바람직한 읽기 전략은 다음과 같다.

❶ 영유아의 자율적 선택

영유아는 그림책이 자신에게 의미 있는 책일 때 가장 집중하고 흥미롭게 읽는다. 모든 영유아는 경험한 것이 다르고 선호하는 그림책도 다르다. 그러므로 다양하고 유익한 그림책을 제시하되 선택은 자율적으로 하도록 격려할 필요가 있다.

❷ 영유아의 확장적 사고 지원

영유아는 그림책을 읽는 중간에 때로는 책을 덮어버리거나 거꾸로 넘기거나 차례를 무시하고 앞뒤로 오락가락하기도 한다. 교사는 영유아가 그런 행동을 보이는 동기에 따라 적절한 반응을 할 필요가 있다. 바르게 책을 읽는 습관이 중요하기는 하지만, 왜 그런지를 물어 내용에 의문을 품는 것이라면 개방형 질문과 상호작용을 통해 의문을 해결하고 확장적 사고를 할 수 있도록 지원하여야 한다. 기계적으로 바르게 읽도록 훈계하기보다는 "이야기가 될까? 어떻게 알 수 있을까?" 등의 부드럽고 긍정적인 언어로 영유아의 확장적 사고를 지원할 수 있다.

❸ 사고력을 증진하는 질문

영유아는 그림책의 내용과 관련하여 호기심을 가지거나 의견을 표출함으로 생각하고 상상하고 이야기와 자신의 생활을 연결시킨다. 교사는 영유아와 그림책에 관한 대화를 충분히 하며 영유아의 의견에 성의 있는 반응을 보이고 논의를 확장시켜야 한다. 교사는 개방적이면서 영유아에게 사고력을 증진시킬 수 있는 질문을 하고자 노력해야 한다. 낮은 수준의 질문보다는 좀 더 높은 수준의 질문을 함으로써 영유아의 동기를 자극하여 언어와 사고의 발달을 촉진시킬 수 있다.

❹ 글 익히기

그림책 읽는 즐거움을 느끼는 가운데 자연스럽게 글자를 익힐 수 있도록 한다. 그림책의 내용을 따라 책장을 넘기면서 영유아는 현재의 이야기가 어느 부분에 있는지 알 수 있으며, 때로는 글자를 지목하거나 질문을 하기도 한다. 교사가 의도적으로 가르치지 않아도 이러한 비형식적 활동 속에서 글 익히기가 가능하다.

❺ 적절한 개입

교사는 영유아에게 그림책을 읽어줘야 할지, 지켜봐야 할지, 혼자 읽도록 그대로 둬야 할지 경우에 맞게 적절한 개입을 하는 것이 필요하다. 종종 유아는 교사와 함께 읽었던 그림책을 내용을 회상하며 홀로 탐색함으로써 더 많은 것을 발견하며 자신의 이야기로 재창조한다. 그러므로 영유아 혼자서 그림책을 탐색할 시간을 충분히 주어야 한다. 때로 영유아는 자신이 좋아하는 그림책을 들고 교사가 읽어주었던 것을 기억하여 또래 친구나 인형에게 읽어주기도 한다. 특별한 교육을 통하지 않고도 이러한 외워서 읽기와 이야기와 그림 연결하기 활동을 통해 실제 읽기를 할 수 있게 된다.

❻ 생동감 있게 읽기

교사는 그림책을 읽을 때 듣는 사람이 이야기를 떠올릴 수 있게 극적으로 풍부한 어조로 읽도록 한다.

❼ 자율성의 허용

교사는 영유아가 내용을 이해하고 있는지 알아보기 위하여 중간에 질문을 하며, 읽는 중간에 영유아 간에 토의가 일어날 경우에는 기다려준다. 경우에 따라서는 중간에 읽던 그림책을 덮고 다른 책을 선택할 수도 있다. 이러한 자율성의 허용은 영유아의 흥미를 증진시키고 영유아에게 책의 경험을 의미 있는 것이 되게 한다.

❽ 긍정적인 반응

영유아가 이야기를 회상하거나 만들어낼 때 교사가 지적하여 고치는 것은 피해야 한다. 교사의 부정적인 반응은 영유아 자신의 능력을 불신하게 하여 이후의 발달을 저해한다.

❾ 영유아의 요구 존중

영유아가 특정한 책을 반복해서 읽고 싶어할 때는 요구를 존중하여 읽어주는 것이 좋다. 영유아는 반복해서 책을 읽었을 때 읽은 책의 줄거리를 알 수 있게 되고, 더 나아가 외워서 읽기를 시작하게 되면 책의 글을 점차 정확하게 읽을 수 있게 된다.

(3) 프로그램 평가

프로그램과 관련하여 영유아, 교사, 환경, 프로그램 등을 평가한다. 프로그램을 경험한 영유아의 지식, 기능, 태도를 모두 포함한 전반적인 변화 과정을 파악하여 평가한다. 영유아의 개별 정보를 다각적으로 누적 수집하고, 그에 기초하여 발달 상황을 파악한다. 이는 영유아 이해의 기초 자료가 되며, 개별 유아의 강점을 알고 잠재적 학습 목표를 계획 및 실행하는 데 중요한 피드백 자료가 된다. 영유아 평가를 기초로 개별적인 영유아의 요구를 반영하여 보다 효과적이고 적합하게 프로그램을 운영하도록 한다. 영유아의 행동을 관찰하고 일화 기록, 평정 척도 등으로 평가한 내용, 활동 결과물의 내용 등 다양한 정보에 근거하여 교사의 전문적 관점으로 최대한 객관적으로 종합 평가한다.

<프로그램 평가의 예시>

◎ 2015년도 무궁화 어린이집 5세 인성 프로그램 '마음아~ 놀자!'

- 인성 그림책을 중심으로 다양한 감정 코칭 활동을 통해 감정을 수용하고 긍정적 사회관계 형성 및 전인적 발달 도모 프로그램

● 다양한 감정이 있음을 알게 되었다.
프로그램 진행 후 유아들은 "나는 지금 외로워요. 친구가 나랑 놀아주지 않아서 외로운 마음이 들어요." "수정이가 놀잇감을 말도 안 하고 가져가서 화가 나요." 라고 말하는 등 상황에 대한 자신의 감정을 적절하게 전달할 수 있으며, 프로그램을 통해 기쁨, 슬픔, 화남이라는 감정뿐 아니라 사랑, 감사, 외로움 등 다양한 감정이 있음을 알고 공감할 수 있게 되는 데 도움이 되었다.

● 의사소통 능력이 향상되었다.
이야기 나누기 시간이나 대소집단 활동 시 자신의 이야기를 하는 데만 집중했었는데 점차 다른 사람의 이야기를 끝까지 주의 깊게 들으려 노력하고 궁금한 것이 있으면 질문하며 양방향으로 소통하기 시작하였다. 또한 듣는 사람의 생각과 느낌을 고려하여 말하고 유아들끼리 이야기 나누기 주제를 정하여 생각을 공유하는 모습을 볼 수 있었다.

프로그램 평가는 프로그램의 문제점, 개선 방향을 모색하여 이후 발전적으로 반영하게 한다. 실행을 평가하고 평가한 내용을 다시 계획에 반영하는 과정은 프로그램의 목표와 내용의 성취에 필수적이다. 평가는 계속적으로 실시해서 프로그램 운영 중이더라도 융통성 있게 실행하고, 개선이 필요한 부분은 적용하는 데에 자료로 이용한다. 교사 스스로 영유아의 흥미를 유발하였는지, 상호작용은 적절하였는지 등을 다양한 방식으로 평가하며 이후의 실행에 반영하여 전문성을 신장할 수 있다.

프로그램 평가는 궁극적으로 프로그램의 목표를 달성하고 영유아의 발달을 이루었는지 종합적으로 평가한다. 교사는 자신의 교수활동 계획과 과정을 면밀히 분석하고 도서를 중심으로 영유아의 흥미와 학습 동기를 유발하여 통합적인 활동으로 진행했는지 평가하고, 수업 방향에 대해 지속적으로 점검과 개선을 하도록 한다.

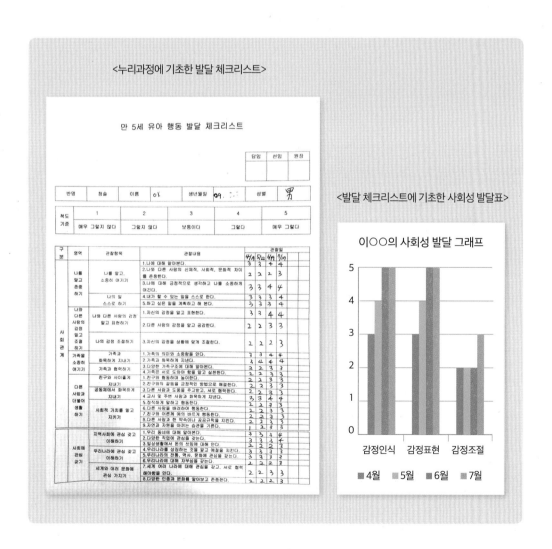

<누리과정에 기초한 발달 체크리스트>

<발달 체크리스트에 기초한 사회성 발달표>

05 한솔교육희망재단의 역할

1) 책읽기 환경
2) 행복하게 그림책 읽어 주기

1) 책읽기 환경

한솔교육희망재단에서는 어린이집에 도담뜰 공간과 도담뜰 프로그램을 운영하는 것 외에도 책 읽는 환경을 마련하기 위한 가정과 지역사회를 연계하는 교육, 문화행사 등을 정기적으로 진행하고 있다. 이러한 사업에는 '15분 책읽기' 캠페인과 찾아가는 '즐거운 책읽기' 사진 콘테스트, '놀라운 책읽기' 수기 공모전, 책읽기 부모교육 등이 있다.

(1) 15분 책 읽기

도담뜰에서는 아이와 함께 편안한 자세로 자기가 좋아하는 그림책을 들고 자유롭게 읽는 부모와 교사들의 모습을 언제든지 볼 수 있다. 날마다 '15분 책 읽기'는 영유아의 발달을 돕는다. 발달의 변화가 빠르거나 확인이 금방 되는 것은 아니지만 읽기의 힘이 길러지는 만큼 아이들의 사고의 폭이 넓어지고 이해력은 높아진다.

그림책을 읽어주는 사람이 옆에 있을 때 아이들은 행복감을 느끼며, 행복을 느낄 때 두뇌는 더욱 활발하게 움직인다. 부모가 그림책을 읽어줄 때 아이들은 부모가 자신들에게 집중하고 있다는 것 알게 되는데, 이때 아이들은 행복하다. 때문에 부모와 같이 그림책을 읽으며 교감할 때 뇌가 움직인다는 것이다(마쓰이 다다시, 2013).

부모가 책을 읽어주면 아이들은 그림책은 놀이이고 즐거움이라는 것을 깨닫게 된다. 어린 시기부터 좋은 그림책을 보거나 들려주는 이야기를 들으며 자란 아이는 풍부한 어휘력과 적절한 표현

52

력을 갖게 된다. 듣는 힘을 기르게 되며 의사소통하는 방법을 익히게 된다.

아이들은 그림책을 부모와 같이 읽으면서 궁금한 것들, 그림책 속 주인공과 같은 상황들을 겪었던 이야기, 속마음을 털어놓게 된다(서천석, 2016). 이러한 대화는 부모와 아이의 관계를 긍정적으로 만들며, 아이들의 공감 능력, 배려심, 사회성 발달을 이끌 수 있다. 그림책은 아이들의 긍정적 성장뿐만 아니라 부모들에게도 뜻밖의 기쁨을 준다. 예를 들어 그림책을 읽으면서, 부모 자신들의 어린 시절 동심이 살아나고, 지금 내 아이를 이해하는 마음을 갖게 된다. 아이의 마음을 이해하려는 부모에게 그림책은 다른 어떤 것보다 훌륭한 선생님이다.

그림책 읽기의 중요성은 거듭 강조해도 모자란다. 특히 아주 어린 영아기부터 부모가 그림책을 읽어준다면 학습적인 효과뿐만 아니라 우리가 예상하지 못했던 많은 효과를 얻을 수 있다. 때문에 한솔교육희망재단에서는 '15분 책 읽기', '즐거운 책 읽기' 사진 콘테스트와 '놀라운 책 읽기' 수기 공모전을 열고 있으며, 좋은 책을 읽는 환경을 만들고자 노력하고 있다.

서대문구청 어린이집

국회 제1어린이집

(2) 즐거운 책읽기 사진 콘테스트와 놀라운 책읽기 수기 공모전

한솔교육희망재단에서는 연 1회 '즐거운 책 읽기 사진 콘테스트'와 '놀라운 책 읽기 수기 공모전'을 연다. 해마다 수상작을 홈페이지를 통하여 발표하고 있으며, 수상자들에게는 좋은 책을 선물하고 있다. 다음은 2015년 '즐거운 책 읽기' 사진 콘테스트와 '놀라운 책 읽기' 수기 공모전 수상작이다.

최우수상 | 코레일 대전 어린이집
함께하는 독서, 이 또한 즐겁지 아니한가

가까운 공원에서 가을의 정취를 느끼며 가족과 함께 책읽는 시간을 가져보세요 책읽기의 색다른 즐거움을 느낄 수 있습니다. 하늘은 높고 말도 살이 찌는 가을은 독서와 나눔의 계절이기도 합니다. 책읽기의 즐거움을 가족과 함께 나누어보는 건 어떨까요? 내년엔 우리 막내도 책을 바로 들고 볼 수 있기를 기대해 봅니다. 독서는 우리 가족의 힘!!"

우수상 | 가산 이랜드 코코몽 어린이집
아빠와 나만의 행복한 시간

아빠와 함께 점심을 먹는 행복한 점심시간 전 도담뜰에 아빠 다리에 앉아 책을 읽는 모습입니다. 아빠와 점심을 먹는 행사가 있는 날 아버님들이 일찍 오셔서 자연스럽게 아이들과 도담뜰에 앉아 책을 읽으셨습니다. 아이들은 늘 그래왔던 것처럼 아빠 다리에 앉아 책을 읽고 또 읽었습니다. 점심을 먹고 난 후에도 아빠가 직접 양치도 시켜주시고, 낮잠을 잘 때에도 아빠가 책을 읽어주시고 잠을 재워주시며 아빠와 아이들만의 행복한 시간을 보낸 하루입니다.

2015년 놀라운 책 읽기 수기
최우수 작품

포스코 에너지 어린이집 이소율의 어머니 김정연

내가 '놀라운 15분 책 읽기'라는 슬로건을 처음 보았을 때 나에겐 그저 작은 흥밋거리와 관심 밖의 일이었다. 우리 아이들은 책들과는 거리가 멀었고 나 역시 아이들에게 책을 읽어주거나 읽는 것은 그저 어려운 일이라고 생각하고 있었다.

책을 읽어야 하는 중요성과 효과는 잘 알고 있었다. 몇 번 아이들에게 책을 읽어주기를 시도했지만 아이들은 한 권도 다 읽기 전에 자리를 떠나버리기가 일쑤였고 나도 아이들에게 책 읽기를 강요하다 스트레스를 받는 일이 허다해 어떤 날에는 한 달 내내 책 한 권 펴보지 못한 일도 있었다. 사실 내게는 걱정만 가득한 하루하루였다. 오늘도 책 하나 읽어주지 못했다는 죄책감과 오늘도 아이들은 놀기만 하고 하루를 보냈다는 허탈감이 꽤 컸다. 그럼에도 불구하고 나는 이 슬로건을 보면서도 관심을 많이 보이지 않았던 게 사실이었다. 15분 책 읽기의 전단지와 스티커 붙이는 포스터를 오래 전에 받았지만 칭찬 스티커도 사용하지 않았던 나는 그냥 벽에 붙여놓기만 하고 방치하고 있었다.

그렇게 시간은 흘러가고 어느 날, 나는 지하철 역 계단에 새겨진 문구 하나를 보게 되었다. '오늘의 나를 만든 것은 우리 동네의 작은 도서관이었다. - 빌게이츠' 강한 문구는 아니었지만 내 눈에 딱 들어왔던 것이 왠지 나를 지적하는 문구인 것 같았고 '이렇게 가만히 있으면 안 되겠다.' 하는 생각이 들었다. '늦었다고 생각할 때가 늦은 게 아니다.' 라는 마음으로 조심스레 책을 손에 집어들었다.

흔히 엄마, 아빠가 책 읽어주는 모습을 보여주면 아이들도 자연스레 따라 한다고 해서 나는 평소에 읽지 않던 책 하나를 꺼내어 읽기 시작했다. 처음에는 어색하기 짝이 없었다. 내가 이렇게까지 해야 되나 싶을 정도로 혼자서 책을 읽었고, 아이들은 그저 놀아달라는 말만 할 뿐 무슨 책인지에 관한 관심도 없었다. 방법을 바꾸기로 했다. 자기 전에 책을 읽어주는 것이었다.

아이들도 이런 나의 생소한 모습이 신기하고 좋았는지 옆에 앉거나 누워서 곧잘 책을 쳐다보기 시작했다. 예전에는 책을 펴면 책 내용보다는 옆의 그림에 대한 지적만 많아서 읽기가 조금 불편하곤 했었는데 이제는 내 목소리에 귀를 기울이는 것 같았다. 어색했지만 즐겁게 읽으려고 노력했다. 아이들은 만화도 좋아하지만 TV에 나오는 드라마나 일일 연속극을 매우 좋아한다. 그래서 나는 책을 읽어줄 때 책에 나오는 캐릭터에 맞게 목소리를 변조해서 읽어줬다. 힘들었지만 최대한 생동감 있게 연기하면서 읽어줬다. 어떤 날은 캐릭터가 5명 이상이 되어서 5개 이상의 목소리를 흉내 냈다. 이러한 오버 연기가 힘들어서 사실 하루에 2권 정도밖에 읽어줄 수가 없었다. 그리고 생각보다 15분 책 읽어주기는 길고 아이들이 집중하는 시간도 짧았다. 그래도 난 아이들이 원하는 만큼 책을 읽어주었다.

며칠이 지났을까? 아이들이 변하는 것이 조금 보이기 시작했다. 내년에 초등학교에 들어가는 큰 아이는 여전히 책을 혼자 읽는 걸 싫어한다. 하지만 자기 전에 내가 책을 읽어준다는 기대감에 방 정리를 주도하고 동생에게 얼른 정리해야 책 읽어준다고 잔소리를 하기 시작했다. 어떻게 보면 보상심리를 심어준 것 같아 조금 안쓰럽긴 했지만 이 모습을 본 나는 자기 전에는 꼭 책을 읽어줘야겠다고 생각하게 되었다.

막내 아이는 큰 변화가 시작되었다. 깔끔하게 정리되어 있던 아이들 책장에서 책을 조금씩 꺼내서 혼자서 책을 보기 시작했다. 책을 보면서 자기 마음대로 소리 내어 읽기도 했다. 그 모습이 너무 귀엽고 신기해서 바라볼 수밖에 없었다. 또한 내가 읽어줬던 한 책이 유난히 맘에 들었는지 그 책만 자기 전에 읽어달라고 한 적도 있었다. '뭐든지 들어가는 가방'이라는 책을 읽어준 적이 있었는데 그 책이 기억에 남았는지 요즘은 가방에 이것저것 넣으면서 책에 나왔던 문구처럼, "이것은 뭐든지 들어가는 가방이야!"라며 외치기도 한다. 게다가 자는 시간이 아니어도 책 하나를 가져와서 읽어달라고 조르기까지 했다.

조금은 늦었지만 포스터에 스티커를 조금씩 붙이기 시작했다. 사실 15분 다 못 채웠지만 읽어준 것만으로도 내게 큰 의미라 생각하고 나를 위한 스티커를 붙이는 것이다. 책 읽어주는 시간만큼은 내가 아이들에게 집중하는 시간이라 생각하고 신경 쓰기로 했다. 이렇게 아이가 변하니까 나도 변하는 것 같았다. 어떻게 보면 자기 전에 책 한번 읽어 주는 게 그렇게 어려운 일이 아니었는데 나 먼저 '우리 아이들은 관심이 없어.'라는 생각을 가지고 있어서 시도도 해보지 않았던 것 같다.

아빠도 적극 동참해주었다. 엄마 2권, 아빠 2권씩 자기 전에 책을 읽어주는 것을 실천하기로 했다. 처음 해주는 행동이라 아빠가 많이 어색한지 아직은 재밌게 책을 읽어주지 못한다. 그래서인지 아이들이 아빠보다 엄마인 내가 읽어주는 것을 더 좋아한다.

아직 나는 진행형이다. 남들이 어렸을 때 잡아준 책과 친해지는 시간과 습관을 나는 이제 걸음마를 뗀 셈이다. 너무 늦었다는 생각이 많이많이 든다. 그리고 이러한 변화들이 완성이라고 생각되지도 않는다. 남들보다 늦게 시작했기에 늦게 변화한 아이들이기에 나는 지금보다 더 변할 아이들을 기대하며 오늘도 노력하고 또 노력해야 할 것이다. 앞으로도 무수한 위기와 갈등이 찾아올 거라고 생각한다. 그리고 이 변화에 만족하여 조금은 나태해진 내 모습이 보일 수도 있을 것이라고 생각한다. 그럴 때마다 내 마음속에서 채찍질을 할 수 있게 나를 위한 슬로건을 하나 세우려고 한다.

'아이들을 위한 15분의 시간이 소중하다. 바쁘더라도 투자하자.'

'시작이 반이다.'라고 나는 이제 시작했지만 그 시작이 너무 큰 의미가 되었다. 15분의 투자가 15년의 역사를 만들 것이라는 믿음을 가지고 아이들에게 더 큰 사랑을 주고 싶고, 그 사랑을 행동으로 표현하기 위해 노력할 것이다. 단순히 책 읽어주는 것만으로도 아이들이 변하는 모습과 행복, 만족감을 나는 보았다. 그 모습을 잊지 말고 잊지 않고 절대 잊어서는 안 되겠다.

(3) 찾아가는 책읽기 부모 교육

한솔교육희망재단은 어린이집을 대상으로 찾아가는 '15분 책읽기' 부모교육을 실시하고 있다. 2016년 첫 부모교육은 이랜드코코몽가산 어린이집(원장 김대라)에서 열렸으며 많은 부모들이 참석하여 열띤 분위기로 진행되었다.

이날 김유정 강사(한솔교육연구원)는 '부모와 아이가 함께하는 올바른 책읽기, 어떤 책을 어떻게, 왜 읽어 주어야 하는가?'에 대해 들려주었다. 올바른 책읽기 방법에 대해 고민하던 부모들의 공감을 이끌어냈으며, 참석자들은 정해진 시간으로도 모자가 강의가 끝난 후에도 질문이 이어졌다. 교육에 참석한 부모는 나이게 맞는 책읽기가 어떤 것인지 알게 되어 아이와 함께 책읽기 활동의 방향을 새롭게 잡는 계기가 되었다고 소감을 밝혔다.

2) 행복하게 그림책 읽어주기

한솔교육희망재단에서는 교사와 아이들이 함께하는 책읽기가 곧 아이들을 행복하게 만든다는 믿음아래 행복하게 그림책 읽어주기 방법을 제안하고 있는데 그 내용은 다음과 같다.

(1) 책읽기는 재미있는 놀이

🦋 그림책 만지기   영유아들이 놀잇감을 고르듯 그림책은 아이가 좋아하는 것을 고르도록 하는 것이 좋다. 아이들 특성마다 다르긴 하겠지만 저마다 좋아하는 놀잇감이 있듯이 좋아하는 그림책이 있다. 아이가 좋아하는 책을 같이 읽다 보면 아이가 그 책을 왜 좋아하는지 이유도 알 수 있다.

놀잇감을 먼저 만지면서 탐색하듯 그림책도 처음 겉표지부터 끝까지 만져보는 탐색이 필요하다. 쓰다듬어보면서 표지가 매끄러운지, 입체감이 느껴지는지, 또 손끝에서 질감이 느껴지는지 만져본다. 또한 표지의 두께, 책을 인쇄한 종이의 두께를 비교해본다.

책을 완전히 펼쳐서 앞표지와 뒷표지가 연결된 그림인지 확인해본다. 표지에는 본 내용에서 이야기할 수 없었던 다음 이야기를 위트 있게 남겨놓거나 작가가 더 남기고 싶은 메시지가 담겨 있기도 하다. 그림책은 페이지가 그렇게 많지 않기 때문에 표지, 면지 등 책 구석구석을 활용하는 작가들이 많기 때문이다.

그림책 표지를 탐색하면서 아이들은 어른들 눈에는 보이지 않는 것을 찾아내고 뜻밖의 질문들을 한다. 예를 들어 가격표, 작가 이름, 출판사, 바코드를 발견하고 흥미로워한다. 이러한 경험은 그림책을 통해서 일상생활로 연결하는 기회가 된다. 그림책을 구석구석 만져보는 놀이는 또 다른 그림책 읽기의 재미를 맛보게 된다.

국회 제1어린이집

🦋 그림책의 면지 들여다보기 앞에서도 말했지만 그림책 작가들은 활용할 수 있는 공간을 잘 찾아 활용한다. 면지를 들여다보면 그림책 면지를 그냥 넘겨서는 안 된다는 것을 깨닫게 된다. 앞면지와 뒷면지가 같은 것, 대칭인 것, 아주 다른 메시지를 주는 것들이 있다. 앞면지는 곧 나올 내용을 암시해주기도 하고, 뒷면지는 감동의 후폭풍을 불러일으키기도 한다. 이러한 면지 들여다보기는 숨바꼭질 놀이하듯 깨알 같은 재미와 감동을 찾는 책놀이가 된다.

국회 제1어린이집

한화여의도 어린이집

🦋 찾기 놀이, 그림책 놀이 그림책을 읽다 보면 아이들은 찾기 놀이에 빠진다. 그림책 속에 등장하는 인물, 동물, 식물, 놀잇감 등을 찾으면서 맞추기 놀이에 여념이 없다. 찾기 놀이는 반복을 거듭해도 즐거움을 준다. 이러한 놀이는 자연스럽게 개념을 습득하는 시간이 된다. 놀라운 것은 어른들이 생각하는 이상으로 아이들은 환상적이고 상징적인 것들까지 잘 찾아낸다. 이렇게 그림책을 가지고 하는 찾기 놀이는 아이들을 자연스럽게 상상의 세계로 안내하는 놀이가 된다.

한화여의도 어린이집

한화여의도 어린이집

🦋 **밖에서도 읽고, 여럿이 같이 읽기** 아이들은 유난히 바깥놀이를 좋아한다. 아이를 건강하게 키우려면 반드시 바깥놀이를 해야만 하듯 바깥 책 읽기도 권장하는 책놀이다. 바깥에서 책 읽기는 새롭고 생생한 감동을 주면서 아이와 어른, 모두를 즐겁게 하고 건강하게 만든다. 이러한 경험을 통해 아이들은 어른이 되어서도 항상 책을 지니고 다니게 되고, 지하철, 푸른 잔디가 펼쳐진 공원, 벤치 등에서 책을 읽는 습관을 가지게 된다.

아이들이 자라면서 또래와 놀이를 즐겨 하듯이 친구들과 함께 책 읽기는 색다른 재미와 즐거움을 준다. 친구들과 책을 같이 읽으면 친구의 감정을 이해하고 돕고 배려하게 되며 친구를 사랑하는 마음이 더욱 싹튼다. 이렇듯 여럿이 같이 읽기는 사회성 발달을 돕는 책놀이가 된다.

국회 제1어린이집 바깥 읽기, 같이 읽기

서대문구청 어린이집 바깥 읽기, 같이 읽기

🦋 그림책 몸으로 읽어주기 그림책은 눈으로만 보는 것, 입으로만 읽는 것이 아니다. 그림책을 온 몸으로 읽을 때 아이와 함께 행복해질 수 있다. 아이와 눈을 마주치며 읽기는 가장 기본적인 읽기라고 할 수 있다. 또 아이를 안고, 업고 또는 아이와 같이 누워서도 읽어줄 수 있다. 자연스러운 신체 접촉을 하면서 책을 읽어주는 것은 마치 푸근한 엄마 품에서 모유를 먹이는 것처럼 아이와 부모의 사랑이 깊어질 수 있는 시간이 된다.

큰 소리를 내거나 목소리 변화를 주면서 읽어주기는 아이에게 한 편의 좋은 연극을 보여주는 것과 같은 감동을 줄 수 있다. 또, 아이와 역할을 나눠 역할극 놀이를 할 수 있다. 역할극은 아이들이 가장 좋아하고 즐겨 하는 놀이로 재미뿐만 아니라 자신이 가지고 있던 부정적인 감정을 치유할 수 있는 가장 대표적인 놀이다.

한화여의도 어린이집

(2) 매력적인 그림책 고르기

좋은 책에 대한 정보는 많이 있다. 그렇지만 많은 정보 속에서 부모들은 책을 고르기가 쉽지 않다. 책을 고르는 다양한 기준들, 즉 연령, 기질, 책을 읽는 목적에 따른 다양한 기준이 제시된다. 공통적인 기준을 살펴보면 그림책은 매력적이어야 한다는 것이다. 즉, 책을 넘겨보지 않아도 눈에 띄고, 찾아보고, 읽어보고 싶은 책들은 공통적으로 매력이 있다는 것이다. 다시 말해 매력적인 그림책은 아이들에게, 어른들에게 쉽게 눈에 띄며 즐겨 찾게 된다.

국회 제1어린이집

🦋 **매력적인 등장인물** 그림책 속에 등장하는 주인공들 중에서 우리들 세상에 함께 살아 있는 인물들이 있다. 예를 들어 지각 대장 존, 고릴라, 구리와 구라('구리와 구라의 빵 만들기'), 만두를 만드는 큰 손 할머니('손 큰 할머니의 만두 만들기'), 은지와 푹신이, 치과 의사 드소토 선생, 검피 아저씨('검피 아저씨의 뱃놀이'), 피터('피터의 의자'), 데이빗('안돼, 데이빗'), 지원이와 병관이('지하철을 타고서'), 순이('순이와 어린 동생'), 홍비('구름빵'), 해리('개구쟁이 해리'), 이슬이('이슬이의 첫 심부름') 등이다. 주인공이 마음에 들면 내용에 관계없이 아이들은 좋아하는 경향이 있다. 그것은 주인공이 마치 자기 모습처럼 느껴지는 감정이입 때문이다. 이러한 주인공은 대리만족을 주며, 평범한 내용이라도 이야기를 생생하게 만들어준다.

🦋 **매력적인 이야기 방식** 날마다 지나치는 길을 가다가 뜻밖의 상황이나 모습들을 볼 때 우리는 넋을 잃고 빠져들 때가 있다. 그림책도 마찬가지다. 이야기가 독창적이면서 아이들 눈높이에 맞춰 재미 있는 그림책은 읽고 싶어진다. 또한 아이들의 무의식을 반영하는 판타지 그림책도 매력적인 그림책이다. 실제 생활을 반영하고 아이들의 욕망을 해소시켜주는 이야기들은 환상 속에서도 자신들이 살고 있는 세상을 들여다보게 하는 힘을 길러준다.

한편, 간결한 그림만으로 이야기를 이어가는 그림책도 아이들의 호기심과 상상력을 키워준다. 이러한 그림책은 자신들만의 이야기를 만들어갈 수 있는 능력을 키우게 된다. 또한 궁금증을 증폭시키는 도입부, 리듬감을 느끼게 하는 그림, 손에 땀을 쥐게 하는 스토리, 엉뚱하고 천진난만한 반전구조, 그림책에게 말을 걸고 싶게 하는 친근감, 행복하게 끝나는 결말 등 이야기의 구조 방식이 탄탄한 그림책은 매력적으로 다가온다.

❀ 매력적인 그림 글을 모르는 어린 아이들은 그림을 보고 그림책을 고른다. 그렇기 때문에 아이러니하게도 글을 모르는 어린 아이들이 글자가 많은 그림책을 들고 읽고 있는 모습을 우리는 종종 볼 수 있다. 매력적인 그림에는 다양한 리듬, 반복, 흐름이 있다. 그림책을 통해 노래와 음악을 만나는 것이다. 또 다양한 시각과 시점의 그림들은 새롭게 세상을 보게 한다. 거기에 이야기를 이끄는 글과 조화를 이룬다면 그것은 아주 매력적인 그림책이다.

❀ 감동과 공감 그림책을 만드는 작가, 즉 글을 쓰는 작가나 그림을 그리는 작가들은 아이들의 학습능력이나 다른 영역의 발달을 염두에 두고 그림책을 만드는 것은 아니다. 작가들은 독자들과 같은 생각, 같은 마음을 교류하고 공감받길 원하며 그림책을 만든다. 바꿔 말하면 그림책 독자들이 작가의 메시지를 이해하고 공감을 쉽게 하는 그림책이 좋은 그림책이라는 것이다.

공감을 쉽게 한다는 것은 그림책의 주인공이 마치 '나'와 같다고 느끼거나 실생활에서 얼마든지 일어날 수 있는 이야기이기 때문에 아이들을 위로해준다. 또 아이들에게도 어른처럼 스트레스가 있기 마련인데 이런 스트레스를 해소시켜주는 그림책을 아이들도 좋아한다. 어른처럼 다양한 방법으로 스트레스를 해소할 수 없다는 점을 생각해볼 때 아이들의 부정적 정서를 해결해줄 수 있는 그림책은 꼭 필요하다.

부정적 정서를 해결하는 방법에는 여러 가지가 있지만 놀이와 웃음을 빼놓을 수는 없을 것이다. 놀이하며 깔깔거리며 웃듯 그림책을 보며 깔깔거리며 웃는 아이들의 모습을 상상해 보라. 그렇게 웃음과 유머가 있는 책이 좋은 그림책이다. 또 따뜻하고 잔잔한 감동을 주는 이야기는 오래 전부터 아이들이 가장 좋아하는 그림책으로, 자연스럽게 그림책에 빠져들게 만든다.

국회 제1어린이집

한화여의도 어린이집

루셈 어린이집

(3) 그림책과의 만남

시중에는 다양한 책 정보가 넘쳐난다. 하지만 그 정보가 내 아이에게 딱 맞는 것은 아닐 수 있다. 연령과 인지능력, 경험, 환경 등 여러 가지 요인에 따라 아이들의 개인차는 크기 때문이다. 때문에 필독 도서나 권장 도서를 참고하고 내 아이의 흥미와 수준을 고려하여 적절한 책을 골라줘야 한다. 전문가들의 추천목록을 참고하면 실패할 확률이 줄어들 것이다(김덕희, 류진순, 이상은, 2010). 그러나 가장 좋은 방법은 도서관이나 서점에 아이와 함께 가서 아이가 좋아하고 읽고 싶어하는 책을 함께 골라 읽어주는 것이다.

한솔교육희망재단에서는 어린이집이 개원할 경우 좋은 책을 선정하여 제공하고 있다. 한솔교육희망재단에서 제공하는 연령별 그림책 목록과 교사와 부모를 위한 책 목록은 이 책 말미의 부록을 참고하기 바란다.

2

도담뜰
프로그램의 실제

식재료를 이용한 '조물조물 오감 체험 까르르 오감 만족'

마포구청 직장 어린이집

1. 주제 선정 배경

영아는 보고, 듣고, 느끼고, 냄새 맡고, 맛보는 감각을 통해 주변을 인식하고 주변 환경과 사람과의 상호작용을 경험한다. 이러한 감각의 자극과 경험은 개념 형성의 기초가 되고 분석력, 논리력, 판단력, 적응력을 발달시키는 기본이 된다. 뿐만 아니라 감각놀이를 통해 영아는 자신의 감정을 표출하고 생각을 표현하며 창의적인 사고력이 길러진다. 영아전기의 어린 영아들은 사물을 흔히 입으로 가져가 탐색하고 이유식을 먹게 되면서 다양한 음식을 경험하는 시기이다.

식재료를 통한 오감각 놀이는 영아에게 가장 자연스럽고 안전하게 다양한 경험을 계획하여, 오감각을 자극하며 운동, 언어, 인지, 사회적 기술을 향상시킬 수 있는 놀이 활동이다. '조물조물 오감 체험 까르르 오감 만족' 프로그램을 통해 식재료를 이용하여 다양하게 감각을 자극할 수 있는 활동을 진행하고자 한다. 오감체험을 즐기며 발달 수준에 맞는 교육을 통해 긍정적인 자아 개념과 신체 발달을 촉진하고, 자신감과 사회적 기술을 향상시킬 수 있도록 지원한다. 특히, 영아들마다의 발달과 경험의 개인차가 있기 때문에 새롭게 접하는 식재료에 대해 가정과 연계하여 사전 경험이 충분히 이루어질 수 있도록 하고 즐겁고 의미 있는 놀이를 진행하고자 한다.

2. 프로그램의 기대효과

1) 영아는 입을 통한 감각적인 탐색을 매우 흥미로워하는데, 자신의 행동의 결과가 즉각적으로 나타날 경우 더욱 적극적으로 탐색하지만 아직 안전에 대한 개념은 부족하다. 따라서 채소, 호박, 두부, 과일, 미역, 짜장, 케찹, 파스타, 호박과 같은 식재료를 놀이재료로 사용하면 매우 효과적이다.
2) 안전하게 식재료를 가지고 냄새맡고, 맛보고, 만지고, 던져서 탐색해 봄으로써, 재료들이 가지고 있는 외적 특성을 피부의 감각으로 느껴보고, 촉각 능력을 발달시키며, 단맛, 쓴맛, 짠맛 등 식

재료 고유의 맛에 대한 감각을 익힌다. 각종 재료들의 다양한 냄새를 경험하고 분별해봄으로써 영아의 후각능력을 향상시킨다. 또한 식재료 잡기, 두 손으로 비비기, 그릇에 넣기, 도구 사용하기 등의 운동 능력을 촉진하고, 집중력과 탐구력, 창의력을 높인다.

가정 연계를 통해 영아들의 사전 경험이 충분히 이루어질 수 있도록 지원하며, 부모들에게 영아기 감각 발달의 중요성을 인식시키고 프로그램에 대한 이해를 높인다. 교사는 영아와 활동을 통해 충분한 상호작용의 기회를 갖는다. 다양한 촉감 재료를 만지면서 교사와 갖게 되는 자연스러운 신체 접촉은 영아에게 정서 및 심리적 안정을 준다.

3. 프로그램 계획

식재료 선정하기	• 맛, 시각, 후각, 청각, 촉각을 자극할 수 있는 재료 선정하기 • 일상 생활에서 쉽게 접할 수 있는 식재료 선정하기 • 계절과 급간식 식단을 고려한 식재료 선정하기
그림책 선정하기	• 식재료를 흥미롭게 사전경험할 수 있는 그림책 선정하기
가정과 연계로 사전경험 지원하기	• 낯선 식재료를 가정에서 익숙하게 경험하기 • 가정과의 연계를 통해 부모에게 어린이집에서의 프로그램에 대한 이해를 높이는 기회 제공하기
감각놀이 활동에 따른 발달 목표 세우기	• 오감 자극하기, 대근육 조절하기, 소근육 발달시키기, 협응력 기르기, 균형 감각 기르기 등 영아의 발달과 관련하여 활동 세부계획과 목표설정하기
놀이확장 지원하기	• 영아의 관심과 흥미에 따라 물리적 환경과 탐색 도구 준비하기

4. 프로그램 연간계획

월	생활 주제	활동명	그림책
4	재미있는 놀잇감이 있어요	• 구멍 쏙쏙 채소	**채소가 최고야** 글·그림: 이시즈 치이로 역: 염계숙 출판사: 천개의 바람
5	바깥 놀이가 좋아요	• 바스락바스락 파스타	**모양 나라에 온 도깨비** 글: 채인선 그림: 이웅기 출판사: 시공주니어
6	즐거운 가족놀이 해요	• 엎치락뒤치락 콩 변신	**콩들은 무얼 할까?** 글: 허은미 그림 이진아 출판사:웅진 씽크빅
7	느낄 수 있어요	• 미끄덩미끄덩 미역 머리	**시끌벅적 바닷속 누구일까?** 글·그림: 삼성출판사 편집부 출판사 : 삼성출판사
8	첨벙첨벙 물놀이해요	• 샥샥 과일 얼음 빙수	**냠냠냠 쪽쪽쪽** 글·그림: 문승연 출판사: 길벗어린이
9	알고 싶어요	• 후룩후룩 국수 숨바꼭질	**밀가루는 요리 천재** 글·그림: 홍윤희 출판사: 끼리끼리
10	움직이는 것이 재미있어요	• 말캉말캉 도토리묵	**도토리 삼형제의 안녕하세요** 글·그림: 이송현주 출판사: 둥둥아기 그림책

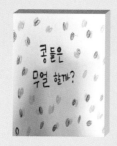

콩들은 무얼 할까?

글: 허은미 | 그림: 이진아 | 출판사: 웅진 씽크빅

"캄캄한 밤, 올콩졸콩 콩들은 무얼 할까?"로 시작되는 그림책은 한 장면 한 장면이 콩의 움직임을 상상하며 그림책에 집중하게 한다. 콩들의 모임과 흩어짐으로 모양을 만들며 콩의 다양한 색깔과 움직임을 그림 속에 역동적으로 표현하였다. 또한 그림책을 세로로 넘겨보는 특색이 있고, 콩의 움직임을 의성어, 의태어로 표현하여 아이들에게 언어적인 자극과 흥미를 붙돋운다.

선정이유 영아들이 콩의 움직임을 간접적으로 경험하며 직접 콩을 탐색하기 전 즐거운 자극이 되는 사전 경험의 기회를 제공할 수 있다.

영아
전기

6월 활동

콩

01

생활주제	• 즐거운 가족놀이 해요
활동목표	• 가정과 연계하여 콩에 관심을 갖고 탐색한다.
표준보육/누리 과정요소	• 자연탐구 > 탐구하는 태도 기르기 > 사물에 관심 가지기 • 신체운동 > 감각 인식하기> 감각기관으로 탐색하기
중 심 축 행동발달	• 탐색, 능동성
활동자료	• 콩, 두부, 가정 통신문

활동내용	도입	• 가정 통신문을 가정으로 보낸다.

활동내용

도입
• 가정 통신문을 가정으로 보낸다.
  (그림책 소개, 식재료 소개, 상호작용 방법)
• 어린이집 홈페이지에 가정에서의 활동 사진을 올릴 것을 안내한다.

전개
• '엎치락뒤치락 콩 변신'을 주제로 가정과 연계하여 각 가정에서 부모님과 함께 콩을 탐색한다. (부모님은 어린이집에서 제공한 상호작용 방법을 참고하여 영아들의 탐색을 지원한다.)
  - 엄지손가락을 닮은 콩이다.
  - 비닐 속에 담은 콩 흔들어볼까?, 어떤 소리가 나지?
  - 하얗고 네모난 두부가 있네. 또로로로, 콩이 굴러가네.
  - 손으로 찰싹찰싹 쳐볼까? 손가락으로 꾹꾹 눌러볼까?
  - 부드러운 두부는 어떤 맛일까?

마무리
• 가정에서 활동한 사진을 부모님들이 어린이집 홈페이지에 올리면, 그 사진을 교실 문 앞에 부착하여 영아들과 함께 감상한다.

유의사항
• 영아들이 식재료 탐색하는 과정에 부모님과 함께할 수 있도록 안내하며 영아들이 작은 콩을 몸의 구멍에 넣지 않도록 주의할 수 있도록 한다.
• 되도록 크기가 큰 작두콩을 이용하도록 안내한다.

활동사진

✛ 아동의 세계로 들어가기

교사와 아동 사이의 관계는 교사가 아동에게 맞추어야 합니다. 아동에게 무언가를 하도록 강요하지 않으면서 아동이 하는 방식대로 반응하며 놀이합니다. 아동이 하는 활동은 입으로 탐색하기, 두드리기, 사물을 용기 안에 넣고 꺼내기, 사물을 일렬로 늘어놓기 등 다양합니다. 이런 과정을 통해 아동은 놀이를 함께하면서 교사가 하는 활동과 경험에 대해 인식하게 되어 교사와 함께 노는 활동을 더욱 즐거워하고 스스로 참여하게 됩니다.

RT
포인트

영아
전기

가정 통신문

▶ 식재료를 이용한 '조물조물 오감 체험 까르르 오감 만족'

6월 엎치락두치락 콩 변신

그림책 소개

• 콩콩콩 접시까지 온 콩 이야기
• 밥이 최고야
• 콩들은 무얼 할까?

어린이집에서는 콩과 두부와 관련된 그림책을 영아들의 가정과 연계하여 도담뜰 프로그램을 진행할 계획입니다.

식재료 소개

콩은요!!
강낭콩, 완두콩, 땅콩, 엄지콩 등이 있고요,
우리 배에서 소화가 잘 되도록 도와준대요.

두부는요!!
콩으로 만들어졌고요,
우리들의 뼈를 튼튼하게 해주어요.

상호작용 tip

영아들이 콩과 두부를 오감을 통해 탐색할 수 있도록 가정에서 함께 놀이해주세요.
생콩과 삶은 콩을 비교도 해보고, 두부 자체를 탐색해보거나 맛있는 요리로 만들어 먹어보며
상호작용해주서도 좋습니다.

* "엄지손가락을 닮은 콩이다~"
* "비닐 속에 담은 콩 흔들어볼까?" "어떤 소리가 나지?"
* "하얗고 네모난 두부가 있네." "또로로로, 콩이 굴러가네"
* "손으로 찰싹찰싹 쳐볼까?" "손가락으로 꾹꾹 눌러볼까?"
* "부드러운 두부는 어떤 맛일까?"

콩 그림책

생활주제	• 즐거운 가족놀이 해요
활동목표	• 콩과 관련된 그림책을 보며 콩과 두부에 관심을 갖는다.
표준보육/누리 과정요소	• 의사소통〉 읽기〉 그림책과 환경 인쇄물에 관심 가지기 • 자연탐구〉 탐구하는 태도 기르기〉 콩 탐색하기
중 심 축 행동발달	• 언어화, 탐색
활동자료	• '콩콩콩 접시까지 온 콩 이야기', '콩들은 무얼할까?' 그림책, 콩과 두부 관련 화보(언어 영역 벽면에 영아들의 눈높이 게시) • 탐색 매트(투명 지퍼백이나 투명 탐색 매트를 이용하여 콩 제시)
활동내용	**도입** • 콩, 두부와 관련한 그림책과 그림 자료를 보며 다양한 콩에 관심을 가져본다. 　- (그림책 속 그림을 보며) 어떤 콩일까? 　- 다양한 색깔과 크기의 콩이 있네. 　- 우아, 동그란 콩이다! 나는 콩이 정말 좋아! **전개** • '콩들은 무얼 할까?' 그림책을 읽어준다. • 그림책의 의성어와 의태어를 활용하여 콩의 움직임을 실감나게 표현해본다. 　- 다글다글, 다그르르, 주룩주룩, 주르르륵. 　- 타다다닥, 토도도독, 떼구르르. **마무리** • 언어 영역에 환경 구성으로 게시된 콩, 두부의 사진과 관련 책에 영아들이 일과 속에서 관심을 보이면 적절하게 반응하며 상호작용하여 지속적인 흥미를 갖도록 한다.

유의사항 • 영역에 비치하여 그림책과 함께 실물의 콩 탐색이 지속적으로
이루어지도록 탐색 매트를 활용한다.

활동사진

✚ 하나 주고 하나 받기

하나 주고 하나 받기는 아동이 반응한 만큼 또는 그 이하의 행동 또는 언어를 주고받는
것이며, 나아가 서로 주거니 받거니 하는 차례 중 어른이 하는 횟수나 길이를 줄이는 것
을 의미합니다. 만일 교사가 '콩들은 무얼할까?'라고 질문을 했다면 아동이 자신의 차례
를 수행할 때까지 기다려주는 것입니다. 교사가 기다려 주는 것은 아동이 창조적인 반응
을 만들 시간을 주는 것입니다.

작두콩 놀이

생활주제	• 즐거운 가족놀이 해요
활동목표	• 감각기관 및 신체를 활용하여 콩에 호기심을 가지고 자유롭게 탐색한다.
표준보육/누리 과정요소	• 신체운동> 감각과 신체 인식하기> 감각기관으로 탐색하기 • 자연탐구> 탐구하는 태도 기르기> 탐색 시도하기
중 심 축 행동발달	• 능동성, 탐색
활동자료	• 작두콩, 김장용 비닐, 탐색용 트레이, 주방용품, 소꿉놀이 도구

활동내용

도입
* 작두콩에 관심을 갖고 자유롭게 탐색한다.
  - 우아, 이게 뭐지?
  - 하얗고 큰 콩이구나. 이 콩의 이름은 작두콩이래.
  - 하얀색 콩이네.
  - 콩에 앉아볼까? 울퉁불퉁한 느낌이 나네.

전개
* 몸을 활발히 움직이며 오감을 이용하여 놀이한다.
  - 콩 풀장에서 수영을 해볼까?
  - 우아, 콩 침대는 간지러워. 너희도 누워봐.

* 다양한 도구를 활용하여 놀이를 한다.
  - 그릇에 콩을 이만큼 넣어볼까?
  - 국자로 콩을 떠볼까?
  - 통속에 콩을 넣고 흔들어보니 소리가 나네.

마무리	• 콩을 만져본 경험에 대해 개별적으로 상호작용한다.
	- 콩을 만져보니 부드러웠지.
	- 콩이 떼구르르 굴러서 어디로 갔지?

유의사항	• 일반 콩보다는 큰 작두콩을 사용하고, 영아들의 안전에 유의하며 탐색이 이루어지도록 지원한다.

활동사진

RT
포인트

✚ 아동의 방식대로 행동하고 대화하기

아동은 짧은 문장으로라도 이야기를 시도합니다. 아동과 함께 하는 동안 교사가 말을 많이 하기보다 놀이의 속도를 맞추면서 아동이 무엇인가 더 많이 할 기회를 주고 기다려 줍니다. 이것이 때로는 침묵을 가져올 수도 있지만 침묵도 상호작용의 한 과정입니다. 아동은 자신의 발성과 언어로 그 공백을 채우며 교사와 함께하는 것을 배우게 될 것입니다.

두부놀이

04

생활주제	• 즐거운 가족놀이 해요
활동목표	• 감각기관 및 신체를 활용하여 두부를 자유롭게 탐색한다. • 색깔이 들어간 두부와 콩의 차이를 지각하고, 예술적 요소에 호기심을 가진다.
표준보육/누리 과정요소	• 예술경험 > 아름다움 찾아보기 > 예술적 요소에 호기심 가지기 • 신체운동 > 감각과 신체 인식하기 > 감각기관으로 탐색하기 • 자연탐구 > 탐구하는 태도 기르기 > 탐색 시도하기
중 심 축 행동발달	• 동기, 능동성, 탐색
활동자료	• 판 두부 4판, 비닐, 채소 즙(시금치, 당근), 트레이, 주방도구, 소꿉놀이용품 등

활동내용

도입
• 두부를 제시하며 영아들이 자유롭게 탐색하도록 한다.
- 말랑말랑한 두부.
- 꾹 눌러볼까?
- 손가락이 쏙 들어가네.

전개
• 두부 속에 손과 발을 넣어보며, 손과 발이 있다, 없다를 구별하는 놀이를 하며 즐겁게 상호작용한다.
- 어! 두부 속에 손이 숨었네.
- 꼭꼭 숨어라. 발가락은 어디 있을까?
- 짜잔, 여기 있었구나!

• 다양한 주방도구를 이용하여 두부놀이를 한다.
- 두부를 컵으로 으깨봐야겠다. 꾹꾹!
- 국자로 두부를 하나, 둘 올려보자. 영차!

- 시금치, 당근 즙을 이용하여 색깔 두부놀이를 한다.
  - 우아, 두부에 초록색 물이 들었네.
  - 주황색 두부를 조물조물 뭉쳐볼까?

- 신체를 이용하여 다양한 몸의 움직임을 시도해보고, 몸의 균형
  을 잡기 위한 자세를 취해보며 놀이한다.
  - 두부가 미끌미끌 미끄럽다.
  - (두 발을 번갈아 움직이며) 선생님 좀 봐.
  - 미끌미끌한 두부 위오 엉금엉금 기어가보자.

마무리
- 영아들을 씻기고 옷을 갈아입혀주며 두부를 탐색한 경험을 개
  별적으로 상호작용한다.

유의사항
- 김장 비닐을 깔고 대근육을 활용한 신체 탐색을 하는 과정에
  서 바닥이 미끄러울 수 있으므로 영아들의 움직임을 세심히
  살핀다.

활동사진

RT
포인트

✚ 작은 행동에도 즉각적으로 반응하기

아동이 하는 작은 행동, 예를 들어 손을 까딱거리는 작은 몸짓, 응시하는 대상을 바꾸는
것, 얼굴표정 짓기, 언어표현 등을 말하며 교사는 아동의 같은 행동에 즉각적으로 반응
해줍니다. 아동이 혼자 놀더라도 혼자서 하는 놀이나 혼잣말에 즉시 반응함으로써 상호
작용을 자주 해 줍니다. 이를 통해 아동은 교사를 더욱 잘 인식하게 되고 사회적 교환 활
동에 더욱 잘 참여하며 통제감을 발달시킵니다. 예를 들면 아동이 두부를 만지다 '아이
쿠' 했다면 교사도 '아이쿠' 또는 '뭉게졌어?'라고 즉각적으로 반응해 줍니다.

영아전기

마음 쑥쑥

LG CNS
어린이집

1. 주제 선정 배경

우리에게 아주 익숙한 '세 살 버릇 여든까지 간다'는 속담이 있다. 이는 어릴 때의 좋은 습관이 일생을 좌우한다는 뜻을 포함하며, 아울러 좋은 습관을 어릴 때 익히도록 해야 한다는 것을 의미한다.

영유아기는 인성의 기초가 되는 중요한 시기이며, 이 시기에 형성된 인성은 전 생애에 걸쳐 영향을 미치기 때문에 보다 체계적인 인성 교육이 요구된다. 또한 어릴 때부터 좋은 인성이 형성되도록 가정과 교육기관과 사회가 함께 노력해야 한다. 인성 교육에서 그림책은 영아들에게 가장 친숙한 매체 중 하나이며 다양한 장르와 주제를 갖고 있어 생활 속에서 자연스럽게 접하기 쉽다는 장점을 가지고 있다.

2. 프로그램의 기대효과

1) 그림책을 활용한 활동을 통해 말소리를 구분할 수 있게 하고 의사소통의 기초를 마련한다.
2) 그림책을 보며 즐거움을 느끼고 다양한 감성을 기른다.
3) 그림책을 통해 자기존중, 협력, 예절, 배려 등 다양한 인성을 발달시킨다.

3. 프로그램 연간계획

월	생활 주제	활동명	내용범주	하위 내용	그림책
4	새로운 것이 낯설어요 Ⅱ	마음 쑥쑥	인성	인사	안녕하세요 글: 이승혜 그림: 최나리 출판사: 한솔교육
5	느낄 수 있어요 Ⅰ	마음 쑥쑥	인성	식사	냠냠냠 쪽쪽쪽 글: 문승연 그림: 문승연 출판사: 길벗어린이
					잘 먹겠습니다 글·그림: 허은실 출판사: 창비
6	느낄 수 있어요 Ⅱ	마음 쑥쑥	인성	청결 Ⅰ / 손 씻기	깨끗한 몸, 상쾌한 기분 글·그림: 이은경 출판사: 훈민출판사
					뽀글 목욕놀이 글·그림: 기무라 유이치 역: 최윤경 출판사: 웅진주니어

월	생활 주제	활동명	내용범주	하위 내용	그림책
7	놀이할 수 있어요 I	마음 쑥쑥	인성	청결/ 배변	뿡뿡 응가하자 글·그림: 윤성희 출판사: 삼성출판사
					끙가 똥을 누어요 글·그림: 박주연 출판사: 블루래빗
8	놀이할 수 있어요 II	마음 쑥쑥	인성	존중/ 자기존중	예쁜 내 얼굴 글·그림: 이정원 출판사: 헤르만해세
					사랑해 사랑해 사랑해 글: 버나뎃 로제티 슈스탁 그림: 켈로라인제인처치 번역: 신형건 출판사: 보물창고
9	나는 할 수 있어요 I	마음 쑥쑥	인성	타인 존중/ 가족	넌 사랑받기 위해 태어났단다 글: 릭 윌튼 그림: 켈로라인제인처치 번역: 신형건 출판사: 보물창고
					엄마, 아빠, 나를 사랑해요 글·그림: 편집부 출판사: 한국프뢰벨(주)
10	나는 할 수 있어요 II	마음 쑥쑥	인성	나눔	정리하지 마 글: 나는북 그림: 임광희 출판사: 애플비
					쿠피야 차례차례 글: 니키아무와 그림: 유문조 출판사: 웅진주니어

사랑해 사랑해 사랑해

글: 버나뎃 로제티 슈스탁 | 그림: 켈로라인제인처치 | 번역: 신형건 | 출판사: 보물창고

머리끝부터 발끝까지 너를 사랑해! 행복할 때나 슬플 때나 말썽을 부릴 때나 심술을 부릴 때도 너를 사랑해! 라며 아이의 모든 행동마다 "너를 사랑해!"라고 속삭이는 소리를 듣게 되는 책이다.

선정이유 "사랑해"라는 표현 언어는 주로 타인에게 사용하게 되는데, 자기 존중과 연계하여 영아들이 "사랑해"라는 표현 언어를 자신의 신체 및 감정, 모습에 대한 감정으로 표현하며 자존감을 높이고 자신을 사랑하는 마음을 자연스럽게 경험할 수 있어서 선정하게 되었다. 특히 영아가 일상생활에서 경험할 법한 상황들 안에서의 모습을 모두 사랑한다는 표현이 자주 등장하여 영아가 자신의 일상생활 및 자신의 모습과 연계할 수 있다는 장점이 있다.

영아
전기

8월 활동

내 손과 발 물감 찍기

01

생활주제	• 놀이할 수 있어요.
활동목표	• 손바닥과 발바닥을 찍어보면서 나의 신체에 관심을 갖는다. 나의 신체를 활용해 즐겁게 놀이할 수 있다.
표준보육/누리 과정요소	• 예술경험 > 예술적 표현하기 > 단순한 미술 경험하기 • 신체운동 > 신체활동에 참여하기 > 몸 움직임 즐기기
중 심 축 행동발달	• 자신감, 표현성, 통제감
활동자료	• '사랑해 사랑해 사랑해' 그림책, 물감, 쟁반, 흰 도화지

활동내용	사전활동 • '사랑해 사랑해 사랑해' 그림책을 읽어본다.
	     - 선생님은 ○○이의 부드러운 머리카락을 사랑해요.
	     - 선생님은 공놀이하는 △△를 사랑해!
	     - "사랑해"라고 이야기해볼까요?

도입

• 손바닥을 탐색한다.
  - 우리 손바닥은 어떻게 생겼는지 볼까요?
  - ○○이 손가락은 길쭉길쭉해요.
  - △△이 손톱은 동글동글하구나!
  - □□이가 선생님 손바닥을 만지니 간지러워.

전개

• 교사와 함께 손바닥에 물감을 찍어 손도장을 찍어본다.
  - ○○이는 빨간색 물감을 묻혔구나!
  - 손바닥을 꾸욱 누르니 어떻게 되었어요?
  - □□이는 알록달록 손이 되었구나!
  - △△이는 손가락이 길쭉하구나!

• 발도장을 찍어본다.
  - 이번에는 선생님 발바닥이 어떻게 생겼는지 볼까요?
  - 발에 물감을 묻히고 종이 위를 걸어 다니니 알록달록 길이 생겼구나!
  - ○○이는 발이 정말 크구나!

마무리

• 자신과 친구의 손도장, 발도장 찍은 모습을 탐색해본다.
  - ○○이랑 □□이는 똑같은 색깔의 물감을 찍었구나!
  - □□보다 △△ 손이 더 크구나!
  - 한 번 대볼까요?

활동사진

RT 포인트

✚ 아동의 세계로 들어가기

아동과 함께 놀이할 때 아동의 시선을 따라가며, 아동의 눈을 보며 대화를 합니다. 상호작용할 때 아동의 행동을 모방하고 강요하지 않으면서 아동이 하는 간단한 방식대로 반응하며 놀이합니다. 예를 들어 아동이 물감을 선택하고 활동하는 대로 따라하며 아동이 사물을 가리키며 '어~'라고 대화한다면 '어~'라고 아동의 대화방식으로 반응해주세요. 이런 행동이 아동에게는 교사가 아동의 세계로 들어간다는 신호가 될 수 있습니다.

내 얼굴 찾기

02

생활주제	• 놀이할 수 있어요.
활동목표	• 자신의 얼굴을 자유롭게 탐색해보며 타인과 구분된 자신을 찾고 긍정적 존중감의 기초를 마련한다.
표준보육/누리 과정요소	• 사회관계 > 나를 알고 존중하기 > 나를 구별하기 • 의사소통 > 말하기 > 표정, 몸짓, 말소리로 말하기
중 심 축 행동발달	• 신뢰, 사회적 놀이, 공동주의
활동자료	• 영아 얼굴 사진 자료, 다양한 모양의 스티커, 카메라

활동내용

도입

• 거울로 내 얼굴을 탐색해본다.
- 눈은 어디 있나? 요기!
- ○○이 얼굴에는 까만 눈썹도 있어요.

전개

• 내 얼굴을 찾아본다.
- 여기 커다란 얼굴들이 많이 있네. 내 얼굴은 어디에 있을까요?
- ○○이가 △△의 얼굴을 찾았구나!

• 어린이집에서 내 얼굴을 찾아본다.
- 어린이집에 있는 내 얼굴을 찾아볼까요? 내 얼굴이 또 어디에
있을까요?
- 신발장에도, 내 서랍장에도 얼굴이 있어요.

• 내 자리를 찾아 스티커를 붙여본다.
- ○○이는 기저귀장에 스티커를 붙여주고 있구나.

• 이름 듣고 친구 얼굴 찾아보기

    - △△이랑 □□이 얼굴을 찾아볼까요?

    - ○○이는 어디 있나? △△이가 ○○이를 찾아서 안아주었구나!

활동사진

RT
포인트

✚ 작은 행동에도 즉각적으로 반응하기

아동은 주변의 사물이나 장난감을 가지고 노는 활동도 즐기게 됩니다. 사물을 탐색할 때 아동의 모습을 관심과 애정을 가지고 지켜보시고 아동의 웃음, 작은 소리에도 즉각적으로 반응해 주세요. 이런 과정을 거치면서 아동은 스스로 하는 능동적인 참여와 탐색을 즐기게 되고 스스로 경험하며 발견을 통해 학습하며 세상을 배울 수 있게 됩니다.

거울 보며 다양한 표정

03

생활주제	• 놀이할 수 있어요.
활동목표	• 다양한 표정을 지어보며 나의 감정을 표현하는 다양한 방법을 경험하고 표정으로 감정 표현하기를 시도한다.
표준보육/누리 과정요소	• 사회관계 > 나를 알고 존중하기 > 나를 구별하기 • 예술경험 > 예술적 표현하기 > 모방 행동 즐기기
중 심 축 행동발달	• 신뢰, 표현성
활동자료	• '웃는 얼굴, 찡그린 얼굴' 노래 음원, 거울, 다양한 표정 사진

활동내용

도입

- '재미있는 내 얼굴' 그림책을 본다.
  - '즐거운' 표정을 어떻게 짓는 걸까? 우리 같이 해볼까요?

- 영아와 전신거울을 보며 거울에 비친 모습들을 탐색해본다.
  - 우리가 움직이면 거울 속 친구들도 따라 움직여요!

전개

- '웃는 얼굴, 찡그린 얼굴' 노래를 부르며 표정을 지어본다.
  - 웃는 얼굴~ 밝은 얼굴~
  - 우리 다같이 하하 웃는 얼굴 만들어볼까요?

- 거울에 붙여진 얼굴 표정 사진 자료를 자유롭게 탐색한다.
  - ○○이가 표정 사진을 보고 있구나!
  - ○○이랑 **이가 함께 웃는 얼굴을 하고 있구나!

- 거울을 보며 다양한 표정을 지어본다.
  - ○○이가 사진을 보며 따라 웃고 있네!
  - 선생님은 찡그린 표정을 찾았어요. "잉잉" 울고 있어요.

• 엄마, 아빠와 다양한 표정을 지으며 찍은 사진을 탐색해본다.

- 엄마, 아빠, 사랑해요.

활동사진

RT
포인트

 일상 중에 재미있게 상호작용하기

아동과 놀이할 때 일상 중에 재미있게 상호작용하기는 교사가 아동과 놀이할 때 재미있
는 표정을 만들어 내거나 아동이 내는 소리, 행동을 이용하여 놀이식으로 반응하는 것
또는 동작을 과장되게 표현하는 것 등을 들 수 있습니다. 예를 들어 아동과 눈이 마주쳤
을 때 교사가 눈을 크게 뜬다거나 입을 크게 벌려보는 것, 볼에 바람을 넣어 보이거나 우
스운 표정으로 아동을 웃기고 입을 오므렸다 펴보는 행동을 말할 수 있습니다. 교사가
아동의 관심을 끄는 방식으로 또 예측할 수 없는 방식으로 동작을 보일 때 아동은 교사
의 움직임에 보다 가까이 다가와 주의를 집중하게 됩니다.

넌 사랑받기 위해 태어났단다

글: 릭 월튼 | 그림: 켈로라인제인처치 | 번역: 신형건 | 출판사: 보물창고

영아의 성장 과정이 중점적인 내용으로 전개되는 본 그림책은 아기가 태어난 첫날부터 첫돌까지 아기의 역사적인 첫 번째 순간들이 담겨 있다. 이를 통해 영아와 부모가 함께 영아의 성장 과정을 되돌아보고 가족의 소중함을 느낄 수 있는 그림책이다.

선정이유 영아의 성장 과정을 함께 지켜보며 영아가 처음 접하게 되는 가족의 소중함을 알려주기 위해 '영아의 성장 과정'을 보여주는 그림책을 선정하였다.

9월 활동

가족사진 액자 꾸미기

01

생활주제	• 나는 할 수 있어요.
활동목표	• 가족 구성원에 관심을 가지고 가족에 대한 특별한 감정을 갖는다.
표준보육/누리 과정요소	• 사회관계 > 나를 알고 존중하기 > 안정적인 애착 형성하기 • 예술경험 > 예술적 표현하기 > 단순한 미술 경험하기
중 심 축 행동발달	• 신뢰, 표현성
활동자료	• "넌 사랑받기 위해 태어났단다" 그림책, 가족사진, 우드락 액자틀, 다양한 모양의 스티커

사전활동

- '넌 사랑받기 위해 태어났단다' 그림책을 읽어본다.
- 교사와 함께 그림책을 읽어보며 이야기를 나눈다.
  - ○○이도 어렸을 때 응애응애 하고 울었겠다.
  - 우리도 꺄르르 웃어볼까요?
  - 우리 엄마, 아빠를 만나면 "사랑해요!"라고 이야기하며 꼬옥 안아드릴까요?

도입

- 가족사진을 탐색하며 이야기 나눈다.
  - 이 사진은 누구의 엄마, 아빠 사진일까?
  - 사진 속에 ○○이랑 함께 엄마, 아빠도 있어요.
  - ○○이 코랑 엄마 코랑 닮았어요.
- 엄마와 헤어질 때 '안녕' 하고 인사해본다.
  - 엄마한테 "안녕" 인사해볼까요?
  - 우리도 같이 인사해볼까요?

전개

- 가족사진 액자 꾸미기 활동 방법을 탐색한다.
  - 이건 선생님의 가족사진이야. 선생님은 사진을 파란색 액자에 담아놓았어요.
  - ○○이도 한번 액자를 만들어볼까요? 여기 스티커로 꾸밀 수도 있겠다.
- 가족사진 액자를 꾸민다.
  - 선생님은 엄마 얼굴 위에 하트 모양 스티커를 붙여보았어요.
  - (영아가 한 모습을 보며) 그렇게 하는 방법도 있었네!
  - 액자는 어떻게 꾸밀 수 있을까요?
    선생님은 노란색 물감을 칠해봐야지.
  - △△이는 초록색 액자가 되었네요.

마무리

- 우리 가족과 친구 가족 액자를 보며 함께 이야기 나눈다.
  - ○○이 가족은 어디 있어요?
  - 이건 누구의 가족일까요?
- 새로운 가족사진을 찍는다.
  - ○○이네는 이번 주말에 동물원에 가서 가족사진을 찍었구나.
  - △△이와 엄마는 웃는 모습이 닮았네요!

RT
포인트

 ➕ 하나 주고 하나 받기

아동은 상대방과 상호작용할 수 있을 만큼 사회성이 발달되어 있습니다. 아동이 친근해 할 만한 물건이나 가족 사진이 있다면 함께 살펴봅니다. 예를 들어 아동이 손으로 사진 속에 무엇을 가리키며 "~마", 이렇게 표현을 하면 교사도 그대로 "~마"라고 반응해 주고, 아동이 블록을 올려놓았다면 어른도 하나를 올려놓고 다음 아동의 차례를 기다려줍니다. 교사와 아동간의 자연스러운 상황에서 하나 주고 하나 받는 상호작용은 아동으로 하여금 사회적 관계 속에서 자신이 교사를 통제하고 있다는 것을 알려주어 통제감을 높여줍니다.

엄마, 아빠 얼굴 만들기

02

생활주제	• 나는 할 수 있어요.
활동목표	• 엄마, 아빠 얼굴을 표현하며 '우리 가족' 구성원을 탐색한다. • 요리 활동을 통해 오감각의 발달을 도모한다.
표준보육/누리 과정요소	• 신체운동 > 감각과 신체 인식하기 > 감각적 자극에 반응하기 • 사회관계 > 나를 알고 존중하기 > 안정적인 애착 형성하기
중 심 축 행동발달	• 능동성, 신뢰, 사회적 놀이
활동자료	• 파프리카, 오이, 당근, 바나나, 식빵, 접시, 가족사진

활동내용

도입
- 우리 가족 구성원의 사진을 보며 생김새를 탐색한다.
  - ○○이 아빠 머리카락은 어떠니? 뽀글뽀글하구나!
  - △△이 엄마는 안경을 끼셨구나.

- 다양한 요리 재료를 탐색해본다.
  - 네모난 식빵이 있네. 우리 한 번 냠냠 먹어볼까?
  - 빨간 파프리카를 먹어보니 무슨 소리가 나요?
  - 파프리카는 동글동글 안경 같기도 하네.

전개
- 요리 순서와 활동에 대해 안내한다.
  - 우리 식빵으로 엄마, 아빠 얼굴을 만들어볼까요?
  - 선생님이 바나나를 올렸더니 눈이 되었어요!
  - ○○이는 아빠 눈을 어떻게 만들어줄까요?

- 준비된 재료를 식빵 위에 자유롭게 올려 얼굴을 표현해본다.
  - 우아, ○○이는 오이로 엄마 눈을 만들어주었구나!
  - △△이는 파프리카로 입을 만들었어요!

마무리

• 내가 만든 가족 얼굴 맛보기를 한다.
  - ○○이는 오이로 만든 눈을 먹고 있네! 아삭아삭 소리가 나는구나.

• 가정에서 음식으로 가족 얼굴 만들기 활동을 한다.
  - ○○이는 엄마, 아빠와 옥수수로 얼굴을 만들어보았구나!

활동사진

RT
포인트

✚ 아동의 세계로 들어가기

아동은 주변의 사물을 탐색하는 것에서부터 인지발달을 시작해갑니다. 아동 주변에 친근한 장난감을 놓아주고 아동이 놀이할 수 있도록 지켜 봐주고 아동의 놀이를 따라해 봅니다. 아동이 즐거워하면 놀이를 확장하는 것도 아동 두뇌발달에 도움이 됩니다.

엄마, 아빠에게 나뭇잎 편지 쓰기

03

생활주제	• 나는 할 수 있어요.
활동목표	• 엄마, 아빠에게 편지 쓰기를 시도하며 다양한 방법으로 애정 표현하기를 시도한다.
표준보육/누리 과정요소	• 자연탐구 > 탐구하는 태도 기르기 > 탐색 시도하기 • 의사소통 > 쓰기 > 끼적이기
중 심 축 행동발달	• 탐색, 의도적 의사소통
활동자료	• '다양한 색과 크기의 낙엽 모양 종이, 낙엽, 사인펜, 스티커

활동내용

사전활동

• 나뭇잎을 자유롭게 탐색하며 관심을 갖는다.
- 와~ 나뭇잎이 날아간다. 나뭇잎이 (몸을 흔들며) 춤을 추고 있네.
- 머리 위에 나뭇잎을 올려볼까요? 우아! 나뭇잎이 바닥에 떨어졌다.

도입

• 산책을 하며 떨어진 낙엽을 찾아본다.
- 가을이 와서 나뭇잎이 옷을 갈아입었어요! 우리 함께 찾아볼까요?
- ○○이가 노란색 나뭇잎을 찾았구나!

전개

• 나뭇잎 편지지를 탐색한다.
- 우리가 산책을 하며 주워온 나뭇잎이에요!
- 이 나뭇잎 모양은 무슨 모양일까? ○○이가 찾았던 빨간색 나뭇잎은 어디 있을까요?

• 나뭇잎 위에 엄마, 아빠에게 편지를 써본다.
- 나뭇잎 위에 엄마, 아빠에게 편지를 써볼까?
- 선생님은 사랑해요 하트를 그려볼 거예요!
- 우아, ○○이는 노란색 동그라미를 그렸구나?
- △△이는 노란색 동그라미를 그렸네!

마무리

- 엄마, 아빠에게 편지를 전달하고 사랑하는 마음을 표현해본다.
  - 엄마, 아빠 선물이에요. 사랑해요!

- 가족 인사를 만들어 마음을 표현해본다.
  - 아빠랑 하이파이브! 인사해요.
  - ○○이는 뽀뽀하며 인사하는구나.

활동사진

RT
포인트

✚ 하나 주고 하나 받기

아동과 서로 주고 받는 놀이를 해봅니다. 애착하는 대상과의 놀이는 아동의 의사소통
능력을 키워줍니다. 아동이 어떤 형태로든지 먼저 표현하도록 기다려주세요. 교사는 아
동의 행동을 그대로 따라 하는 방식으로 놀이를 합니다. 아동이 한 번 반응하면 똑같이
반응해주고, 아동이 교사와의 상호작용에 함께 능동적이고 상호적으로 참여하게 해주
세요. 이런 과정을 통해 주도성도 발달하고 의사소통 능력도 함께 발달하게 됩니다.

영아전기

그림책을 읽는 부모, 노래하는 아이

풀 무 원
어린이집

1. 주제 선정 배경

영아들의 언어 발달을 촉진하고 가정과 함께할 수 있는 프로그램에 대한 고민으로 만 1세 영아의 부모를 대상으로 가정에서의 '그림책 읽기 습관'에 관한 설문조사를 실시하였다. 설문조사 결과 많은 부모들이 그림책에 흥미가 적은 영아들에게 책을 읽어줄 때 적절한 상호작용이나 책을 읽고 난 후의 놀이 방법에 대해 고민하는 경우가 많은 것으로 나타났다. 이와 같은 결과를 토대로 '가정과 함께하는 그림책 오감놀이: 그림책을 읽는 부모, 노래하는 아이' 활동을 계획하게 되었다.

'가정과 함께하는 그림책 오감놀이'는 영아들의 연령과 발달, 흥미에 맞는 그림책을 선정하여 영아들에게 읽어줌으로써 그림책에 대한 심미적 관심과 청각적인 호기심 유발 등으로 정서와 사회성 발달을 돕는다. 또한 익숙한 동요리듬에 그림책의 내용을 가사로 붙인 개사동요를 불러봄으로써 영아들이 음악을 듣고 직접 부르는 과정에서 즐거움을 느끼며, 자연스럽게 언어 발달을 꾀할 수 있도록 하였다.

부모에게 스마트 알림장으로 활동진행 과정을 안내하여 활동에 대한 관심을 가질 수 있도록 하였다. 또한 주제별 그림책 읽기의 효과적인 방법을 안내하였고, 다양한 방식으로 오감을 자극하여, 영아에게는 활동에 대한 흥미와 호기심을 높이고 정서 발달을 꾀할 수 있도록 하였다.

2. 프로그램의 기대효과

1) 그림책 내용을 토대로 한 개사동요를 불러봄으로써 그림책에 흥미를 갖게 한다.
2) 개사동요라는 음악적 요소를 이용하여 영아들이 갖고 있는 음악성을 높일 기회를 제공한다.
3) 그림책 속 의성어와 의태어를 경험하여 언어 발달을 돕는다.
4) 그림에서 제공하는 다양한 오감놀이 경험과 이미지를 통해 상황에 대한 이해력, 표현력, 심미적

인 느낌을 키운다.

5) 가정과 함께하는 활동을 통해 부모에게 발달 수준에 적합한 놀이의 방법을 제안하여 부모와 영
아의 안정된 애착 형성을 돕는다.

6) 부모와 함께하는 과정을 통해 어린이집의 보육 프로그램에 대한 이해와 신뢰성을 높인다.

3. 프로그램 특징

'가정과 함께하는 그림책 오감놀이'는 영아가 흥미로워하는 주제나 이야기를 다룬 그림책을 가지
고 진행한다. 가정과 연계하여 다양한 탐색을 촉진하며, 표현을 확장해 나간다. 이 과정에서 영아
들은 그림책 속 내용이 담긴 개사동요라는 음악적 요소를 반복하여 경험하게 되며, 가정에서 부
모와 함께하는 놀이 경험을 통해 부모와 자녀 간의 상호작용 기회를 높여준다.

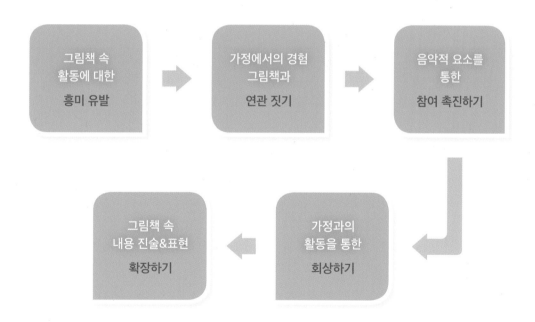

4. 프로그램 진행 과정

▶ 프로그램의 단계별 계획 수립

프로그램 개발의 취지에 따른
'그림책 읽기 습관' 설문 / 교사 교육 및 프로그램 개발 회의

프로그램에 필요한
그림책과 노래 선정과 개사 작업

주제별 그림책 읽기의 효과적인 방법
스마트 알림장을 이용한 가정과 함께하는 활동 안내
(예: 개사동요 악보 및 동영상, 주제별 사전 경험 사진 자료)

그림책 읽기 & 그림책 내용에 따른 활동 실행
(그림책 속 내용 놀이로 경험하기 및 언어적 표현하기)

가정과의 활동을 통한 회상
(예: 그림책 속 과일을 이용한 나만의 과일 셰이크 만들기, 아빠! 어린이집에서 함께 놀아요!)

5. 프로그램 연간계획

월	주제	활동명	그림책	
5	느낄 수 있어요 I	• 엄마의 영상편지 보기 • 엄마와 함께하는 밀가루 놀이 • 엄마를 위한 작은 음악회	엄마랑 뽀뽀 글·그림: 김동수 출판사: 보림	
6	느낄 수 있어요 II	• 아삭아삭 사과를 말려요 • 새콤달콤 귤로 놀아요. • 미끌미끌 바나나 미끄럼	냠냠냠 쪽쪽쪽! 글·그림: 문승연 출판사: 길벗어린이	
7	느낄 수 있어요 III	• 미끌미끌 미역놀이 • 울퉁불퉁 쌀 이불을 덮어요 • 보들보들 두부 케이크	미끌미끌 쭉쭉 글: 이혜옥 그림: 이육남 출판사: 한국 삐아제	
8	놀이 할 수 있어요 I	• 아기 인형 목욕시키기 • 미끌미끌 거품 그림 • 수건 체조 • 엄마, 아빠와 함께 첨벙첨벙 목욕놀이	목욕놀이 글·그림: 김윤조 출판사: 다음세대	
9	놀이 할 수 있어요 II	• 아빠와 함께 놀아요 • 아빠 물건으로 놀이해요 • 아빠에게 드리는 선물	아빠 비행기 타고 슈웅 글: 호박별 그림: 나애경 출판사: 시공주니어	
10	움직이는 것이 재미있어요	• 엄마와 함께 버스를 타고 슝슝! • 촉촉이 모래 속 내가 좋아하는 자동차 찾기 • 울퉁불퉁 자동차 길	난 자동차가 참 좋아 글·그림: 마가릿 와이즈 브라운 역: 최재국 출판사: 비룡소	
11	나는 할 수 있어요	• 동물 친구와 함께 산책하기 • 동물 친구의 털옷을 꾸며요 • 엄마랑 아빠랑 옷 입기 게임	나처럼 해봐 글: 정순 그림: 이정선 출판사: 대교 소빅스	
12	좋아하는 놀이가 있어요	• 내가 좋아하는 색깔은? • 색깔 소금 만들기 • 알록달록 색깔 방에서 놀아요	깜짝깜짝 색깔들 글·그림: 척 머피 출판사: 비룡소	

영아
전기

미끌미끌 쭉쭉

글: 이혜옥 | 그림: 이육남 | 출판사: 한국 삐아제

'미끌미끌 쭉쭉'은 손으로 만지며 감각 운동을 발달시키는 그림책이다. 새로운 물건을 보면 만지고, 핥고, 입으로 빨아보려고 하는 영아의 감각적 특성을 자극하고 주변 사물의 느낌에 대해 관심을 가지도록 하는 그림책이다.

선정이유 영아들이 그림책에 나오는 다양한 촉감에 관심을 가지고, 놀이를 통해 자연스럽게 감각 어휘를 경험하고 습득할 수 있도록 돕기 위해 『미끌미끌 쭉쭉』 그림책을 선정하였다.

7월 활동

그림책 속 촉감을 찾아요   01

생활주제	• 느낄 수 있어요.
활동목표	• 그림책 속 촉감을 경험하고 표현한다. • 여러 가지 오감 재료를 탐색해본다.
표준보육/누리 과정요소	• 자연탐구 〉 탐구하는대로 기르기 〉 사물에 관심 가지기 • 신체운동 〉 감각과 신체 인식하기 〉 감각적 자극에 반응하기
중 심 축 행동발달	• 능동성, 탐색
활동자료	• 두부, 천연색소, 소꿉놀이용 그릇

활동내용

사전활동
- 미끌미끌 쭉쭉 그림책 읽기
- 개사동요 '미끌미끌 쭉쭉' 가정에 안내

도입
- 영아의 관심을 끌며 두부를 영아 앞에 놓는다.
  - 이것은 무엇일까?
  - 네모나고 하얀. 이것은 두부야.
  - 우리, 두부에서 어떤 냄새가 나는지 냄새를 맡아볼까?
  - 어떤 냄새가 나지?
  - 그럼, 이번에는 어떤 맛이 나는지 냠냠냠 먹어볼까?
  - 어떤 맛이 나지? 냠냠냠 먹어보니 부드럽고 고소한 맛이 나네.

| 전개 | • 두부를 가지고 다양한 놀이를 한다. |

- 두부를 손가락으로 꾹꾹 눌러볼까?
- 두부가 어떻게 변했니? 두부에 구멍이 뚫렸네.

• 두부를 탐색하며 그림책 속 내용 진술을 통해 감각 어휘를 경험할 수 있도록 상호작용 해준다.

　＊ 그림책 속 감각 어휘(보들보들, 간지러워, 거칠거칠, 미끌미끌)
- 두 손으로 두부를 만져보니 부들부들하네?
- ~처럼 부들부들 만져볼까?
- 어떤 느낌이 나니?

| 마무리 | • 천연색소를 섞어주어 시각적 자극을 경험하게 한다. |

- 노란색 가루랑 두부를 조물조물 주물러볼까?
- 두부가 노란색이 되었네.

• 소꿉놀이 그릇에 담았다 뒤집어서 케이크를 만들어본다.

- ○○이가 만든 두부를 그릇에 담아서 뒤집어볼까?
- 우아, 노란색 두부 케이크가 되었네.
- 같이 생일 축하 노래를 불러볼까?

| 유의사항 | • 영아가 먹을 수 있는 천연색소를 사용한다. |

• 그림책 속 감각적 어휘를 사용하여 상호작용을 해준다.
• '그림책 속 오감을 찾아요' 활동의 경,우 다양한 감각을 경험할 수 있는 오감 재료를 활용한 놀이(빵가루, 밀가루, 미역 등)를 반복하여 진행한다.

활동사진

RT
포인트

✚ 아동의 세계로 들어가기

영아기는 혼자 스스로 하는 것을 좋아하는 시기입니다. 주변 사물을 가지고 탕탕 치거나 놀이 중에 내던지고 감각적 자극을 위해 놀잇감을 조작하는 것을 즐깁니다. 아동 옆에 다양한 재료들을 놓아두고 놀이를 할 수 있도록 해봅니다. 아동의 방식대로 충분히 놀게 해주고 교사는 지지해주며 아동의 주도성이 자라날 수 있도록 도와주세요.

알록달록 비닐 위에 그려요

02

생활주제	• 느낄 수 있어요.
활동목표	• 그림책 속 촉감을 경험하고 표현한다. • 밀가루 풀 위에 손가락으로 그리기를 시도한다.
표준보육/누리 과정요소	• 자연탐구 > 탐구하는 태도 기르기 > 탐색 시도하기 • 예술경험 > 아름다움 찾아보기 > 예술적 요소에 호기심 가지기 • 신체운동 > 신체조절과 기본운동하기 > 소근육 조절하기
중 심 축 행동발달	• 탐색, 동기, 실행
활동자료	• 커다란 크기의 비닐 또는 아스테이지, 테이프, 밀가루 풀

활동내용

도입
• 책상 위에 깔아놓은 비닐의 촉감을 느껴 볼 수 있도록 한다.
- 이것은 무엇일까?
- 양손으로 비벼볼까?
- 어떤 느낌이 나니?
- 미끌미끌하기도 하고, 바스락바스락 소리도 나네?

전개
• 밀가루 풀을 자유롭게 탐색해보도록 한다.
- 어? 이게 뭘까? 선생님과 같이 만져볼까?
- ○○이가 밀가루 풀을 만지고 있구나.

• 그림책 속 감각 어휘를 경험할 수 있도록 상호작용을 나눈다.
＊ 그림책 속 감각 어휘(보들보들, 간지러워, 거칠거칠, 미끌미끌)
- 밀가루 풀을 만져보니 느낌이 어때?
- 양손으로 밀가루 풀을 만져보니 미끌미끌하네?
- ○○도 같이 해볼까? 두 손으로 밀가루 풀을 비비니까 미끄러워.
- 보들보들 간지러운 느낌도 드네.

| 마무리 | • 영아가 손가락으로 밀가루 풀 위에 그림을 그려볼 수 있도록 돕는다. |

- 선생님이 엄마 손가락으로 밀가루 풀 위에 그림을 그려볼게.

- 선생님이 무엇을 그렸을까?

- ○○이도 선생님처럼 손가락으로 그림을 그려볼까?

- ○○이가 무엇을 그리고 있나?

- 동글동글 달팽이를 그리고 있는 것 같기도 하네.

| 유의사항 | • 밀가루 풀로 눈을 비비지 않도록 주의하여 활동을 진행한다. |

활동사진

RT
포인트

✛ 아동의 행동에 의미있는 것처럼 반응하기

아동이 현재 가지고 노는 것은 그것이 무엇이든지 간에 그 순간에 아동에게 가장 흥미로운 것입니다. 교사도 마찬가지로 자신이 관심 있는 활동을 하는 경우에 얼마나 동기화되어 참여하였는지, 스스로 흥미롭게 발견한 정보의 경우에 얼마나 잘 배우고 기억하고자 노력했는지를 기억해봅니다. 아동 역시 마찬가지로 아동이 흥미 있어 하는 활동에 동기부여가 잘 됩니다. 아동이 무엇을 하는가에 상관없이 아동이 하는 대로 그대로 따라 반응해주세요.

그림책 개사동요 노랫말에 따른 촉감책 보기

03

생활주제	• 느낄 수 있어요.
활동목표	• 읽어주는 짧은 그림책에 관심을 가진다. • 호기심을 가지고 소리와 느낌을 탐색한다.
표준보육/누리 과정요소	• 자연탐구 > 탐구하는 태도 기르기 > 사물에 관심가지기 • 의사소통 > 듣기 > 주변의 소리와 말소리 구분하여 듣기 • 의사소통 > 말하기 > 발성과 발음으로 소리 내기
중 심 축 행동발달	• 탐색, 공동활동, 공동주의
활동자료	• 그림책 내용을 개사한 노랫말 촉감책(제작)

활동내용

도입
• 언어 영역에 촉감책을 제시해주어 자유롭게 그림책을 탐색할 수 있도록 한다.
  - 이 그림책에는 어떤 그림이 나올까?
  - 우리 같이 볼까?

전개
• 촉감책을 만져가며 느낌이나 소리를 말해주고 영아가 흉내 내볼 수 있도록 격려한다.
  - 어떤 동물일까?
  - 우리 ○○이가 만지면 무슨 소리가 날까?
  - (그림책을 만져보며) 바스락바스락 달팽이에서 소리가 나네.
  - 따라해볼까? 바스락바스락!

마무리
• 노랫말 촉감책을 친구와 함께 보고 만져보며 느낌을 이야기해 보도록 시도한다.
  - 달팽이가 미끄럼 타네!
  - 어떤 소리가 났지? 우리 같이 만져볼까?
  - 맞아! 바스락바스락 소리가 났지?
  - 달팽이가 느릿느릿 기어가서 미끌미끌 미끄럼틀을 탄대.

유의사항 · 영아가 촉감 그림책을 볼 때 교사가 동물의 소리와 촉감을
말로 표현해줄 수 있다.

활동사진

RT
포인트

+ 아동의 방식대로 행동하고 대화하기

아동이 평소에 하는 일반적인 언어행동에 대한 목록을 만들어봅니다. 그런 다음 아동이
하는 행동을 며칠 동안 모방해봅니다. 이후에 아동이 놀이하거나 대화할 때 아동이 하
는 몸짓, 행동, 표정, 특히 언어표현을 잘 적어봅니다. 아동의 발달과정도 잘 알 수 있게
되고 아동의 관심과 흥미가 무엇인지를 알게 되어 아동이 하고 싶어 하는 것을 학습하도
록 돕게 될 것입니다.

그림책 개사동요 '미끌미끌 쭉쭉'에 맞추어 율동하기 04

생활주제	• 느낄 수 있어요.
활동목표	• 그림책 개사동요를 들어본다. • 동요를 들으며 자유롭게 몸을 움직여본다.
표준보육/누리 과정요소	• 의사소통 〉 듣기 〉 운율이 있는 말 듣기 • 예술경험 〉 예술적 표현하기 〉 리듬 있는 소리로 반응하기
중 심 축 행동발달	• 공동활동, 자신감, 표현성
활동자료	• 리본 테이프, '나비야' MR 또는 교사가 녹음한 음원 자료

활동내용

도입
• 놀이 시간에 영아에게 노래를 반복적으로 들려준다.

전개
• 동요를 흥얼거리며 동작을 표현해주고 교사의 동작을 따라해 보도록 격려한다.
  - 미끌미끌 쭉쭉쭉~♬ 노래가 나오네~
  - 엄마랑 선생님이랑 불러보았던 노래지?
  - 이번에는 선생님을 따라 해볼까?
  - 양손을 비비며 '미끌미끌'을 표현해볼까?
  - '쭉쭉쭉'에서는 박수를 쳐볼까?
  - 와, ○○이는 선생님을 정말 잘 따라 하는구나.

마무리
• 노래가 익숙해지면, 영아가 자유롭게 율동을 해볼 수 있도록 격려한다.
  - 선생님이 노래를 불러줄게. 노래에 맞추어 리본 테이프를 흔들며 선생 님을 따라 해볼까?
  - 이번에는 친구랑 같이 해볼까?

<table>
<tr><td>유의사항</td><td>• 영아에게 일과 중에 노래를 자주 들려주어 자연스럽게 익숙해
지도록 한다.</td></tr>
</table>

활동사진

RT
포인트

✚ 일상 중에 재미있게 상호작용하기

아동이 놀이를 할 때 따분해거나 힘들어하나요? 아동이 밥을 먹기 싫어하면서 도망칠
때, 목욕하지 않는다며 떼를 쓰기도 합니다. 이럴 때는 아동과 함께 노래를 부르며 술래
잡기 놀이를 하면서 평상시 일과를 놀이적으로 만들어 봅니다. 아동과 함께 할 때 아동
이 내는 소리나 행동을 이용하여 보다 과장되게 표현해봄으로써 함께하는 상호작용을
즐기게 해줍니다.

새옴다옴 자연미술놀이

1. 주제 선정 배경

그림책 속에는 영아가 직접 경험할 수 없는 수많은 이야기가 담겨 있다. 영아는 그림책 안에서 꿈을 꾸고, 책 속 주인공과 친구가 되며, 짧은 이야기 속에서 스스로 교훈을 얻는다. '새옴다옴 자연미술놀이' 프로그램은 그림책을 통해 경험하고 상상하고 생각한 모든 것을 다양한 미술놀이로 풀어내는 것이다. 또한 기존의 미술놀이와 다르게 실외 데크, 목공 놀이터 등 실외에서 미술놀이를 진행하면서 영아들이 세상의 새로운 것을 받아들일 수 있게 하는 미술 활동이다. 봄, 여름, 가을, 겨울 계절의 변화를 느끼고 각 계절의 자연물을 탐색하며, 이러한 것들을 미술 활동으로 연계하며 진행할 것이다.

2. 프로그램의 기대효과

1) 다양한 실물 재료를 가지고 하는 자연미술 활동을 통하여 오감각 발달을 도울 수 있다.
2) 실생활에서 쉽게 구할 수 있는 자연물 탐색·표현활동을 통하여 영유아의 심미감과 창의성 발달을 도울 수 있다.
3) 자연 환경과 상호작용을 통해 자연의 소중함을 알고 건강한 신체와 마음을 가질 수 있다.

3. 프로그램의 과정

도입 - 친해지기
"손으로 모래 탐색하기"

전개 - 오감놀이
"젖은 모래 마른 모래로
모래서 만들기"

4월 그림책
"어린이집 모래놀이"

확장 - 통합놀이
"친구와 함께
모래 소꿉 놀이하기"

마무리 - 미술놀이
"봄꽃 그림 위에 색모래 뿌리기"

4. 프로그램 연간계획

월	주제		활동	활동유형	그림책	
4	봄	흙	친해지기 - 모래를 손으로 탐색하기	신체운동 예술경험	어린이집 모래놀이 글: 김영명 그림: 고우리 출판사: 사계절	
			오감놀이 - 젖은 모래, 마른 모래로 모래성 만들기			
			미술놀이 - 봄꽃 그림 위에 색모래 뿌리기			
			확장놀이 - 친구와 함께 모래 소꿉놀이하기			
5		꽃	친해지기 - 벚꽃 산책길 걷기	사회관계 예술경험	꽃이랑 놀자 글·그림: 김근희 출판사:웅진주니어	
			오감놀이 - 봄꽃 소꿉놀이하기 - 봄꽃 비놀이			
			미술놀이 - 점토 위에 봄 동산 꾸미기			
			확장놀이 - 꽃가게놀이			
6		비	친해지기 -떨어지는 비 손으로 만져보기	신체운동 예술경험	비가 톡톡톡 글: 히가시 나오코 그림: 가우치 다츠로 역: 박숙경 출판사: 주니어RHK	
			오감놀이 -우산 쓰고 빗속 지나가기			
			미술놀이 - 치자, 소목 가루로 손수건 물들이기			
			확장놀이 -신문지 비놀이하기			
7	여름	물	친해지기 - 물속 걸어보기	신체운동 자연탐구 예술경험	같이 놀자 첨벙 글:낸시워커구예 그림:로버타안가리모 역: 서소영 출판사:키즈엠	
			오감놀이 - 알록달록 젤리놀이			
			미술놀이 - 알록달록 색물놀이			
			확장놀이 - 스펀지 물고기놀이			
8		과일	친해지기 - 여름 과일 향기 맡기	기본생활 자연탐구 예술경험	새콤달콤 과일 글:김은미 그림:윤경희 출판사:꼬마대통령	
			오감놀이 - 과일 속 관찰하기 - 과일 씨 마라카스를 흔들어요			
			미술놀이 - 과일 샐러드 만들기			
			확장놀이 - 과일 가게놀이			
9	가을	나뭇잎	친해지기 - 나뭇잎 길 산책하기	자연탐구 예술경험	가을 나뭇잎 글: 김복희 그림: 배지은 출판사: 대교출판	
			오감놀이 - 나뭇잎 주워보기 - 나뭇잎 방석놀이			
			미술놀이 - 나뭇잎 왕관 만들기			
			확장놀이 - 가을 동산에서 놀이하기			

책소개

어린이집 모래놀이

글: 김영명 | 그림: 고우리 | 출판사: 사계절

어린이집에 막 들어갈 아이나 다니고 있는 아이들이 낯선 환경에 대한 두려움을 털어내고 어린이집과 친해지도록 도와주는 내용이다. 어린이집 교실뿐만 아니라 바깥 놀이터를 즐기며 새로운 환경을 탐색하고 또래와 함께 놀이하는 즐거움을 경험하게 해준다.

선정이유 '어린이집 모래놀이'는 바깥 놀이터에서 놀이하며 즐거움을 경험하고 또래와의 상호작용을 도모할 수 있게 해주기 때문에 선정하게 되었다.

4월 활동

어린이집 모래놀이   01

생활주제	• 봄 > 흙
활 동 명	• 어린이집 모래놀이
활동목표	• 다양한 색의 모래로 봄의 꽃을 꾸밀 수 있다.
표준보육/누리 과정요소	• 신체운동 > 감각과 신체 인식하기 > 감각 기관 활용하기 • 예술경험 > 예술적 표현하기 > 단순한 미술 경험하기 • 사회관계 > 더불어 생활하기 > 또래와 관계하기
중 심 축 행동발달	• 능동성, 자신감, 표현성, 협동, 자기조절
활동자료	• 모래, 모래놀이 도구, 물, 양동이, 색모래, 물풀, 봄꽃 모양 종이

- 모래놀이 시 친구에게 모래 뿌리지 않기, 모래 입에 넣지 않기 등 모래 놀이터에 서 지켜야 할 약속에 대해 모래놀이 하기 전에 미리 영아들에게 이야기해준다.
- 교사는 모래놀이 도구를 준비해두고, 큰 양동이에 미리 물을 받아 두어 물과 모래를 함께 이용할 수 있도록 준비한다.
- 영아들이 모래를 뿌릴 때 너무 높이 뿌리지 않도록 높이를 조절해준다.
- 모래놀이 후 영아들이 청결에 유의하며 손을 깨끗이 씻을 수 있도록 한다.

도입

- 손으로 모래 탐색하기
  - 실외 놀이터에서 모래를 탐색하며 언어로 표현한다.
  - 이것은 무엇일까? 모래라고 해.
  - 모래를 만져볼까? 까칠까칠하기도 하고, 부드럽기도 하네.
  - ○○는 모래를 만져보니 어떤 느낌이 드니?

전개

- 젖은 모래, 마른 모래로 모래성 만들기
  - 실외 놀이터에서 모래를 자유롭게 탐색한 후 마른 모래에 물을 뿌려 젖 은 모래를 탐색한다.
  - 모래를 손으로 만지면 어떤 느낌이 드니?
  - 모래에 물을 뿌리면 어떻게 될까?
  - 모래의 색이 어떻게 되었니?
  - 손으로 모래를 뭉쳐볼까?
  - 모래성에 대해 이야기를 하며 두 양동이 안에 마른 모래와 젖은 모래를 채운다.
  - 마른 모래와 젖은 모래가 들어 있는 양동이를 뒤집은 후 양동이를 위 로 빼며 모래성을 만든다.

마무리

- 봄꽃 그림 위에 색모래 뿌리기
  - 이 꽃을 본 적이 있니? 어디서 보았니? 이 꽃의 이름은 무엇일까?
  - (색모래를 제시하며) 이것은 무엇일까? 느낌 어떻니? 무슨 색이지?
  - 풀을 손으로 만져볼까? 풀은 어떻게 사용해야 될까?
  - 봄꽃 그림 위에 색모래를 뿌려본다.
  - 완성된 작품을 보고 이야기를 나누며 영아를 격려한다.
    우아, ○○가 알록달록 예쁜 봄꽃을 만들었네.

확장 · 친구와 함께 모래 소꿉놀이하기

- 모래놀이 도구를 이용하여 자유롭게 친구와 소꿉놀이를 한다.

- 모래로 어떤 음식을 만들어볼까? 그릇은 어떤 것으로 하면 좋을까? 친
구와 함께 만들어 나누어 먹어볼까?

활동사진

활동평가 · 영아들이 그림책을 보면서 그림책 속 장면을 손가락으로 가리키며 "모래놀이,
뭐 만들어?, 나도 빌려줘."라고 편안한 분위기에서 친구와 이야기 나누는 등 사
회관계 증진을 할 수 있었다.

· 그림책을 읽고 난 후 실외 놀이터에서 손으로 모래를 만져보며 질감, 느낌 등을
언어로 자연스럽게 표현할 수 있었다.

· 확장 활동으로 소꿉놀이를 제시하여 (그릇에 모래를 담아보기, 음식을 만들어
보기, 모래를 컵에 담아 마시는 시늉하기, 친구에게 맛있는 음식 나누어 주기,
친구와 함께 놀이하기 등) 신체 조절 능력을 향상시키고 역할주 활동까지 연계
할 수 있었다.

RT
포인트

 ✚ 아동의 방식대로 행동하고 대화하기

아동에게 무엇인가를 기대하거나 하지 말도록 요청할 때는 아동의 조절 범위 내에 있는
행동으로 제한합니다. 교사가 아동의 현재 발달 수준을 잘 인식하고 적합한 기대를 가
질때 교사는 아동의 협력을 보다 잘 이끌어낼 수 있습니다. 예를 들면 아동이 신체적으
로 활동적이라면 교사는 아동이 조용히 차분히 있기를 기대하기보다 반대로 활동적이
기를 기대하고, 일상적인 일과 속에서 신체활동의 기회를 더 많이 줄 때 아동의 협력을
보다 성공적으로 이끌어 낼 수 있습니다.

꽃이랑 놀자

글·그림: 김근희 | 출판사: 웅진주니어

사계절 피고 지는 꽃을 보며 꽃과 함께 놀고 꽃처럼 자라는 아이의 모습을 담고 있는 그림책이다. 실제 꽃의 모양과 색감을 그대로 살린 그림이 곱고 아름다우며, 아이의 놀이와 일상을 꾸미지 않고 편안하게 보여주어 아이가 꽃과 친해질 기회를 준다.

선정이유 '꽃이랑 놀자'는 아이들이 그림책을 보면서 실제 꽃의 모양과 색감을 익히고 여러 종류의 꽃들을 감상하며 꽃과 친해질 기회를 제공한다.

5월 활동

꽃이랑 놀자   02

생활주제	• 봄 > 꽃
활 동 명	• 꽃이랑 놀자
활동목표	• 꽃의 성질을 탐색하고 놀이를 통해 즐거움을 경험한다.
표준보육/누리 과정요소	• 사회관계 > 더불어 생활하기 > 또래와 관계하기 • 예술경험 > 아름다움 찾아보기 > 예술적 요소에 호기심 가지기 • 신체활동 > 신체활동에 참여하기 > 바깥에서 신체활동하기
중 심 축 행동발달	• 협동, 자기조절, 동기, 통제감
활동자료	• 모래, 모래놀이 도구, 색모래, 물풀, 꽃 모양 종이, 계산기, 조화, 벽돌 블록

활동내용

영아 전기

도입

• 벚꽃 산책길 걷기
  - 교사의 손을 잡고 어린이집 주변의 벚꽃 산책길을 걸어본다.
  - 걸으면서 벚꽃 나무와 바닥에 떨어진 벚꽃 잎과 주위 풍경을 감상한다.
  - 벚꽃 산책길을 거닐며 영아들이 자유롭게 느낌을 얘기해본다.
  - (주변 길을 거닐며) 주변에 핀 꽃 이름이 무엇일까?
  - 벚꽃은 봄에 피는 꽃이야. 날씨가 따뜻해지니까 벚꽃 잎이 활짝 폈네.

전개

• 봄꽃 소꿉놀이하기
  - 어린이집 주변을 산책하며 주변에 핀 다양한 봄꽃들을 자유롭게 관찰해본다.
  - 꽃의 이름에 관심을 가지며 꽃 이름 따라 말하기를 해본다.
  - 꽃을 만져보고 향기를 맡아보며 자유롭게 탐색한다. 꽃향기가 어떤지, 무슨 색의 꽃인지 교사가 상호작용하며 영아들의 오감 활동을 격려한다.
  - 여기 분홍색 꽃이 피었네! 이 꽃의 이름은 무엇일까요?
  - 꽃에서 무슨 향이 나는지 맡아보자. 어떤 향이 나는 것 같니?

  - 소꿉놀이 도구를 사용하여 그릇에 꽃 담아보기를 하며 또래와 친사회적인 행동을 경험한다.
  - ○○이는 그릇에 민들레랑 철쭉을 가득 담았구나.
    친구와 나눠 먹으면 친구가 정말 좋아하겠다!
  - △△이는 프라이팬에 요리하고 있구나.
    어떤 친구와 나눠 먹을 거예요?

• 봄꽃 비 놀이
  - 국회 운동장과 의원동산으로 이동하여 바람에 떨어지는 봄꽃 비를 맞아본다.
  - 바람에 떨어지는 봄꽃을 눈과 손의 협응력을 이용하여 손으로 잡아본다.
  - 우아, 바람이 부니깐 벚꽃 잎이 흩날린다.
    비가 내리는 것 같아. 벚꽃 비!
  - ○○이가 손으로 벚꽃을 잡았구나! 우리 점프해서도 잡아볼까?
  - △△이는 벚꽃 잎을 가득 모았구나. 우리 한 번에 뿌려보자.

마무리	• 점토 위에 봄 동산 꾸미기

- 점토를 제시하여 자유롭게 만들기를 하며 촉감을 익히고 탐색하는 시간을 가져본다.
- 점토를 만져보니깐 느낌이 어때? 말랑말랑하구나.
- 동글동글 공이 됐네. 이번엔 꽃잎 모양도 만들어볼까?
- 영아들이 실외 놀이 때 가져왔던 꽃잎과 꽃 모양 색지, 점토를 이용하여 도화지 위에 봄 동산을 표현해본다.
- ○○이는 빨간색 꽃 위에 점토를 붙였구나!
- 점토 위에 꽃을 꾹꾹 누르니깐 꽃이 찰싹 붙었네. 꽃술이 하얀 점토가 되었네.

확장	• 꽃가게 놀이

- 또래와 함께 꽃가게 놀이를 경험한다.

활동사진

활동평가

- 어린이집 주변의 벚꽃이 떨어지는 길을 산책하며 주위 풍경을 느껴볼 수 있었다. 떨어지는 벚꽃을 보며 영아들이 꽃에 관심을 갖고 꽃비가 내린다고 표현하는 영아도 있었다.
- 그동안 어린이집 주변만 산책했던 것에 서 나아가 좀 더 멀리 산책을 나갔는데, 영아들도 어린이집 밖의 지역사회를 익힐 수 있는 시간이 되었다.

RT 포인트

✚ 아동의 세계로 들어가기

아동과 함께 놀이하는 시간이 적거나 상호작용하지 못하는 교사라면 아동의 세계로 들어가는 데 어려움을 느끼게 됩니다. 이럴 때는 교사가 아동의 발달 수준과 기능 수준에 맞추어 얼마나 아동들이 적극적이고 반응적인지를 관찰해보는 것도 좋습니다. 교사가 아동의 능력 범위 안에서 아동과 상호작용하고 놀아줄 때 아동은 자연스러운 놀이 속에서 적극적으로 참여하여 자신이 가진 잠재력을 최대로 나타내 보이게 됩니다.

비가 톡톡톡

글: 히가시 나오코 | 그림: 가우치 다츠로 | 역: 박숙경 | 출판사: 주니어RHK

내리는 빗방울의 표정 하나하나를 재미나게 묘사했으며, 비가 내리는 날의 풍경을 따뜻한 색감으로 표현했다. 그림책을 읽으며 비에 흥미를 갖고 비 내리는 날의 즐거움과 셀렘을 느끼게 된다.

선정이유 '비가 톡톡톡'은 빗방울을 재미나게 묘사한 것을 보며 빗방울에 관심을 갖고 비 내리는 풍경을 감상하며 즐거움을 느낄 수 있는 그림책이다.

영아
전기

6월 활동

비가 좋아요 03

생활주제	• 여름 > 비
활 동 명	• 비가 톡톡톡
활동목표	• 비의 성질을 탐색하고 놀이를 통해 즐거움을 경험한다.
활동자료	• 신문지, 우산, 파란 천, 손수건, 치자, 소목 가루, 감각통
표준보육/누리 과정요소	• 신체운동 > 감각과 신체 인식하기 > 감각기관 활용하기 • 신체운동 > 신체조절과 기본운동하기 > 바깥에서 신체활동하기 • 예술경험 > 예술적 표현하기 > 단순한 미술 경험하기
중 심 축 행동발달	• 능동성, 실행, 표현성

- 떨어지는 비 손으로 만져보기
  - 비 오는 날, 우산을 쓰고 밖으로 나가 우산에 떨어지는 빗방울 소리를 들으며 산책해본다.
  - 우산 밖으로 손을 내밀어 떨어지는 비를 손으로 직접 만져보며 느낌을 자유롭게 표현해본다.

  - 밖에 비가 많이 내리네. 우리 우산을 쓰고 빗소리를 들으러 나가보자!
  - 우산에 떨어지는 빗소리가 어떻게 들리니?
  - ○○이는 빗소리가 또르륵 하고 들리는구나. 물방울 소리와 비슷하네.
  - 비를 손으로 만져볼까? 느낌이 어때?

- 우산 쓰고 빗속 걸어보기
  - 파란 천을 찢어 비처럼 표현한 뒤 봉에 묶고 천장에 단다. 그런 뒤 우산을 쓰고 영아들이 한 명씩 지나가며 빗속을 걸어가는 시늉을 해본다.
  - 교실에도 비가 내리고 있어! 우리 우산을 쓰고 빗속을 지나가보자.
  - 우산 쓰고 빗속을 지나갈 때 어떤 소리가 나?

- 치자, 소목 가루로 손수건 물들이기
  - 탐색통에 치자 가루와 소목 가루를 녹인 물을 준비한다. 영아들과 함께 치자 가루와 소목 가루에 대해 이야기 나누는 시간을 갖는다.
  - 영아들이 각자의 손수건을 탐색통 안에 담가 색깔의 변화를 경험해본다.
  - 물들인 손수건은 햇빛에 바짝 말린 뒤 영아들과 함께 모양과 색깔의 변화를 알아본다.
  - ▶ 손수건 끝에 고무줄을 묶어 물에 담갔을 때 묶인 부분이 표현되도록 돕는다.

  - 이건 치자 가루와 소목 가루를 녹인 물이야. 무슨 색으로 보여?
  - 이 물 안에 손수건을 담그면 어떻게 변할까?
  - 여기 선생님이 손수건에 고무줄을 묶었어. 담갔다가 꺼냈을 때 어떻게 표현되는지 보자.
  - 우아, 손수건 끝이 천천히 물들고 있어.

| 확장 | • 신문지 비 놀이하기 |

- 신문지를 제시한 뒤 영아들이 자유롭게 찢어볼 수 있게 해 소근육 운동을 도모한다.
- 찢은 신문지를 비라고 얘기한 뒤 우산을 쓰고 찢은 신문지를 우산 위에 뿌리며 신문지 비를 맞아보는 놀이를 해본다.
- 신문지를 찢으니깐 찍찍 소리가 나네. 찢고 나니 신문지가 얇고 길어 졌어.
- 긴 신문지를 보니 비가 내리는 것 같아. 우산으로 막아보자!

활동사진

활동평가

• 우산을 쓰고 비를 맞아보며 비가 떨어지는 소리를 들어보고, 손바닥으로 비를 맞으며 촉감을 느껴보았다. 그동안 교실에서만 비오는 소리를 들어봤었는데 실제로 우산을 쓰고 실외로 나가 비오는 소리를 들으니 영아들이 더욱 흥미로워 하였다.

• 치자 가루와 소목 가루에 대해 생소해하는 영아들이 많아 치자와 소목에 대한 그림 자료를 함께 제시하여 쉽게 설명해주는 시간을 가져 영아들의 이해를 도울 수 있었다.

**RT
포인트**

✚ 아동의 행동에 의미있는 것처럼 반응하기

아동이 평소에 하는 일반적인 행동을 차분히 관찰하며 살펴보신 경험이 있으신가요? 아동과 놀이할 때 평소 행동을 똑같이 모방해봅니다. 아동을 모방해 보면서 아동의 작은 행동에 대해 더 잘 알아차리게 되었는지, 아동이 왜 이런 행동을 했을 지 생각을 정리해 보세요. 아동의 발달과정을 한 눈에 알게 되고 아동을 이해할 수 있게 되며 아동과 함께 즐거운 놀이를 할 수 있습니다.

같이 놀자 첨벙

글: 낸시 워커 구예 | 그림: 로버타 안가리모 | 출판사: 키즈엠

물웅덩이에서 놀이하면 즐겁고 시원하다는 것을 느낄 수 있고, 혼자서 놀이할 때보다 친구들과 다 함께 놀이할 때 가장 신나고 즐겁다는 사실을 깨닫게 되는 책이다.

선정이유 '같이 놀자 첨벙'은 유아들이 물놀이의 시원함을 느끼고 친구와 함께하는 것의 즐거움을 경험하게 해준다.

7월 활동

같이 놀자 첨벙   04

생활주제	• 여름 > 물
활 동 명	• 같이놀자 첨벙
활동목표	• 물의 성질을 탐색하고 놀이를 통해 즐거움을 경험한다. • 물을 이용하여 할 수 있는 다양한 놀이를 경험해본다.
표준보육/누리 과정요소	• 신체운동 > 신체조절과 기본운동하기 > 대근육 조절하기 • 자연탐구 > 과학적 탐구하기 > 물체와 물질 탐색하기
중 심 축 행동발달	• 실행, 주도성, 문제해결
활동자료	• 수영복, 풀장, 스펀지, 워터젤리, 티셔츠, 물감, 탐색통, 스펀지 도장

활동내용

| 사전활동 | • 물속 걸어보기 |

- 수영복을 입고 실외 데크 풀장으로 이동한다. 물에 들어가 물속을 걸어 보며 느낌을 자유롭게 말해본다.
  ▶ 물에 들어가기 전, 준비 운동을 충분히 한 뒤 들어가도록 한다.
- 물속에 들어가니 느낌이 어때요?
- 물속에서 한 발씩 걸어볼까? 땅 위에서 걷는 거랑 느낌이 달라요?

| 도입 | • 알록달록 젤리놀이 |

- 영아들과 함께 워터젤리를 물에 넣으며 점점 크기가 커지는 것을 경험한다.
- 우아, 시간이 지날수록 크기가 점점 커지고 있어!
- 크기가 커진 워터젤리를 탐색통 안에 넣어 영아들이 자유롭게 탐색하는 시간을 가져본다.
- 젤리를 손으로 만지니깐 느낌이 어때?
- ○○이는 부드럽구나! / △△이는 미끌미끌하구나. 손에 가득 담으니 젤리들이 손가락 틈 사이로 빠져나가네.
- 우리, 그릇에다가 담아볼까? 알록달록 맛있는 젤리 같아! 냠냠.
  ▶ 소꿉놀이 도구를 제시하여 놀이가 활발히 진행될 수 있도록 한다.

| 전개 | • 스펀지 물고기 놀이 |

- 목공 놀이터로 나가 스펀지에 물을 묻혀본다. 물에 담갔다가 꺼냈을 때 스펀지 무게의 변화를 느껴본다.
- 소근육의 힘을 이용하여 손에 꼭 쥐어 물을 짜내본다.
- 스펀지 도장을 물에 푹 담가보자! 이제 꺼내볼까? 우아, 무거워졌어.
- 스펀지 도장을 꽉 짜볼까? 물이 뚜두둑 떨어지네. 빗방울이 떨어지는 것 같아.
- 스펀지에 물을 묻혀 목공 놀이터 주변을 청소하는 경험을 해본다.
- 의자에 흙이 묻었어. 우리 스펀지로 닦아보자. 쓱싹쓱싹.
- 우아, 스펀지로 닦으니깐 깨끗해졌어. 우리가 목공 놀이터를 깨끗하게 청소했다!

| 마무리 | • 알록달록 색물놀이 |

- 실외 데크로 이동하여 물감을 이용하여 티셔츠에 꾸미기를 해본다.
- 바다 동물 도장을 함께 제시하여 다양한 방법으로 꾸미기를 해본다.
  ▶ 흰 티셔츠를 사전에 준비하여 영아들이 모두 놀이에 참여할 수 있도록 한다.

123

- 여기 흰 티셔츠가 있어. 우리 티셔츠를 알록달록 물감으로 꾸며보자.
- 여기 바닷속에 사는 돌고래와 상어 도장이 있어. 티셔츠에 찍어보자.
- 무슨 색 물감을 묻혀서 찍어볼까? 바다 색깔과 똑같은 파란색 도장을 찍어볼까?
- ○○이 티셔츠는 바닷속 같아! 물고기들이 가득하구나.

활동사진

활동평가

- 물속에서 걷는 것이 땅 위에서 걷는 것보다 힘들다는 사실을 알고 영아들이 땅 위를 걸을 때보다 발과 다리에 더 힘을 주어서 걸으니 신체 운동이 되었으며 물의 원리에 대해서도 알 수 있었다.
- 워터젤리를 물속에 넣었을 때 크기가 변하는 것에 영아들이 흥미를 느끼고 호기심을 나타냈으며, 소꿉놀이 도구를 이용하여 탐색놀이가 활발히 이루어졌다. 손으로 직접 만졌을 때 미끌미끌한 촉감에 흥미를 보였다.

RT 포인트

✚ 아동의 방식대로 행동하고 대화하기

아동들에게 '물놀이'는 참 신기하기만 합니다. 손을 가져다 대면 세게 나오기도 하고 바퀴를 돌리면 모양이 자유자재로 변하기도 하죠. 아동이 물놀이 활동을 통해 새로운 방식으로 놀아볼 수 있게 도와주세요. 물놀이책을 넣어 색을 변하게 할 수도 있고, 톱니바퀴를 넣어 물살을 경험할 수도 있습니다. 놀이에서 가장 중요한 것은 아동의 흥미와 관심이 어떻게 시작되어 발전되어 가느냐 하는 것입니다. 아동이 놀이를 환경을 만들어주고 주도할 수 있게 해보세요.

02

영아후기 프로그램

알록달록 도담뜰 색

1. 주제 선정 배경

색을 구별할 수 있다는 것, 색을 느낄 수 있다는 것은 인간으로서 누릴 수 있는 축복 중의 하나이다. 우리는 색을 통해 세상을 조금 더 아름답게 바라볼 수 있는 것이다. 사실, 색을 통해 바라보는 세상의 아름다움은 어른들보다는 영유아가 더 순수하게 느끼고, 색 자체가 주는 느낌에 대해 더 솔직하고 사실적일 수 있다. 그럼에도 불구하고 과거에는 영유아들에게 색의 종류와 이름을 알려주는 등 국한적인 관점으로 색을 바라보았다면, 최근에는 색을 경험하고 느끼고 생각하게 하는 등 다른 시각으로 접근하게 되었다.

그림책을 통해 영유아들의 관심을 이끌어내고, 재미있는 이야기를 통해 영유아들이 자연스럽게 색에 대해 흥미를 가질 수 있게 하여, 색의 종류, 색이 주는 느낌, 자연이 주는 색과 색이 의미하는 것들을 알게 하고자 한다.

2. 프로그램의 기대효과

1) 색을 이용한 예술경험을 통해 색의 이름을 알고, 색과 색의 혼합으로 다양한 색을 만들어낼 수 있다는 것을 이해하고, 창의적 표현능력과 심미감을 기를 수 있다.
2) 색으로 표현된 차가운 느낌, 따뜻한 느낌, 밝은 느낌, 어두운 느낌 등 다양한 느낌에 대해 언어로 표현해봄으로써 자신의 감정을 알고 언어로 표현할 수 있도록 도울 수 있다.
3) 동화 속에 나오는 자연물을 중심으로 색을 찾아보고, 자연에도 과일, 채소, 꽃, 바다, 하늘 등의 아름다운 색이 있다는 것을 알고 탐구할 수 있는 능력을 기를 수 있다.
4) 주변 환경에서 다양한 색을 경험하고, 신호등, 우체통, 소방차, 위험표지판 등 특별한 색깔이 주는 의미를 알고 색의 상징성에 대해 이해할 수 있다.

3. 프로그램 연간계획

월	생활주제	활동명	내용범주	그림책
3	즐거운 어린이집	너와 나의 예쁜 말	의사소통 - 말하기	예쁘게 말해봐 글·그림: 제차 디아즈 출판사: 시공주니어
4	봄	바람이 되어보아요	예술경험 - 예술적 표현하기	바람이 좋아요 글·그림: 최내경 출판사: 마루벌
5	가족	엄마가 제일 좋아요	사회관계 - 가족을 소중히 여기기	돼지책 글·그림: 앤서니 브라운 역: 허은미 출판사: 웅진주니어
5	동물	곰 사냥을 떠나자	자연탐구 - 탐구하는 태도 기르기	곰 사냥을 떠나자 글: 마이클 로젠 그림: 헬린 옥슨버리 역: 공경희 출판사: 시공주니어
6	건강한 몸과 마음	우리 몸 속에는 무엇이 있을까?	신체운동 · 건강 - 신체 인식하기	우리 몸의 구멍 글: 허은미 그림: 이혜리 출판사: 천둥거인
7	여름	여름이 오면	신체운동 · 건강 - 건강하게 생활하기	여름 글: 고미 타로 그림: 길지연 출판사: 미래 M&B

영아
후기

월	생활주제	활동명	내용범주	그림책
8	색깔 프로젝트	몰캉몰캉 포도 물들이기	예술경험 - 예술적 표현하기	Brown Bear Brown Bear What Do You See? 글·그림: Eric Carle 출판사: 제이와이북스
		꼭꼭 숨어라 (색을 찾아 보아요)	예술경험 - 아름다움 찾아보기	뱀이 색깔을 낳았어요 글·그림: 도다 고시로 역: 김장호 출판사: 다빈치기프트
9	가을	알록달록 색깔 모여라	의사소통 - 읽기 예술경험 - 예술적 표현하기	행복한 색깔 도둑 글·그림: 가브리엘 알보로조 역: 김혜연 출판사: 국민서관
		나무야 나무야	사회관계 - 나를 알고 존중하기	아낌없이 주는 나무 글·그림: 쉘 실버스타인 역: 이재명 출판사: 시공주니어
10	우리나라	긴 터널을 만들어요	예술경험 - 예술적 표현하기	빨간 끈 글·그림: 마곳 블레어 역: 이경우 출판사: 케이유니버스
		우리는 하나	사회관계 - 나를 알고 존중하기	맛있는 동그라미 글·그림: 이송은 출판사: 동심
11	환경과 생활	달달 무슨 달 쟁반같이 둥근달	자연탐구 - 과학적 탐구하기	아빠 달님을 따주세요 글·그림: 에릭 칼 역: 오정한 출판사: 더큰컴퍼니

월	생활주제	활동명	내용범주	그림책
12	겨울	하얀 눈 하얀 마음	의사소통 - 듣기	눈사람 아저씨 글·그림: 레이먼드 브리그스 출판사: 마루벌
1	색과 모양	알록달록 모자 사세요	예술경험 - 예술적 표현하기	모자 사세요 글·그림: 에스퍼 슬로보드키나 역: 박향주 출판사: 시공주니어
2	설날	열두 동물 이야기	예술경험 - 예술적 표현하기	열두 띠 이야기 글·그림: 케이트 다고우 역: 김선영 출판사: 사파리

영아
후기

Brown Bear Brown Bear What Do You See?

글·그림: Eric Carle | 출판사: 제이와이북스

"갈색 곰아. 갈색 곰아, 무엇을 보았니?"라는 물음으로 시작하여 다양한 색깔의 동물들이 차례로 등장하는 과정에서 다음에 나올 동물과 색에 대해 궁금증을 갖게 한다. 동물마다 보고 있는 또 다른 동물을 제시하며 타인의 시각에 대해 관심을 가질 수 있게 하는 내용의 책이다.

선정이유 그림책을 통해 다양한 색에 대해 관심을 가질 수 있고, 색을 다양한 시각으로 바라볼 수 있게 하므로 유아들의 심미감 발달을 위해 선정하게 되었다.

8월 활동

몰캉몰캉 포도 물들이기   01

생활주제	• 색을 만들어요.
활 동 명	• 몰캉몰캉 포도 물들이기
활동목표	• 여러 가지 색에 호기심을 가지고, 색을 이용한 활동을 경험해본다.
표준보육/누리 과정요소	• 신체운동 > 감각과 신체 인식하기 > 감각기관 활용하기 • 예술경험 > 예술적 표현하기 > 미술 활동을 표현하기
중 심 축 행동발달	• 능동성, 자신감, 표현성
활동자료	• 포도, 삶은 포도, 대야, 흰색 손수건, 빨래집게, 돗자리

활동내용	사전활동	• 'Brown Bear Brown Bear What Do You See?' 그림책을 읽은 후 색에 대해 이야기를 나눈다.

도입
• 포도에 대해 이야기 나누기를 한다.
  - 포도를 본 적 있니?
  - 맛은 어땠니?
  - 포도에는 어떤 색들이 있었니?
  - 우리가 사용하는 손수건을 포도로 물들이려고 해. 어떤 색의 손수건이 될지 상상해보자.

전개
• 포도를 탐색하며 오감각을 느껴본다.
  - 포도를 만져보니 느낌이 어때?
  - 어떤 향기가 나니?
  - 손의 색깔은 어떻게 되었니?

• 손수건을 물들일 방법에 대해 이야기 나눈다.
  - 어떤 재료들이 있니?
  - 이 재료들을 이용하여 손수건을 어떻게 물들일 수 있을까?

• 물들일 손수건을 포도가 든 대야에 담가 물들인다.
  - 손수건이 어떻게 변했니?

• 물들일 손수건을 텃밭에 있는 빨랫줄에 걸어 말린다.

마무리
• 활동을 평가한다.
  - 손수건을 포도를 이용해 물들여보니 기분이 어떠니?
  - 다른 방법으로도 손수건을 물들일 수 있을까?

확장활동
• 한지에 물감으로 물들이기
• 손수건을 꽃잎과 나뭇잎을 이용하여 물들이기

유의사항
• 포도 물이 잘 들게 하기 위해 사전에 포도를 삶아서 제공한다.
• 아이들의 안전을 위해 하루 전에 삶아서 식혀서 제공한다.

영아 후기

133

활동평가

- 손수건을 다 물들인 영유아는 교사에게 손수건을 건네면 교사는 빨랫줄에 걸어서 전시하였다. 영유아들이 포도향을 맡으며 '몰캉몰캉' 포도알을 톡톡 터뜨리는 활동 과정에서 손으로 느껴지는 느낌에 더 흥미를 가졌으며, 손수건뿐 아니라 손에도 물이 든 모습을 탐색하면서 영유아 자신의 다양한 생각을 언어로 표현하였다.

RT
포인트

✚ 아동의 세계로 들어가기

아동의 인지학습의 시작은 흥미와 관심입니다. 아동의 흥미와 관심을 알려면 아동의 세계를 이해해야 하죠. 아동의 세계로 들어가려면 교사는 아동이 보는 세상을 보는 것과 똑같이 보아야 합니다. 이 순간 아동에게 온 정신을 집중한다는 마음으로 눈맞춤 하며 아동을 바라봅니다. 아동이 보고 있는 것을 함께 보고 놀며 대화하며 아동의 세계로 들어갑니다.

뱀이 색깔을 낳았어요

글·그림: 도다 고시로 | 역: 김장호 | 출판사: 다빈치기프트

이야기의 주인공 뱀이 빨강과 파랑, 노랑을 꿀꺽 삼키자, 뱃속에서 다른 색깔로 혼합되어가는 과정을 단순하게 표현했다. 이러한 이야기 구조는 아이들 스스로 색의 이름과 조합, 다른 색이 만들어지는 과정을 은연중에 터득하게 해준다. 기존의 그림책과 미술 교재에서 배울 수 없는 색채 감각을 기를 수 있는 독특한 그림책이다.

선정이유 색을 탐색하고 주변에서 찾아보는 활동을 하기 위한 사전 단계로 그림책을 들으면 다양한 색의 조합과 구성을 알 수 있어 효과적이다.

영아 후기

8월 활동

꼭꼭 숨어라 (색을 찾아보아요)

02

생활주제	• 색을 만들어요.
활 동 명	• 꼭꼭 숨어라.
활동목표	• 주변 자연물에 관심을 갖고 탐색하며 색깔 찾기를 해본다.
표준보육/누리 과정요소	• 예술경험 > 아름다움 찾아보기 > 미술적 요소 탐색하기 • 자연탐구 > 탐구하는 태도 기르기 > 호기심 가지기
중 심 축 행동발달	• 동기, 탐색
활동자료	• 색깔 카드, 테이프

도입

• 산책을 하며 주변에 있는 색을 찾아본다.
  - 어린이집 주변에는 어떤 색깔이 있을까?

전개

• 주변에서 자연물을 살펴본다.
  - 텃밭에도 색깔이 있니?
  - 꽃에는 어떤 색깔이 있니?

• 색깔이 있는 자연물을 찾아 본다.
  - 초록색 나뭇잎과 같은 색은 또 어떤 것이 있을까?
  - 텃밭에 있는 상추도 초록색이구나.
  - 길쭉한 풀도 초록색이구나. 풀의 냄새를 맡아볼까?
  - 가지도 찾았구나. 만져보니 어떤 느낌이 드니?
  - 가지에는 어떤 색이 있니?
  - 이번에는 어떤 색을 찾아볼까?

• 색깔별로 자연물을 모아본다.
  - 우리가 찾은 것을 모아볼까?
  - 어떤 색들이 있니?

• 여러 가지 색깔 카드를 보여주며 같은 색을 찾아본다.
  - 이번에는 다른 색을 찾아볼까? 이건 무슨 색이니?
  - 노란색을 찾아볼까?
  - 노란색 민들레꽃이 있네. ○○는 노란색 그릇을 찾았어요.
  - 개미는 검은색이구나. ○○는 검은색 돌을 찾았네?
  - 나무에 열린 빨간색 열매도 찾았네.

마무리

• 활동한 것을 평가한다.
  - 내가 찾은 색은 어떤 것들이 있었니?
  - 보라색 가지를 보니 어떤 느낌이 들었니?
  - 여러 가지 색으로 무엇을 할 수 있을까?

확장활동

• 자연물 색깔표 만들기
  - 내가 찾은 자연물을 사진으로 찍어 색깔 카드 만들기
  - 자연물 색깔 카드를 모아 색깔표 만들기

활동사진

활동평가

· 텃밭에서 자연물에 관심을 갖고 색을 찾아보는 활동으로 시작하여 같은 색에도 여러 색이 있음을 알고 비교하는 것으로 놀이활동이 진행되었다. 그래서 색깔 카드를 제시하여 같은 색을 찾아보도록 유도하였더니 더 흥미를 갖고 활동에 참여하였다. 색깔의 명칭을 모르는 영아들도 색깔 카드를 활용하여 놀이하는 것에 흥미를 가지고 일대일 대응을 하며 적극적으로 참여하는 모습을 보였다.

RT
포인트

➕ 일상 중에 재미있게 상호작용하기

아동이 주도적으로 혼자 하려고 하는 일이 잦아집니다. 옷을 입을 때도 자기가 좋아하는 옷만 입으려고 하고, 신발도 자기가 좋아하는 것만 신으려고 하지요. 교사와의 하루 동안 협력을 이끌어내는 일이 쉽지 않습니다. 아동과의 일상을 놀이로, 게임으로 바꾸어 봅니다. 아동과 함께 노래를 부르거나 숨바꼭질 게임을 하거나 가위바위보 놀이를 하며 평상시 일과를 놀이적으로 만들어 봅니다. 아동과의 상호작용이 즐거워집니다.

행복한 색깔 도둑

글: 가브리엘 알보로조 | 그림: 타자나 메 위스 | 역: 김혜진 | 출판사: 국민서관

처음에 모아는 세상의 모든 색깔을 욕심내지만, 결국 어린 소년을 위해 훔쳐갔던 색깔을 모두 돌려준다. 갖고 싶어 했던 것들을 다른 사람을 위해 과감히 포기하고 양보하는 것이다. 이와 같은 모아의 모습에서 책을 읽는 어린이 독자들은 타인을 위하는 배려의 마음, 더불어 지내는 삶의 가치에 대해 배울 수 있다.

선정이유 '색이 없다면?' 하고 가정하여 색의 중요성에 대해 알고, 영유아들의 연상하기와 상상하기 등의 활동을 통해 유연하고 창의적인 사고를 할 수 있도록 하는 데 도움이 된다.

8월 활동

알록달록 색깔 모여라   03

생활주제	• 색을 만들어요.
활 동 명	• 알록달록 색깔 모여라.
활동목표	• 그림책을 즐겁게 감상한다. • 색깔과 연상되는 사물을 말해본다. • 자신의 생각과 느낌을 표현해 본다.
표준보육/누리 과정요소	• 의사소통 > 읽기 > 책 읽기에 관심 가지기 • 예술경험 > 예술적 표현하기 > 통합적으로 표현하기
중 심 축 행동발달	• 언어화, 자신감, 표현성

활동자료	• 동화책, 카메라, 수수깡, 빨대, 한지, 색지, 모루, 포장지, 지끈, 단추, 스티커, 풀, 테이프

활동내용	**도입**	• 색깔이 없다면?(연상하기) - 색깔이 없다면 어떻게 될까? - 어떤 색깔로 다시 칠해볼까?
	전개	• 색깔 바꾸기 - 색깔 도둑이 색을 훔쳐갔어요. 우린 어떤 색깔로 다시 칠할까? - ○○이는 빨간 사과를 파란 사과로 바꿔보고 싶구나. - 파란 사과의 맛은 어떨까? • 내가 바꿔보고 싶은 물건 사진 찍기 - 내가 바꿔보고 싶은 물건은 무엇이니? - 어떤 색으로 바꿔보고 싶니? - 사진 속 물건의 색을 어떻게 바꿔볼까? - 색연필로 색을 칠해 바꿔보고 싶구나. - ○○이는 파란색 수수깡을 붙여 바꿔보고 싶구나. • 내가 바꿔보고 싶은 물건 콜라주하기 - 어떤 색깔로 모두 바꿔보고 싶니? - 어떤 방법으로 색깔을 바꿔볼까? - 어떤 재료가 더 필요하니? - 친구들이 바꾼 색을 보려면 어떻게 하면 좋을까? - 전시를 어떻게 하면 좋을까?
	마무리	• 내가 바꿔본 색깔은 어떤 색인지 친구에게 소개해본다. • 함께 만든 것을 감상해본다.

영아
후기

활동평가

- '색이 없다면' 하고 가정하여 상상하기를 해보았다. 영유아들은 색이 없어졌을 때 눈을 감은 것처럼 깜깜하게 보일 것 같다는 이야기를 하였다. 색이 있을 때와 없을 때의 차이를 알고 색의 소중함을 알게 되었다. 다양한 색을 찾고 색을 원하는 대로 바꿔보는 활동을 하며 유연한 사고하기를 연습할 수 있었다. 전시회를 통해 다른 친구의 작품을 감상해보고, 다른 사람의 생각에 관심을 가져보는 기회가 되었다.

RT
포인트

✚ 일상 중에 재미있게 상호작용하기

실내에 있기보다 아동과 손잡고 가까운 놀이터나 공원에 가서 아동이 달라진 주변 환경을 느껴보도록 해보세요. 계절에 따른 주변의 작은 변화를 느끼게 해주어도 좋고 날씨도 느껴보게 합니다. 놀이터나 공원에서 아동과 함께 새로운 놀이를 해봅니다. 주변을 탐색하면서 아동의 놀이도 다양하게 확장됩니다. 나뭇잎을 모아보고 나무를 보며 다양한 생각과 상상을 해볼 수도 있습니다.

빨간 끈

글·그림: 마곳 블레어 | 역: 이경우 | 출판사: 케이유니버스

서랍에서 나온 빨간 끈이 고양이 몸에 엉키고, 아이들은 빨간 끈으로 줄넘기놀이를 하고, 빨랫줄이 되는가 하면 서커스의 외줄이 되기도 한다. 그림책을 열고 빨간 끈이 가는 길을 따라 가보면 재미있는 일들이 펼쳐진다. 글 없는 그림책이라 글을 넣어 글이 있는 그림책으로 만들어볼 수도 있다. 다음에는 빨간 끈이 어디로 갈까 상상해볼 수 있는 동화책이다.

선정이유 색과 모양을 결합하여 색과 모양의 다양성에 대해 알고 상상하기, 표현하기 활동을 하면서 사전 활동으로 자유롭게 색과 모양을 인식할 수 있기에 선정하였다.

영아
후기

10월 활동

긴 상자 터널을 꾸며요

04

생활주제	• 색을 만들어요.
활 동 명	• 긴 상자 터널을 꾸며요.
활동목표	• 긴 상자 터널을 꾸며보는 경험을 할 수 있다.
표준보육/누리 과정요소	• 예술경험 > 예술적 표현하기 > 미술 활동으로 표현하기 • 자연탐구 > 탐구하는 태도 기르기 > 호기심 가지기
중 심 축 행동발달	• 자신감, 표현성, 탐색
활동자료	• 쓰기 도구(크레용, 매직 등), 스티커, 긴 상자 터널, 물감, 붓

활동내용	사전활동	• 그림책 내용을 이야기 나누고, 또 다른 방법으로 빨간 끈처럼 색을 길게 할 수 있는 방법에 대해 이야기 나눈다.

<table>
<tr><td></td><td>사전활동</td><td>• 그림책 내용을 이야기 나누고, 또 다른 방법으로 빨간 끈처럼
색을 길게 할 수 있는 방법에 대해 이야기 나눈다.
• 색깔종이 벽돌블록으로 같은 색깔 도미노 놀이를 해본다.</td></tr>
</table>

도입

• 영아가 자유롭게 상자를 탐색해본다.
  - 상자에는 어떤 모양이 있니?
  - 만져보니 어떤 느낌이 드니?
  - 상자는 어떤 색이 있니?
  - 어떻게 하면 상자에 또 다른 색을 입힐 수 있을까?

전개

• 다양한 재료들을 탐색한 후 상자 꾸미기를 한다.
  - 다양한 재료들을 탐색한다.
  - 파란색 색지를 상자에 붙이니 파란 상자가 되었네.
  - 우아, 우리 ○○가 하트를 그려주었구나. 또 무엇을 그려볼까?
  - ○○이는 알록달록 예쁜 색깔로 색칠을 하는구나.
  - ○○이는 별 스티커를 붙였구나. 다른 모양은 무엇이 있니?

• 상자로 터널 만들기
  - 터널을 만들려면 어떻게 해야 할까?
  - 미로처럼 만들려면 어떻게 해야 될까?
  - 지나가는 친구가 보일 수 있는 방법은 무엇이 있을까?

• 상자 터널 통과하기
  - 어디서부터 출발하면 좋겠니?
  - 몇 명씩 터널에 들어가면 좋겠니?

마무리

• 활동한 후 평가한다.
  - 함께 꾸민 상자 터널을 보니 어떤 느낌이 드니?
  - 상자 터널을 만들 때 어려운 점은 없었니?
  - 상자를 꾸밀 때 더 필요한 재료가 있었니?
  - 상자 터널을 또 다른 방법으로 놓는다면 어떻게 놓으면 좋을까?
  - 상자 터널 안에서 보면 어떻게 보이니?

활동사진

활동평가

- 교사가 상자를 길게 연결하여 터널을 만든 후 영아가 스스로 꾸며볼 수 있도록 격려하였더니, 영아들이 자유롭게 활동에 참여하였다. 상자 터널을 꾸민 후 터널을 지나가는 활동으로 연계하였더니 영아들이 성취감을 갖고 더 즐거워하는 모습을 보였다.

RT
포인트

✚ 환경 변화시키기

아동이 생활하는 방에 동글 텐트, 종이 집 등 새로운 물건을 놓아주어 환경을 변화시켜 봅니다. 새로운 사물을 자세히 탐색해보도록 합니다. 예를 들어 종이 집을 설치했다면 아동이 숨고 교사와 숨바꼭질 놀이도 할 수 있고 종이 집에 그려져 있는 그림을 살펴보며 무엇이 있는지 이야기를 나누어볼 수도 있겠죠. 아동은 이러한 활동을 통해 스스로 사물을 경험하고 조작해봄으로써 탐색과 도전을 즐기게 됩니다.

영아 후기

그림책을 활용한 통합 예술 경험

코닝정밀소재 어린이집

1. 주제 선정 배경

영유아는 그림책의 주인공과 공감하게 되어 자연스럽게 심미감과 정서적 안정감을 발달시키게 된다(이상금, 장영희, 2005). 그림책을 통해 영유아의 상상력을 보충하고 계발하여 미술과 예술을 간접적으로 가르칠 수 있으며, 영유아는 이야기를 경험함으로써 이야기 문법이나 구조에 대한 이해를 형성하고 문학 감상과 예술 경험을 확장시킬 수 있다고 하였다(서정숙, 남규, 2010).

그림책을 통한 문학 감상과 예술 경험은 리듬감과 시각·청각적인 즐거움을 동시에 맛볼 수 있다. 그림책의 작가는 글의 내용을 통하여 리듬감을 살리고 상세한 행동 묘사로 움직임을 표현하며, 그림책의 그림작가는 색, 패턴, 공간, 선 등을 통하여 움직임과 리듬을 창조한다(현은자, 강은진, 변윤희, 심향분, 2007). 이러한 특징을 잘 살려낸 작가의 그림책을 접했을 때 글과 그림에서 표현된 예술적 요소를 경험할 수 있다(권승희, 2015).

그림책의 가치와 효과에 대한 인식이 있음에도 불구하고 실제 예술 경험을 적용한 다양한 활동은 활발히 이루어지지 않고 있다(현은자 외, 2007). 이는 예술 활동에 대한 교사들의 심적 부담감 때문인 경우가 많다. 그래서 그림책을 활용한 예술 경험이 용이하게 이루어질 수 있도록 그림책 속에서 여러 가지 요소가 풍부하게 표현한 작가들의 작품을 선정하였으며, 작가의 특징이 드러난 그림책을 통해 문학, 미술, 음악, 신체표현 등 통합적인 활동이 진행될 수 있도록 계획하고 실행하고자 한다.

2. 프로그램의 기대효과

1) 그림책을 탐색하며 언어, 미술, 음악, 신체표현을 할 수 있다.
2) 극놀이로 표현하고 준비하는 동안 통합적인 활동이 이루어질 수 있다.
3) 예술 활동을 통해 자신의 감정을 표현하고 성취감을 가질 수 있다.

3. 프로그램 연간계획

월	생활주제	소주제	활동명	내용범주	그림책
5	나와 가족	1. 내 몸이 궁금해요 2. 내가 좋아하는 것이 있어요 3. 우리 가족을 소개해요 4. 내가 사는 집이에요	1. '우리 아빠가 최고야' 그림책 읽기 2. 우리 아빠 소개하기 3. 아빠 옷 만들기 4. 그림책 속 아빠 따라하기	의사소통 > 읽기 의사소통 > 말하기 예술경험 > 예술적 표현하기 사회관계 > 더불어 생활하기	우리 아빠가 최고야 글·그림: 앤서니 브라운 역: 최윤정 출판사: 킨더랜드
6	우리 동네	1. 어린이집 주변을 둘러보아요 2. 우리 동네 가게가 있어요 3. 삐뽀삐뽀 여기는 병원이에요 4. 고마운 분들이 있어요	1. '구름빵' 그림책 탐색하기 2. 구름빵 봉지 고양이 만들기 3. 빵으로 모양 만들기 4. 손가락 인형놀이	의사소통 > 읽기 의사소통 > 말하기 예술경험 > 예술적 표현하기	구름빵 글·그림: 백희나 출판사: 한솔수북
7	건강과 안전	1. 즐거운 운동과 휴식 2. 깨끗한 나와 환경 3. 맛있는 음식과 영양 4. 안전한 놀이와 생활 I 5. 안전한 놀이와 생활 II	1. 그림책을 읽고 내 기분 소개하기 2. 표정으로 말해봐 3. 기분을 말해요! (노래 개사하기) 4. 웃으며 지내요! (포스터 만들기)	의사소통 > 말하기 사회관계 > 나와 다른 사람의 감정 알기 예술경험 > 예술적 표현하기	기분을 말해봐 글·그림: 앤서니 브라운 역: 홍연미 출판사: 웅진주니어
8	여름	1. 여름 날씨 느끼기 2. 여름 풍경 즐기기 3. 재미있는 여름 즐기기 4. 건강하게 여름나기	1. 그림책 탐색하기 2. 바다 속에는 무엇이 있을까? 3. 동화 속 바다꾸미기 4. 내가 아빠 해마라면	의사소통 > 읽기 사회관계 > 더불어 생활하기	아빠 해마 이야기 글·그림: 에릭 칼 역: 김세실 출판사 : 더큰컴퍼니

월	생활 주제	소주제	활동명	내용범주	그림책
9	우리 나라	1. 우리나라 사람들의 생활 2. 우리나라의 문화 3. 우리나라 역사와 자랑거리 4. 우리나라 놀이 5. 우리나라의 과거와 현재	1. 그림책 탐색하기 2. 송편 만들기 3. 솔이에게 편지쓰기 4. 우리나라 전통놀이	의사소통 > 읽기 의사소통 > 말하기 사회관계 > 더불어 생활하기	솔이의 추석 이야기 글·그림: 이억배 출판사 : 길벗어린이
10	가을	1. 가을 날씨 느끼기 2. 가을 풍경 즐기기 3. 풍성한 가을 지내기 4. 다양한 색의 가을	1. 그림책 탐색하기 2. 가을에 먹는 열매 3. 동극에 필요한 소품 4. 동극을 해요	의사소통 > 읽기 의사소통 > 말하기 예술표현 > 예술적 표현하기	커다란 순무 글·그림: 헬렌 슌버리 역: 박향주 출판사 : 시공주니어

책소개

우리 아빠가 최고야

글·그림: 앤서니 브라운 | 역: 최윤정 | 출판사: 킨더랜드

아이의 입장에서 바라본 아빠의 모습이 담겨 있다. 아빠를 다소 과장하여 소개
하지만, 그 모습은 아이들이 바라본 아빠의 모습이다. 무엇이든 척척 해내는 멋진
아빠의 모습이 따뜻한 그림으로 표현되어 있다.

선정이유 '우리 아빠가 최고야' 그림책을 통해 가족 구성원에 관심을 가지고, 엄마, 아빠의 모습을
통해 정서 표현 활동을 경험할 수 있을 것이다.

5월 활동

우리 아빠가 최고야   01

생활주제	• 나와 가족
활동목표	• 그림책을 통해 가족 구성원에 관심을 가지고 엄마, 아빠를 사랑하는 마음을 갖는다.
표준보육/누리 과정요소	• 의사소통 > 말하기 > 자신의 원하는 것을 말하기 • 의사소통 > 읽기 > 그림책과 환경 인쇄물에 흥미 가지기 • 사회관계 > 더불어 생활하기 > 내 가족 알기
중 심 축 행동발달	• 공동주의, 언어화, 협동, 자기조절
활동자료	• 『우리 아빠가 최고야』 그림책, 『우리 엄마가 최고야』 그림책

• '우리 아빠'가 최고일 때는 언제인지 생각하며 이야기 나눈다.

　- (아빠 사진을 보며) 우리 아빠에 대해 소개해볼까?

　- 너희들은 언제 아빠가 최고라는 생각이 드니?

　- '아빠가 최고로 멋지다'라는 생각이 들 때, 아빠에게 어떤 이야기를 해
　　드리고 싶니?

• 그림책 표지를 살펴본다.

　- 어떤 그림이 그려져 있니?

　- 그림책의 제목은 어디에 적혀 있니?

　- '우리 아빠는 최고야' 그림책은 어떤 내용일까?

• 그림책 표지의 모습을 따라 해본다.

　- 표지 그림에 있는 사람이 어떻게 하고 있니?

　- 기분이 어떤 것 같아?

　- 왜 그렇게 생각하니?

• 그림책 작가에 대해 소개한다.

• 그림책을 듣는다.

• 그림책에 대한 느낌과 생각을 이야기 나눈다.

　- 그림책을 보며 어떤 느낌이 들었니?

　- 어떤 장면이 가장 생각나니?

　- 그림책의 내용과 제목이 잘 어울리는 것 같니?

• 그림책 속 내용을 회상하며 이야기 나눈다.

　- 누가 말하는 이야기인 것 같니?

　- 왜 우리 아빠가 최고라는 생각이 들었을까?

　- 아빠는 무엇을 할 수 있었니?

• 우리 아빠를 생각해본다.

　- 친구들도 우리 아빠가 최고라고 생각하니?

　- 우리 아빠는 무엇을 잘하신다고 생각하니?

　- 언제 우리 아빠가 최고라고 느껴지니?

활동사진

확장활동 • 작가의 다른 책('우리 엄마가 최고야')과 비교해보고 활동을 연
계한다.

RT
포인트

✚ 일상 중에 재미있게 상호작용하기

아동은 어른과는 달리 특정활동을 계속 반복해도 지치지 않는 경향이 있습니다. 아동
이 즐거움과 재미를 느끼는 활동을 계속 유지하도록 합니다. 교사가 이러한 활동에 중점
을 둘수록, 아동과 함께하는 것 자체를 더욱 더 즐기게 될 것입니다. 아동은 교사가 자신
이 즐거워하는 것을 함께해 줄 때, 하하 호호 웃으며 유머감각을 발달시키게 됩니다. 예
를 들어 병 뚜껑 열고 닫기, 블록 올리고 쓰러뜨리기, 숨바꼭질 놀이 등 생활 속의 놀이
는 무궁무진하고 다양합니다.

우리 아빠 따라하기

02

생활주제	• 나와 가족

활동목표
- 그림책에 나오는 아빠의 모습을 살펴보고 신체로 표현한다.

표준보육/누리 과정요소
- 신체운동 > 감각과 신체 인식하기 > 신체를 인식하고 움직이기
- 예술경험 > 예술적 표현하기 > 모방과 상상놀이하기
- 예술경험 > 예술적 표현하기 > 자발적으로 미술활동하기

중 심 축 행동발달
- 능동성, 자신감, 표현성

활동자료
- '우리 아빠가 최고야' 그림책, '우리 엄마가 최고야' 그림책, 역할 영역 소품 및 의상

활동내용

<u>사전활동</u>
- 우리집 가족들의 모습에 대해 이야기 나눈다.
  - 집에서 누구와 함께 살고 있니?
  - 우리 가족들이 하는 일은 무엇이 있니?

- 엄마, 아빠의 역할에 대해 이야기 나눈다.
  - 엄마는 집에서 어떤 모습이시니?
  - 아빠는 어떤 일을 많이 하시니?

<u>도입</u>
- 그림책 내용을 회상한다.
  - 아빠(엄마)는 어떤 표정이었니?
  - 그림책 속에서 아빠(엄마)는 어떤 모습이었니?

<u>전개</u>
- 그림책 속 아빠(엄마)의 다양한 모습을 따라 한다.
  - 그림책 속에서 아빠가 빨랫줄 위에서 걸어 다닐 땐 어떻게 걸었니?
  - 빨랫줄 위에서 걸을 때 아빠는 어떤 느낌이 들었을 것 같니?
  - 물고기처럼 헤엄칠 땐 어떻게 움직였니?

- 우리 가족의 모습들을 역할놀이로 표현해본다.
- 역할놀이를 하기 위해 필요한 소품과 역할을 생각하여 이야기 나눈다.
  - 엄마 역할은 누가 하면 좋을까?
  - 아빠 역할은 누가 할까?
  - 아빠는 어떤 옷을 입을까?
  - 아빠 역할을 하고 싶은 이유가 있니?

| 마무리 | - 활동이 끝나고 느낀 점을 이야기 나눈다.
 - 엄마, 아빠께 해주고 싶은 이야기가 있니? |

| 확장활동 | - 부모님께 감사 편지, 카드 만들기, 감사 포스터 만들기 활동을 연계하여 활동한다. |

활동사진

✚ 하나 주고 하나 받기

RT 포인트

아동에게 있어 반복놀이는 중요합니다. 아동은 대체로 두드려보거나 던져보거나 하며 자신의 흥미와 관심이 사라질 때까지 계속합니다. 아동이 이러한 행동을 계속하더라도 격려해줍니다. 놀이할 때 아동은 스트레스를 받는 시간보다 즐거운 시간에 교사와 더 오랫동안 상호작용한다는 사실을 기억하게 합니다. 교사가 아동이 즐거워하는 것에 초점을 두고 상호작용할수록 아동은 교사를 재미있게 하기 위해 노력하게 됩니다.

아빠 해마 이야기

글·그림: 에릭 칼 | 역: 김세실 | 출판사: 더큰컴퍼니

볼로냐 아동 도서전 그래픽 상을 수상한 작가이자 전 세계에서 사랑받는 작가 에릭 칼의 그림책으로, 바다에 살고 있는 해마 부부 이야기이다. 어느 날, 엄마 해마가 몸을 비틀, 꼬리를 꿈틀거리기 시작했다. 알을 낳으려는 엄마 해마는 아빠 해마의 배에 알들을 집어넣었고 마침내 기다리던 새끼 해마가 아빠 해마 주머니 속에서 나오게 된다.

선정이유 아빠 해마 이야기를 통해 여름 동물에 관심을 가지며 다양한 가족의 구성과 모습에 대해 알아가고자 한다. 이러한 활동을 통해 가족의 소중함과 함께 우리 가족만의 특징을 알아갈 수 있도록 아빠 해마 이야기를 주제로 선정하였다.

8월 활동

아빠 해마 이야기

03

생활주제	• 여름
활동목표	• 아빠 해마 이야기를 통해 다양한 물고기에 관심을 가지고 부모님의 감사함을 안다.
표준보육/누리 과정요소	• 의사소통 > 읽기 > 그림책과 환경 인쇄물에 흥미 가지기 • 사회관계 > 더불어 생활하기 > 내 가족 알기
중 심 축 행동발달	• 언어화, 협동, 자기조절
활동자료	• 물감, 스탬프, 바다 생물 도장, 얼음 물감, 붓, 전지, 공, 바구니, 물고기 머리띠, 조개, 돋보기, 색종이, 풀

활동내용	사전활동	• 어린이날과 특별한 날에 대해 이야기 나눈다.

사전활동

• 어린이날과 특별한 날에 대해 이야기 나눈다.
  - 어린이날은 어떤 날일까?
  - 엄마, 아빠를 위한 날은 언제일까?

도입

• 그림책 표지를 살펴본다.
  - 그림책 표지에 그려진 그림은 무엇인지 알고 있니?
  - 어디에 살고 있는 동물일까?
  - 그림책에 어떤 글자가 쓰어 있니?

전개

• 그림책 작가를 찾아본다.
  - 에릭 칼이 그린 그림책을 본 적이 있니?
  - 그림책에는 어떤 동물이 그려져 있니?

• 그림책을 함께 보다.
  - 그림 속에 기억나는 주인공이 있니?

• 그림책의 내용을 회상하며 그림만 다시 본다.
  - 엄마 해마가 알을 어디에 낳았니?
  - 길쭉길쭉 해초 뒤에는 어떤 물고기가 있었을까?
  - 틸라피아 아빠 물고기는 어디에 알을 담고 있었니?
  - 해마 아빠를 보고 어떤 마음이 들었니?

마무리

• 기억에 남는 장면에 대해 이야기 나눈다.
  - 아빠 해마가 만난 물고기 중에 기억나는 물고기가 있니?
  - 아기 해마가 태어났을 때 아빠 해마의 기분은 어땠을 것 같니?
  - 아빠가 안아주었던 경험이 있니?

확장활동

• 그림책 표지의 모습을 따라 해본다.
  - 해마는 어떻게 생겼니?
  - 길쭉한 입을 어떻게 표현해보면 좋을까?
  - 아빠 해마처럼 뱃속에 알을 담아볼까?

• 부모님을 기쁘게 해드릴 방법을 토의한다.
  - 아빠, 엄마를 기쁘게 해드릴 수 있는 일에는 어떤 것이 있을까?
  - 부모님을 도와드리고 나서 기분이 어땠니?

RT
포인트

✚ 환경 변화시키기

교사는 아동과 놀이하면서 의사소통할 때 아동이 흥미와 관심을 보이는 주제를 발전시키고 확장하여 봅니다. 예를 들어 날씨에 대해 이야기를 나누고 있다면 '비'에 대한 그림을 보여주고 빗소리를 듣게 해보고, 비가 내리는 소리나 모양을 몸으로 표현해 보도록 확장할 수 있습니다. 아동은 즐겁고 흥미롭고 자신이 아는 것과 관련한 상황에서 대화를 더 잘하며 표현하는 것에도 자신감을 가집니다.

솔이의 추석 이야기

글·그림: 이억배 | 출판사: 사계절

도시에 사는 솔이네 가족이 추석을 지내기 위해 시골로 가면서 벌어지는 사건 사고를 담아냈다. 그동안 소홀했던 가족과의 사랑을 확인할 뿐 아니라 이웃과 기쁨과 슬픔을 함께 나누는 추석의 의미를 새기면서 고향의 푸근함과 정겨움을 듬뿍 느끼게 해주는 이야기이다.

선정이유 '우리나라' 주제와 관련하여 명절의 의미와 문화를 알아보고 우리나라에 대한 자긍심을 경험해 보기에 좋은 책이다.

영아
후기

8월 활동

솔이의 추석 이야기   04

생활주제	• 우리나라
활동목표	• '솔이의 추석 이야기'를 통해 우리나라에 관심을 가지고 전통과 문화 관련 활동을 한다.
표준보육/누리 과정요소	• 의사소통 〉 말하기 〉 자신의 원하는 것 말하기 • 의사소통 〉 읽기 〉 그림책과 환경인쇄물에 가지기 • 사회관계 〉 더불어 생활하기 〉 자신이 속한 집단 알기
중 심 축 행동발달	• 공동주의, 언어화, 협동, 자기조절
활동자료	• 그림책, 밀가루 반죽, 여러 가지 그릇, 그림책, 편지지, 색연필, 사인펜, 투호놀이, 제기차기, 고무신 던지기, 사방치기, 다도 세트, 송편 만들기 재료

사전활동

- 우리나라의 의식주에 대해 알아본다.
  - 옛날 사람들은 어떤 옷을 입었을까?
  - 어떤 음식을 먹었을까?
  - 어떤 집에서 살았을까?
  - 한복을 입어본 적이 있니?
  - 명절에 있었던 경험 소개하기

도입

- '솔이의 추석 이야기'의 겉표지를 살펴보고 이야기 나눈다.
  - 그림책 표지에 어떤 그림이 그려져 있니?
  - 솔이는 어디를 가고 있는 것 같니?

- 책의 내용을 예측해본다.
  - 책에는 어떤 내용이 그려져 있을까?
  - 솔이는 누구를 만났을까?

전개

- 그림책을 함께 보다.
  - 그림책 속의 솔이에게 어떤 날이 되었니?
  - 추석에 할 수 있는 일은 무엇이 있을까?

- 그림책 속 내용에 대해 이야기 나눈다.
  - 그림책에 어떤 내용이 있었는지 이야기해볼 수 있겠니?
  - 추석에 솔이는 어떤 것을 경험했을까?
  - 송편을 빚어본 적이 있니?
  - 마지막에 할머니는 솔이에게 무엇을 선물로 받았니?

마무리

- 그림책을 듣고 느낀 점을 이야기 나눈다.
  - 어떤 장면이 가장 기억에 남았니?
  - 할머니와 헤어진 솔이는 어떤 기분이었을까?
  - 명절에 할머니와 헤어져 올 때 기분이 어땠니?

확장활동

- 꼬불꼬불 길 따라 걸어본다.
  - 솔이처럼 꼬불꼬불한 길을 걸을 수 있겠니?

- 체험학습을 통해 민속놀이를 경험해본다.
  - 떡메치기를 해보니 기분이 어땠니?
  - 내가 만든 떡을 누구에게 선물해주고 싶니?

영아
후기

RT
포인트

✛ 의도를 명확하게 표현해주기

교사는 아동이 수행한 행동의 의도나 목적을 그대로 표현하면서 아동이 하는 활동이나
의사소통을 보다 복잡한 형태로 발전시킬 수 있습니다. 아동이 자연현상인 해에 관심을
보이며 궁금해하였다면 달, 별 등의 다른 날씨에 대해 이야기를 나누며 관심을 넓히도록
도울 수 있습니다. 이를 통해 아동은 세상에 대해호기심을 갖게 되고 생각을 더욱 발전
시킬 수 있습니다.

영아후기
~유아

그러지 마,
그럼 내가 아파!

루셈
어린이집

1. 주제 선정 배경

환경은 늘 우리 곁에 가까이 있고, 우리는 환경이 없으면 살 수가 없다. 생물에게 가장 중요하고 꼭 필요한 것이 환경이지만, 너무 가까이 있어 우리는 그것의 소중함을 잘 모른다. 날이 갈수록 환경파괴와 오염은 점점 더 심각해지고 있으며, 이는 곧 지구의 이상 징후로 나타나고 있다. 이에 어려서부터의 환경 교육은 더욱 중요해지고 있으며 아이들의 미래를 위해서도 꼭 필요하다고 생각하여 '환경' 프로젝트를 준비하게 되었다. 그러나 환경이라는 주제가 자칫하면 딱딱하고 지루한 교육이 될 수도 있어 재미있는 그림책을 통해 환경을 이해하기 쉽게 접근해보고자 한다. 또한 그림책을 통해 환경의 중요성을 깨닫고 환경오염의 원인과 피해, 그리고 환경을 보호하는 방법에 대해 알아보고 실천해보는 경험적 기회를 갖는다.

2. 프로그램의 기대효과

1) 그림책 속에 나오는 나무에서 시작하여 여러 종류의 자연물에 관심을 가지고 관찰을 통해 자연과 친숙해지게 할 수 있다.
2) 자연과의 친밀함을 바탕으로 '환경 보호'라는 주제에 초점을 맞추어 환경오염의 실태와 종류를 알아본다.
3) 우리가 실천할 수 있는 분리수거하기, 다시 쓸 수 있는 것 다시 쓰기, 아껴 쓸 수 있는 것 아껴 쓰기 등을 실천하고, 재활용품을 활용한 창의적인 표현활동을 해볼 수 있다.
4) 우리가 살고 있는 지구에 관심을 가지고 사랑하고 아끼는 마음을 기를 수 있다.

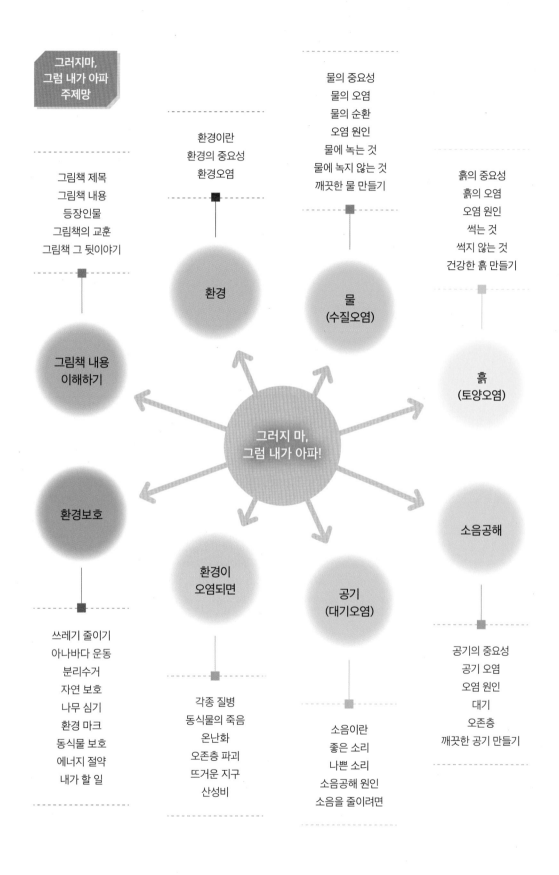

그러지마,
그럼 내가 아파
주제망

그림책 제목
그림책 내용
등장인물
그림책의 교훈
그림책 그 뒷이야기

환경이란
환경의 중요성
환경오염

물의 중요성
물의 오염
물의 순환
오염 원인
물에 녹는 것
물에 녹지 않는 것
깨끗한 물 만들기

흙의 중요성
흙의 오염
오염 원인
썩는 것
썩지 않는 것
건강한 흙 만들기

그림책 내용
이해하기

환경

물
(수질오염)

흙
(토양오염)

환경보호

그러지 마,
그럼 내가 아파!

환경이
오염되면

공기
(대기오염)

소음공해

쓰레기 줄이기
아나바다 운동
분리수거
자연 보호
나무 심기
환경 마크
동식물 보호
에너지 절약
내가 할 일

각종 질병
동식물의 죽음
온난화
오존층 파괴
뜨거운 지구
산성비

소음이란
좋은 소리
나쁜 소리
소음공해 원인
소음을 줄이려면

공기의 중요성
공기 오염
오염 원인
대기
오존층
깨끗한 공기 만들기

음률/미술

【음률】
• 누가 누가 더 푸른가
• 다시 쓸 수 있어요
• 더러워진 물나라
• 우리 지구
• 환경을 깨끗이

【미술】
• 톡톡톡! 비눗방울 놀이
• 스티로폼 판화
• 신문지 미로 그림
• 종이컵 바구니
• 환경 마크 그리기
• 환경 괴물

자유선택활동

【쌓기】
• 분리수거함 만들기
• 재활용 블록 놀이

【역할】
• 청소를 해요
• 쓰지 않는 물건을 바꾸어 써요
• 가을 소풍놀이
  (아름다운 우리 지구)

【언어】
• 만약 (물, 흙, 공기)가 없다면
• 그림책 속 낱말로 짧은 글짓기
• 왜 이렇게 되었을까?
• 북극곰의 눈물
• 나만의 그림책 만들기

【수·조작】
• 깨끗한 지구
• 분리수거를 해요
• 환경이의 표정 오려 붙이기
• 다시 쓸 수 있는 것
• 물, 흙, 공기 벤다이어그램

【과학】
• 헌 우유 상자로 종이 만들기
• 공기 오염
• 재생비누 만들기

【조형】
• 폐품 활용 모빌
• 광고지로 종이 접어 꾸미기
• 깨끗한 환경 구성하기
• 우유 갑 병풍

【요리】
• 비빔밥 만들기

【실외 활동】
• 씨앗, 모종 심기
• 쓰레기 줍기
• 시원한 물놀이

이야기 나누기

• 환경하면 생각나는 것
• 환경이란 무엇일까?
• 그림책 내용 이야기 나누기
• 그림책 그 뒷이야기
• 환경이 우리에게 주는 것
• 물의 오염
• 흙의 오염
• 공기 오염
• 소음 공해
• 에너지를 절약해요
• 다시 쓸 수 있어요
• 지구가 아파요
• 아름다운 우리 지구
• 환경마크가 있어요
• 분리배출 표시를 알아요

환경
(그러지 마, 그럼
내가 아파!)

그림책

• 잭과 못된 나무
• 쥐돌이의 파란 나라
• 온 세상 물의 왈츠
• 비눗방울 기계
• 작은 집 이야기

신체표현/게임

【신체표현】
• 바람이 불어요
• 비오는 날의 춤
• 육지는 어디에 있나요
• 지구가 아프대요
• 물의 여행
• 흙, 나무, 공기, 해, 물이
  되어보기

【게임】
• 깨끗한 황경이 좋아요
• 쓰레기를 나누어 버려요
• 지구를 깨끗이
• 산에 나무를 심어요

3. 프로그램 연간계획

월	생활주제	활동명	내용범주	그림책
3	우리 원과 친구	우리는 친구	사회관계 - 나를 알고 존중하기	우리는 친구 글·그림: 앤서니 브라운 역: 장미란 출판사: 웅진주니어
4	봄과 동식물	지금은 꽃 세상	신체운동, 건강 - 신체 활동에 참여하기	주머니 속 풀꽃도감 글·그림: 이영득 출판사: 황소걸음
		내가 심은 씨앗, 내가 심은 모종	신체운동, 건강 - 신체 조절과 기본 운동하기	잭과 못된 나무 글·그림: 브라이언 와일드스미스 역: 김선애 출판사: 시공주니어
5	나와 가족	우리 가족이 최고야	사회관계 - 가족을 소중히 여기기	우리 가족이 최고야! 글·그림: J.S 잭슨 역: 노은정 출판사: 비룡소
6	우리 동네	내가 꿈꾸는 나의 마을	자연탐구 - 탐구하는 태도 기르기	쥐돌이의 파란 나라 글·그림: 정연미 출판사: 문학동네
7	신나는 여름	앗 차가워 앗 시원해	자연탐구 - 탐구하는 태도 기르기	온 세상 물의 왈츠 글·그림: 토마스 로커 역: 상정아 출판사: 마루벌
			예술경험 - 예술적 표현하기	비눗방울 기계 글·그림: 장 피에르 기예 역: 윤구병·윤나래 출판사: 다섯수레

영아 후기

월	생활주제	활동명	내용범주	그림책
8	교통 기관	무엇을 타고 갈까?	의사소통 - 말하기	비행기를 탄 리자 글: 안느 구트망 그림: 게오르크 할렌 스레벤 역: 이경혜 출판사: 비룡소
9	우리 나라	옛날 옛적 그림 속에는	의사소통 - 느낌, 생각, 경험 말하기 예술경험 - 예술 감상하기	우리나라 대표 그림 글·그림: 조정욱 출판사: 대교출판
10	가을	높고 푸르른 하늘	예술경험 - 예술적 표현하기	내 마음속의 가을 하늘 글·그림: 윤이현 출판사: 아동문예사
11	환경과 생활	북극곰이 왜 아프죠?	자연탐구 - 과학적 탐구하기	배고픈 흰 곰 글·그림: 나리타 마사코 역: 정인선 출판사: 별똥별
12	겨울	산타가 사는 마을	의사소통 - 듣기	있잖아요 산타마을에서는요 글: 가노 준코 그림: 쿠로이켄 역: 고향옥 출판사: 길벗어린이
1	생활 도구	어떤 도구를 사용해 볼까?	자연탐구 - 과학적 탐구하기	도구로 만들어요 글: 김장성 그림: 전주영 출판사: 한솔교육
2	형님반에 가요	내가 커서 무엇이 될까?	사회관계 - 나의 일 스스로 하기	내가 어른이 된다고요 글·그림: 줄리아노 페리 역: 김난령 출판사: 주니어김영사

잭과 못된 나무

글·그림: 브라이언 와일드스미스 | 역: 김선애 | 출판사: 시공주니어

잭의 빨리 자라는 나무처럼 유전자가 조작된 다양한 채소와 나무의 유해성에 대해 이야기하며 그 위험성을 알려주고, 자연 그대로를 소중하게 여겨야 한다는 것, 자연의 힘이 대단하다는 것을 알게 해주는 책이다.

선정이유 자연의 소중함에 대해 알고, 자연을 위해 내가 가장 잘 할 수 있는 실천 방법이 무엇인지에 대해 생각해볼 수 있다.

영아
후기

4~5월
활동

씨앗, 모종 심기   01

생활주제	• 흙과 식물
활 동 명	• 내가 심은 씨앗, 내가 심은 모종
활동목표	• 씨앗, 모종의 모양에 관심을 가지고 탐색한다. • 도구를 이용하여 씨앗, 모종 심기를 한다.
표준보육/누리 과정요소	• 자연탐구 > 과학적 탐구하기 > 자연을 탐색하기 • 신체운동 > 신체 조절과 기본 운동하기 > 소근육 조절하기
중 심 축 행동발달	• 주도성, 문제해결, 실행
활동자료	• 여러 가지 씨앗, 모종, 삽, 물뿌리개

도입

- 그림책을 읽고 그림책의 내용을 이야기 나눈 뒤 씨앗을 관찰한다.
  - 씨앗은 어떤 모양이니?
  - 씨앗에서 어떤 냄새가 나니?
  - 씨앗을 만져보니 어떤 느낌이 드니?
  - 씨앗은 어떻게 하면 자랄 수 있을까?

전개

- 씨앗 심는 방법을 알아보고 직접 심어본다.
  - 씨앗 심기를 해본 적이 있니?
  - 씨앗을 심은 다음 어떻게 해야 할까?
  - 토닥토닥 씨가 안 보이게 흙을 덮어주자.

- 모종 심기에 대해 알아보고 직접 심어본다.
  - 모종을 본 적이 있니?
  - 모종이 자라면 무엇이 될까?
  - 모종은 어떻게 심어야 할까?
  - 모종을 심을 때 조심해야 할 것은 무엇일까?

- 씨앗과 모종 심기를 마무리하며 물주기 한다.
  - 씨앗과 모종이 자라기 위해서는 뭐가 필요할까?
  - ○○이가 심은 씨앗에도 물을 주고, ○○도 모종에 물을 주는구나.

마무리

- 활동을 평가한다.
  씨앗과 모종 심기를 하고 난 후 씨앗과 모종이 자라기 위해 우리가 할 수 있는 일에 대해 이야기 나누어본다.
  - 물은 하루에 몇 번 주어야 할까?
  - 언제 씨앗과 모종을 보러 올까?
  - 씨앗(모종)에게 어떤 말을 해줄까?

활동사진

• 두 달 동안 아이들과 어린이집 마당에 있는 텃밭을 가꾸며 식물이 잘 자랄 수 있도록 하기 위해 무엇이 필요한지 알아보고 몸으로 직접 경험할 수 있는 기회가 되었다.

RT 포인트

✚ 아동의 세계로 들어가기

아동과 놀이를 할 때 재촉하며 빨리 하기를 요구하기보다 아동이 상황을 진행해가면서 창조적인 반응을 만들어낼 수 있도록 시간을 주며 기다려주세요. 아동은 이러한 상호작용을 통해 교사와 함께하는 놀이를 자신이 통제하고 있다는 생각으로 놀이에 자신감을 갖게 되고 조화롭게 상호작용하는 방식을 배우게 됩니다. 평소에 아동의 발달 상태를 잘 관찰할 수 있도록 평소 일상생활에서 보이는 아동의 일상생활을 잘 관찰하여 판단해보고 그에 맞는 기대를 하여 아동이 놀이활동에서 좌절하지 않도록 합니다. "왜 못해."라던가 어른의 수준을 강요하지는 않는지 살펴봅니다.

쥐돌이의 파란 나라

글: 정연미 │ 그림: 김근희 │ 출판사: 문학동네

환경 문제를 알려주는 책으로, 쥐돌이네 별은 온통 뿌연 잿빛이어서 쥐돌이는 푸른 하늘과 맑은 공기를 찾아 떠나기로 한다. 하지만 타박타박 터벅터벅 아무리 걸어도 보이는 건 모두 콘크리트 빌딩 숲과 아스팔트 길뿐이다. 쥐돌이는 파란 나라를 찾다가 결국 스스로 파란 나라를 만들어간다는 내용이다.

선정이유 환경 문제 중 대기 오염에 대해 관심을 가질 수 있도록 책의 그림과 주제 내용이 잘 구성되어 있어 선정하게 되었다.

6월 활동

색깔 풍선

02

생활주제	• 공기
활 동 명	• 색깔 풍선
활동목표	• 수와 양의 개념에 대해 안다. • 눈에 보이지 않는 공기에 관심을 가진다.
표준보육/누리 과정요소	• 자연탐구 > 과학적 탐구하기 > 자연을 탐색하기 • 신체운동 > 신체 조절과 기본 운동하기 > 대근육 조절하기
중 심 축 행동발달	• 주도성, 문제해결, 실행

활동자료	• 풍선, 숫자 바구니

활동내용

도입

• 풍선을 보며 이야기 나눈다.
  - (풍선을 불며) 후~
  - 풍선을 가지고 놀이해본 적이 있니?
  - 풍선을 놓아보면 어떻게 될까?

• 공기를 찾아본다.
  - 풍선 속에 있던 공기는 어디로 갔을까?
  - 공기를 찾아볼까?
  - 풍선의 공기를 빼면서 손으로 느껴본다.

전개

• 색깔 풍선 활동을 소개한다.
  - 어떤 그림이 있니?
  - 바구니에 어떤 숫자가 있니?
  - 어떻게 하는 것일까?

• 활동방법을 알아보고 활동한다.
  1) 숫자가 있는 바구니 중 한 개를 고른다.
  2) 바구니의 숫자를 확인한다.
  3) 바구니의 숫자만큼 색깔 풍선을 꽂는다.
  - 색깔 풍선 활동을 한다.
  - 이 바구니에는 색깔 풍선이 몇 개가 필요할까?
  - 함께 바구니의 풍선을 세어보고 바구니의 숫자도 읽어본다.

• 풍선 높이 치기
  - 풍선을 손으로 쳐서 높이 올린다.

마무리

• 활동을 마무리하고 평가한다.
  - 색깔 풍선을 바구니에 넣어보니 어땠니?
  - 풍선이 가장 많이 들어간 바구니는 어느 것일까?
  - 풍선을 손으로 쳤을 때 느낌은 어땠니?

영아
후기

활동평가

- 동화책에 나오는 쥐돌이가 푸른 하늘과 맑은 공기를 찾아 떠나는 내용을 보고 아이들과 공기에 대해 알아보았다. 공기는 눈에 보이지 않는다는 것은 유아들이 사전 지식으로 알고 있었다. 공기를 눈으로 보고 느낌으로 알 수 있는 방법의 하나로 풍선에 공기를 넣어보도록 하였다. 풍선을 가지고 놀이하면서 공기의 소중함에 대해 느껴보는 시간을 가졌다.

RT 포인트

✚ 질문 없는 의사소통하기

아이과 놀 때 어른의 방식이 아닌 아이와 같은 방식으로 놀잇감을 가지고 놀거나 함께 서로 활동합니다. 아이에게 즐거운 놀이상대자가 되어 상호작용하고 교사는 될 수 있는 대로 질문 없이 대화를 주고 받습니다. 아이가 어리고 발달이 느려 느리고 수동적이므로 아이가 반응을 할 수 있도록 차분히 기다려 줍니다. 아이는 가만히 있는 동안 놀이를 어떻게 할 것인가를 생각하며 다음 활동을 이어나갈 수 있게 되고 자신이 주도하는 놀이 활동을 농해 재미를 느끼게 됩니다.

온 세상 물의 왈츠

글·그림: 토마스 로커 | 역: 상정아 | 출판사: 마루벌

물이 순환한다는 이야기로, 비로 내려 냇물로 흐르다 폭포나 호수가 되었다가 강으로 흘러 바다에 이르렀다 구름이 되고 안개가 되고 폭풍이 되기도 하고 다시 비나 눈이 되어 내리는 순환 과정과 비 온 뒤에 무지개로 피어나기도 하는 물 이야기가 담겨 있다.

선정이유 유아들이 물의 순환에 관심을 가지고 물의 소중함을 알게 하기 위해 선정하였다.

영아 후기

7월 활동

시원한 물놀이

03

생활주제	• 물
활 동 명	• 시원한 물놀이
활동목표	• 물과 관련된 다양한 놀이를 경험한다. • 물의 특성에 관심을 가지고 궁금한 점을 알아내는 과정에 참여한다. • 물을 사용하여 자신의 생각과 느낌을 표현한다.
표준보육/누리과정요소	• 자연탐구 > 과학적 탐구하기 > 자연을 탐색하기 • 신체운동 > 신체활동에 참여하기 > 신체활동에 참여하기 • 예술경험 > 예술적 표현하기 > 자발적으로 미술활동 하기
중 심 축 행동발달	• 주도성, 문제해결, 실행, 자신감, 표현성

활동자료	• 미니 수영장, 전분 가루, 소금, 설탕, 여러 가지 사물, 지퍼백, 행사명 플래그

활동내용		

사전활동

• '시원한 물놀이' 행사를 가정에 알린다.
   - 수영복과 여벌옷 준비에 대해 안내를 한다.
   - 행사 플래카드(포스터)를 행사 전 게시하여 행사를 알린다.

도입

• 동화책을 읽은 후 물에 대해 자유롭게 이야기를 나눈다.
   - 우리에게 온 물은 어떻게 온 걸까?
   - 물을 사용해서 할 수 있는 놀이는 무엇이 있을까?

• 시원한 물놀이를 더 재미있게 하기 위한 방법에 대해 이야기 나눈다.

전개

• 물놀이와 수영복 패션쇼
   - 물놀이를 하기 전에 무엇을 해야 할까? (준비운동을 한다.)
   - ○○이가 이야기한 것처럼 수영복 패션쇼를 시작해보겠습니다.
     (자유로운 포즈로 패션쇼하는 유아들의 모습을 사진기로 찍는다.)
   - 물놀이를 한다.

• 전분 가루로 물놀이해요
  전분 가루 탐색하기
   - 이것은 무엇일까?
   - 냄새는 어떠니?
   - 만졌을 때 느낌은 어떠니?
   - 전분 가루를 물에 넣으면 어떻게 될까?
     (전분 가루를 물에 넣어보고 탐색하며 물놀이한다.)

• 물 그림을 그려요
   - 붓, 롤러, 물뿌리개 등을 제공하고 탐색한다.
   - 붓을 가지고 무엇을 할 수 있을까?
   - 물감이 없는데 어떻게 그림을 그릴 수 있을까?(바닥 또는 벽에 물로 그려지는 그림과 그림이 말라서 없어지는 모습을 관찰한다.)
   - 그림이 왜 사라졌을까?

- 지퍼백 바다 속을 탐색해요
  - 지퍼백 겉면에 바다 속 그림 도안을 붙이거나 EVA로 도안을 오려 지퍼백 안에 넣어 제공한다.
  - 지퍼백 안에 물과 물감(또는 색소, 마블링 물감)을 넣고 탐색하는 유아와 이야기를 나눈다.
  - 매직으로 지퍼백 위에 자유롭게 느낀 점을 적어본다.

- 물이 섞이지 않아요
  - 투명한 병에 오일을 담아 제공한 후 탐색하는 유아의 모습을 보며 이야기를 나눈다.
  - 오일이 담긴 병 안에 색물을 넣고 오일과 섞는 모습을 보여주며 관찰해본다.

마무리
- 행사를 마무리하면서 유아들과 평가한다.
  - 물을 가지고 여러 가지 활동을 해보았는데 가장 재미있었던 놀이는 무엇이었니?
  - 아쉬웠던 점이 있었니?
  - 새롭게 알게 된 것은 무엇이 있었니?
  - 더 알고 싶은 것이 있었니?

활동사진

• 아이들이 그림책에 나오는 내용 중 '물은 지구에서 가장 흔하다' 와 '지구의 물은 수십억 년 동안 한 방울도 줄지도 늘지도 않는다'라는 글에 흥미를 느꼈다. 물의 춤을 따라가면서 물과 관련된 흥미롭고 다양한 놀이를 경험하도록 유도하였다. 물과 관련된 놀이가 무궁무진하여 아이들과 놀이를 하면서 물이 떨어지는 소리 들어보기, 물을 사용하여 무지개 만들어보기 등 여러 가지 확장 활동을 많이 시도해볼 수 있었다.

✚ 아동의 세계로 들어가기

신체발달이 왕성하여 세상에 대한 호기심으로 탐색하는 활동이 많아집니다. 아동과 함께 있으시다면 아동과 눈을 맞추고 아동의 시선을 따라가면서 아동의 시선이 멈추는 곳, 쳐다보는 것을 관찰하면서 아동의 입장에서 세계를 바라봅니다. 예를 들어 아동이 누워서 놀이한다면 교사도 누워서 아동과 마주봅니다. 이런 놀이를 통해 아동이 무엇에 흥미와 관심을 갖고 있는지 알 수 있게 되고 아동과 함께하는 시간이 더 즐거워질 수 있습니다.

비눗방울 기계

글: 장 피에르 기예 | 그림: 질 티보 | 역: 윤구병 | 출판사: 다섯수레

환경오염으로 인한 온실효과와 그에 따른 불행한 결과를 일깨워주는 책이다. 궁정마법사 무크추크는 클레멘타인 공주를 위해 터지지 않는 비눗방울을 만든다. 그러자 비눗방울이 하늘을 뒤덮어 온실효과가 나타난다.

선정이유 소중하지만 돌보지 못했던 자연에 대해 생각해보고 환경오염에 대해 관심을 가질 수 있게 하는 책이다.

영아 후기

7월 활동

톡톡톡! 비눗방울 놀이

04

생활주제	• 공기와 물
활 동 명	• 톡톡톡! 비눗방울 놀이
활동목표	• 비누 거품의 특성을 알고 즐긴다. • 비누 거품을 이용하여 다양하게 표현해본다.
표준보육/누리 과정요소	• 자연탐구 > 탐구하는 태도 기르기 > 호기심 가지기 • 예술경험 > 예술적 표현하기 > 자발적으로 미술 활동하기
중 심 축 행동발달	• 탐색, 자신감, 표현성
활동자료	• 물비누, 주방세제, 물, 비눗물 담을 통, 물감, 빨대, 도화지, 놀이 음악

도입

- 그림책을 읽고 비눗방울에 대한 이야기를 나눈다.
  - 비눗방울을 본 적 있니?
  - 비눗방울은 어떻게 만들어지는 걸까?
  - ＊ 비누를 사용해본 적 있었니?
  - ＊ 손 씻기/세수/목욕할 때 왜 비누를 사용할까?
  - ＊ 비누로 우리 몸을 씻을 때 어떤 느낌이 드니?

전개

- 물비누를 가지고 탐색한다.
  - 물비누는 모양이 어떻게 생겼니?
  - 물비누를 만져보니 어떤 느낌이 느껴지니?
  - 물비누에서 어떤 향기가 나니?
  - 물비누를 손으로 비벼보니 어떻게 달라졌니?

- 다양한 방법으로 비누 거품을 만든다.
  - 물비누로 거품을 만들려면 어떻게 해야 할까?
  - 거품 모양은 어떤 것을 닮았니?
  - 거품을 많이 만들려면 어떻게 해야 할까?
  - 비누 거품을 만지면 어떤 느낌이 드니?

- 비누 거품 그림 그리기
  - 비누 거품에 색깔을 입히려면 어떻게 해야 할까?
  - 어떻게 비누 거품으로 그림을 그릴 수 있을까?
  - 아이들이 자유롭게 비눗방울의 특성을 탐색하면서 그림을 그린다.

- 비눗방울 놀이
  - 비눗방울은 어떻게 만들 수 있을까?
  - 비눗방울 색깔은 어떠니?
  - 어떤 모양이니?
  - 자유롭게 비눗방울 놀이를 한다.

마무리

- 비눗방울 놀이를 하고 난 뒤 평가한다.
  - 비눗방울을 만들 때 어려운 점은 없었니?
  - 어떻게 하면 비눗방울을 크게 만들 수 있었니?
  - 가장 재미있었던 것은 무엇이니?
  - 새롭게 알게 된 것은 무엇이었니?

| 확장활동 | • 비누 거품을 만든 후 세차 놀이를 할 수 있다. |

활동사진

활동평가

• 아이들과 그림책을 읽으면서 우리의 소중한 지구를 스스로 지켜 나가야 한다
는 사실을 깨닫게 해주는 책이었다. 그림책에 나오는 터지지 않는 비눗방울에
아이들이 흥미를 보이며 비눗방울, 비눗물과 관련된 활동을 전개하였다.

• '아이들이 좋아하는 비눗방울 놀이가 단순히 즐거운 놀이로만 느껴지지 않을
까?' 하는 우려도 있었지만, 확장 활동으로 비눗물을 다시 깨끗하게 만들기 위
해서는 많은 물이 필요하다는 사실에 대해 알게 되는 기회도 가졌다.

RT
포인트

✚ 생동감있게 표현하기

아동은 아동처럼 행동하는 교사, 그리고 재미있는 교사와 더 오래 상호작용하며 머물러
있습니다. 따라서 의식적으로 생동감있게 표현하면서 아동이 교사에게 주의를 두고 상
호작용하도록 이끕니다. 교사가 먼저 볼에 바람을 넣고 빵빵한 모습을 보여주며 재미있
는 표정도 만들어내고, '오- 우'하며 실수를 하기도 하며 재미있게 해줍니다. 이렇게 하면
서 아동을 쉽게 상호작용 안으로 끌어들여 계속 유지시킬 수 있고 교사도 아동과 함께
하는 것에 즐거움을 느낄 것입니다.

그림책을 통한 오색 빛깔 자연미술놀이

1. 주제 선정 배경

영유아기는 언어 발달에 있어 민감기이며, 이때의 언어 발달은 사고 발달과 밀접한 관련이 있다. 영유아기는 말로 자유롭게 표현하고 문자를 이해하며 사고 능력이 급속도로 발달함으로 영유아기의 언어 교육 문제에 대한 특별한 고려가 필요하다.

'그림책을 통한 오색 빛깔 자연미술놀이'는 영유아의 발달적 특성에 맞는 그림책을 선정하여, 그림책 활동을 자연 속에서 확장하여 예술표현을 해봄으로써 자연을 사랑하고, 자연에서의 생활을 즐기며, 자연을 잘 이용하여 그 속에서 더불어 살아갈 수 있는 사람으로 길러주기 위한 활동이다. 자연친화적인 미술 프로그램과 그림책을 접목시켜봄으로써 유아들이 모든 감각기능을 통해 자연물을 체험하며 자유롭게 상상하고 구성해볼 수 있도록 하고자 한다. 숲, 공원에서 얻은 자연물로 유아들의 호기심을 자극하며, 자연이라는 공간으로 나아가 계절을 느끼고 표현할 수 있도록 주제를 선정한다.

2. 프로그램의 기대효과

1) 일상생활 속에서 접할 수 있는 자연물을 이용한 예술경험을 통해 자연에 대해 흥미를 느끼고 지속적으로 관심을 갖게 된다.
2) 그림책이나 이야기 나누기를 통해 알게 된 간단한 정보들을 알아보기 위해 자연물에 몰입하고 탐구하는 태도를 기를 수 있다.
3) 자연친화적인 활동을 경험하며 유아들은 자신의 생각이나 느낌을 자유롭게 표현하고, 서로 다른 생각을 주고받으며 활발한 상호작용을 할 수 있다.
4) 유아들의 발달 수준이나 흥미에 알맞은 그림책을 접목시켜 흥미를 유도하고 확장적 사고를 형성

한다.

5) 예술적 표현 활동뿐만 아니라 언어, 과학, 수·조작, 미술 영역에서의 통합적 표현 활동이 확장되어 이루어질 수 있다.

6) 가정과의 연계를 통해 부모와 함께 자연친화적인 프로그램에 참여하여 상호작용과 질적 만족도가 증가될 수 있다.

3. 프로그램 연간계획

월	생활 주제	활동명	그림책	
3	어린이집과 친구	• 나의 나무 선정하기 • 자연물 수집하기 • 자연물로 꾸민 숲속 친구들	수잔네의 봄 글·그림: 로트라우트 수잔네 베르너 역: 윤혜경 출판사: 보림	
4	봄과 동식물	• 민들레꽃 수집하기 • 포푸리 만들기 • 나의 나무에 팻말 달기	민들레와 애벌레 글·그림: 김근희 출판사: 휴먼어린이	
5	소중한 나와 가족	• 꽃 수집하기 • 솔방울 카네이션 만들기 • 꽃 화관 만들기	꽃이랑 놀자 글·그림: 김근희 출판사: 웅진주니어	
6	우리 동네	• 나무 조각 수집하기 • 나무 조각을 연결하여 구성하기 • 나무 심장 소리 듣기	나무 하나에 글·그림: 김장성 출판사: 사계절	
7	여름 / 건강과 안전	• 꽃 천연 염색하기 • 봉숭아 꽃잎 콜라주 • 나의 나무 여름 모습 그림 그리기	봉숭아 하나 둘 셋 글·그림: 김경미 출판사: 시공주니어	

영아 후기

월	생활 주제	활동명	그림책	
9	우리나라와 세계 여러 나라	• 나무 조각에 그림 그리기 • 나무 목걸이 만들기 • 나의 나무에게 사랑의 편지 쓰기	잭과 콩나무 글·그림: 이미애 출판사: 지경사	
10	가을과 열매	• 가을 낙엽 수집하기 • 낙엽 속 무지개 • 떨어진 나뭇잎이 그린 세상	도토리 마을의 모자가게 글·그림: 김난주 판사: 웅진주니어	
11	환경과 생활	• 돌멩이 수집하기 • 돌 위에 그린 그림 • 돌멩이로 그려요	돌멩이 수프 글·그림: 마샤 브라운 출판사: 시공주니어	
12	겨울	• 색 얼음으로 그림 그리기 • 눈이 내린 나무껍질 • 색 눈 만들기	눈 오는 날 글·그림: 에즈라 잭 키츠 출판사: 비룡소	
			겨울을 만났어요 글·그림: 이미애 출판사: 보림	
1	새해와 생활도구 / 형님이 되어요	• 모래와 물 섞어보기 • 황토팩 하기	땅은 소중한 선물 글·그림: 조지욱 출판사: 웅진주니어	

도토리 마을의 모자 가게

글: 김난주 │ 그림: 김난주 │ 출판사: 웅진주니어

'도토리 마을의 모자 가게'는 모자 가게를 하는 귀여운 도토리 가족이 모자를 팔기 위해 애쓰는 이야기가 가을 풍경 속에 펼쳐진다.

선정이유 그림책을 통해 열매, 가을 낙엽 등의 변화를 살펴보고, 가을에 할 수 있는 놀이들을 알아보며 상상력과 즐거움을 느껴볼 수 있으며, 나뭇잎을 활용한 예술 활동에도 관심을 갖게 할 수 있다. 우리 주변의 정해진 놀잇감이 아닌, 자연물의 아름다운 변화를 알게 하는 데 효과적이다.

영아
후기

10월 활동

가을 열매, 자연물 수집하기   01

생활주제	• 가을과 열매
활동목표	• 다양한 자연환경을 관찰하며 탐구적인 태도를 기른다. • 변화된 가을을 느껴본다. • 자연 세계에 대한 긍정적인 사고를 형성한다.
표준보육/누리 과정요소	• 의사소통 〉 읽기 〉 그림책과 환경 인쇄물에 흥미 가지기 • 자연탐구 〉 탐구하는 태도 기르기 〉 호기심 가지기 • 자연탐구 〉 수학적 탐구하기 〉 수량 인식하기
중 심 축 행동발달	• 언어화, 탐색, 주도성, 문제해결

활동자료	• '가을 나뭇잎', '도토리 마을의 모자 가게' 그림책, 광목천, 산책 가방, 돋보기, 루빼

활동내용		
	사전활동	• 평소 접한 가을 열매, 나뭇잎 등에 대해 이야기 나눈다. - 어린이집 또는 우리 동네 주변에서 가을 낙엽을 보았니? - 가을이 왔음을 무엇을 보면 알 수 있니? - 가을에 볼 수 있는 나무와 열매는 무엇이 있니?
	도입	• '가을 나뭇잎', '도토리 마을의 모자 가게' 그림책을 읽는다. • 가을 자연물과 관련된 경험에 대해 이야기 나눈다. - 아빠, 엄마와 함께 가을 숲에 가본 적이 있니? - 자연물에는 어떤 것들이 있니? - 자연물은 숲 속에서 어떤 역할을 할까?
	전개	• 공원에서 가을 자연물을 수집한다. - 어떤 자연물을 수집했니? - 발견한 낙엽, 열매의 이름은 무엇이니? - 특별한 자연물은 무엇이 있니? - 같은 열매끼리 분류해보니 무엇이 가장 많았니?
	마무리	• 자연물 수집하기 활동을 평가하며 마무리한다. - 자연물을 수집해보며 무엇을 알게 되었니? - 어려운 점은 없었니? - 가을에만 볼 수 있는 특별한 열매는 무엇이 있니? - 너희들이 좋아하는 열매는 무엇이 있니?
	유의사항	• 일상생활 속에서 접하는 자연을 훼손하지 않도록 독려한다. • 자연물을 자유롭게 탐색할 때에 안전에 유의한다.

RT
포인트

✚ 아동의 행동에 의미있는 것처럼 반응해주기

아동은 자신이 만들어내는 언어표현이나 행동에 의미있게 반응해줄 때 아동은 자신이 한 표현에 의도를 만들어 점차 결과를 기대하며 행동할 수 있게 됩니다. 아동이 만드는 모든 표현이나 몸짓은 의사소통이 될 수 있으므로 더욱 자주 반응해줄수록 아동은 다른 사람과 의미 있는 교환방식을 더욱 빨리 배우게 됩니다.

낙엽 속 무지개

생활주제	• 가을과 열매
활동목표	• 자연물을 활용한 표현 활동에 관심을 갖는다. • 가을 낙엽을 활용한 예술적 표현 활동을 즐긴다.
표준보육/누리 과정요소	• 자연탐구 > 과학적 탐구하기 > 자연을 탐색하기 • 예술경험 > 아름다움 찾아보기 > 예술적 요소 탐색하기
중 심 축 행동발달	• 주도성, 문제해결, 동기
활동자료	• '가을 나뭇잎', '도토리 마을의 모자 가게' 그림책, 돋보기, 여러 가지 색깔의 낙엽, 전지

활동내용

도입
- '가을 나뭇잎', '도토리 마을의 모자 가게' 그림책을 읽는다.
- 열매, 낙엽을 수집했던 지난 시간에 대해 이야기 나눈다.
  - 지난 시간에 어떤 자연물을 수집했었니?
  - 내가 좋아하는 색깔의 낙엽은 무엇이 있니?
  - 낙엽의 크기, 모양, 색깔, 소리, 느낌은 어땠니?

전개
- 또래와 함께 자연물을 이용하여 무지개를 표현한다.
  - 여러 가지 색깔의 낙엽을 주워볼까?
  - 어떤 색깔의 낙엽들이 있을까?
  - 특별한 모양, 크기, 색깔의 낙엽도 있니?
  - 색깔별로 나누면 무얼 알 수 있니?

| 마무리 | • 낙엽 속 무지개 표현하기 활동을 평가하며 마무리한다. |

- 자연물로 무지개를 만들어보았는데 무엇이 가장 즐거웠니?

- 어려운 점은 무엇이 있었니?

- 낙엽 무지개를 감상해보니 어떤 느낌이 드니?

- 어떤 이름을 지어주고 싶니?

- 자연물로 또 무얼 할 수 있을까?

| 유의사항 | • 낙엽을 활용한 다양한 예술 표현 활동에 지속적으로 관심을 갖도록 격려한다. |

• 유아들이 표현하는 자연물에 대해 긍정적인 상호작용을 전달한다.

활동사진

RT
포인트

✚ 아동의 세계로 들어가기

아동은 주변의 사물을 탐색하는 것에서부터 인지 발달을 시작해갑니다. 아동 주변에 친근한 장난감을 놓아주고 아동이 놀이할 수 있도록 지켜 봐주고 아동의 놀이를 따라해 봅니다. 아동이 즐거워하면 놀이를 확장하는 것도 아동 두뇌 발달에 도움이 됩니다.

떨어진 나뭇잎이 그린 세상

03

생활주제	• 가을과 열매
활동목표	• 자연물을 활용한 확장적 놀이 활동을 즐긴다. • 가을 나뭇잎을 활용하여 창의적으로 표현한다.
표준보육/누리 과정요소	• 자연탐구 > 과학적 탐구하기 > 자연을 탐색하기 • 예술경험 > 예술적 표현하기 > 자발적으로 미술 활동하기
중 심 축 행동발달	• 주도성, 문제해결, 표현성
활동자료	• '가을 나뭇잎', '도토리 마을의 모자 가게' 그림책, 다양한 낙엽, 그리기 도구, 다 양한 종이

활동내용

도입
* '가을 나뭇잎', '도토리 마을의 모자 가게' 그림책을 읽는다.
* 열매, 낙엽을 수집했던 지난 시간에 대해 이야기 나눈다.
  - 지난 시간에 자연물로 무얼 했었니?
  - 낙엽을 자세히 관찰해본 적이 있니?
  - 낙엽마다 생김새가 어떻게 다르니?

전개
* 프로타주 기법을 활용하여 낙엽의 잎맥을 살펴본다.
  - 낙엽의 잎맥을 볼 수 있는 방법은 무엇이 있을까?
  - 손의 힘을 어떻게 조절하였니?
  - 낙엽의 잎맥은 어떤 모양이니?
  - 친구들의 낙엽과 어떻게 다르니?

마무리
* '떨어진 나뭇잎이 그린 세상' 활동을 평가하며 마무리한다.
  - 프로타주 기법으로 낙엽의 잎맥을 알아보았는데 어땠니?
  - 어려운 점은 무엇이 있었니?

- 미술 활동을 경험하며 가장 즐거웠던 것은 무엇이니?
- 그림책의 낙엽 중 어떤 낙엽이 가장 마음에 드니?

| 유의사항 | • 낙엽을 활용한 다양한 예술 표현 활동에 지속적으로 관심을 갖도록 격려한다. |

활동사진

✚ 질문 없는 의사소통하기

아동과 놀 때 아동의 자랑이 늘었나요? 무언가를 만들어놓고 자신이 만든 작품을 보며 으쓱해한다면 아동의 작품을 격려해주세요. 교사와 놀이할 때 리더가 되기를 즐긴다면 아동이 이끄는 놀이에 적극적으로 참여하여 놀이상대자가 되어 줍니다. 아동은 내면에 자신에 대한 유능감과 통제감을 갖게 되어 스스로 무언가를 시도해보거나 문제를 해결해보려는 활동에 더 많이 도전하게 될 것입니다.

RT 포인트

03

유아 프로그램

재미있게 읽고 신나게 키우고 바르게 먹어요

풀 무 원
어린이집

1. 주제 선정 배경

직장 어린이집의 경우 부모님의 야근이 잦아 늦게까지 유아들이 보육시설에 맡겨지는 경우가 많다. 그렇기 때문에 부모들은 당연히 먹거리에 대한 관심이 높고, 유아들의 영양과 더불어 식습관 지도까지도 어린이집에서 해주기를 희망하고 있다.

따라서 본 어린이집에서는 이러한 사회적 이슈와 직장 어린이집의 특성을 반영하고, 오늘날 유아들의 식생활의 중요성을 인식하여, 올바른 식습관을 기르며 바른 먹거리 교육을 실시하고자 '생태 그림책을 통한 바른 먹거리 교육'이라는 새로운 접근법으로 프로그램을 진행하고자 한다.

'생태 그림책을 통한 바른 먹거리 교육'

그림책은 유아에게 가장 친숙한 자료이며, 일상생활에서 쉽게 접할 수 있는 교육매체 중 하나이다. 또한 그림책은 유아의 언어, 정서, 사회, 심미적 발달에도 긍정적 영향을 미친다. 때문에 교육적 가치가 높은 그림책을 다양한 교수방법으로 활용하려는 연구와 시도가 지속적으로 이루어지고 있다.

본 프로그램에서는 식품과 관련된 그림책을 감상한 후 유아의 발달 수준, 흥미, 관심을 고려하여 다양한 통합적 활동을 계획하고, 유아의 주도적인 참여 속에 5대 영양소 중심의 요리 활동을 진행한다. 친환경 먹거리에 관심을 가지고 유아들이 직접 유기농 식재료를 키우고, 맛보는 경험을 진행한다. 또한 올바른 식재료의 소중함을 알고 유아 스스로 바른 먹거리를 선택할 수 있게 프로그램을 진행한다.

2. 프로그램의 기대효과

1) 생태 그림책을 활용한 바른 먹거리 교육은 유아들이 그림책을 보고, 먹을 수 있는 식물을 직접 키워보고, 바르게 맛볼 수 있다는 측면에서 유아에게 매우 흥미 있는 활동으로 정서적 만족감을 느끼게 해준다.

2) 생태 그림책을 활용한 바른 먹거리 교육은 '건강하게 먹어요', '꼭꼭 씹어 먹어요', '골고루 먹어요', '너는 어디에서 왔니?', '열두 달 우리 명절 음식'이라는 주제에 따라 활동이 계열성 있게 진행됨으로써 탐구심과 문제해결력을 효과적으로 길러준다.

3) 바른 먹거리 교육은 유아들이 함께 작물을 키워보고 요리 활동을 해보고, 나누는 경험을 통하여 정서 및 사회성 발달에 긍정적인 효과를 준다.

3. 프로그램 연간계획

월	생활 주제	활동명	그림책	
4	봄과 동식물	건강하게 먹어요	건강하게 먹어요 지은이: 박보영 출판사:여원미디어	
			똥 먹은 사과 지은이: 임덕연 출판사: 휴이넘	
5	우리 동네	꼭꼭 씹어 먹어요	꼭꼭 씹어 먹어요 지은이: 김란주 출판사:여원미디어	
			지렁이가 흙 똥을 누었어 지은이: 이성실 출판사: 다섯수레	

월	생활 주제	활동명	그림책
6	건강한 여름	골고루 먹어요	골고루 먹어요 지은이: 서보현 출판사: 여원미디어
			상우네 텃밭 가꾸기 작가: 박소정 출판사: 길벗어린이
7	교통과 안전	너는 어디에서 왔니?	너는 어디에서 왔니? 지은이: 신연미 출판사: 여원미디어
			내가 키운 채소는 맛있어! 지은이: 김바다 출판사: 한림출판사
8	세계 속의 우리 나라	열두 달 우리 명절 음식	열두 달 우리 명절 음식 지은이: 강난숙 출판사: 여원미디어
			내가 조금 불편하면 세상은 초록이 돼요 지은이: 김소희 출판사: 토토북

책소개

꼭꼭 씹어 먹어요

글·그림: 김란주 | 출판사: 여원미디어

이빨로 씹는 것부터 시작하는 음식물의 소화는 여러 소화 기관을 거치면서, 어떻게 우리 몸에 에너지를 전달하는지 알 수 있게 해주는 책이다. 또한 그림책을 통해 음식물의 소화를 돕는 신체기관에 대해서도 구체적으로 알게 된다.

선정이유 '꼭꼭 씹어 먹어요' 그림책을 보고 여러 가지 활동을 하면서 음식을 꼭꼭 씹어 먹어야 함을 알고, 각 소화기관의 기능을 이해할 수 있게 된다.

5월 활동

음식물 씹는 횟수 조사하기　01

유아

생활주제	• 꼭꼭 씹어 먹어요
활동목표	• 음식물을 30회 씹어야 소화가 잘 된다는 사실을 안다. • 소화를 위해 음식을 꼭꼭 씹는 바른 식생활을 한다. • 음식물을 씹는 횟수를 관찰기록지에 작성한다.
누　리 과정요소	• 의사소통 > 읽기 > 책 읽기에 관심 가지기 • 신체운동·건강 > 건강하게 생활하기 > 바른 식생활하기 • 자연탐구 > 수학적 탐구하기 > 기초적인 측정하기
중 심 축 행동발달	• 언어화, 실행, 주도성, 문제해결
활동자료	• '꼭꼭 씹어 먹어요' 그림책, 음식, 식판, 수저와 포크, 음식물 씹는 횟수 기록지, 필기도구

191

활동내용	사전활동	• 평소 음식물을 얼마나 씹는지 이야기 나눈다.

사전활동

• 평소 음식물을 얼마나 씹는지 이야기 나눈다.
 - 음식을 왜 씹어 먹을까?
 - 우리는 음식을 몇 번 씹고 삼킬까?
 - 음식은 언제까지 씹어야 할까?
 - 잘 씹히는 음식과 그렇지 않은 음식은 뭐가 있을까?

도입

• '꼭꼭 씹어 먹어요' 그림책을 읽고, 내용을 보며 이야기 나눈다.
 - 소화가 뭘까?
 - 침은 어떤 역할을 할까?
 - 연동운동은 뭘까?
 - 음식은 몇 번 씹고 삼켜야 될까?
 - 소화가 잘 되었다는 걸 어떻게 알까?
 - 하루에 똥은 얼마만큼 눌까?
 - 오줌은 얼마나 눌까?

전개

• 점심으로 제공된 음식을 보며 이야기 나눈다.
• 음식을 먹으며 씹는 횟수를 세어본다.
 - 밥은 몇 번 씹고 삼길까?
 - 국은 씹어야 할까?
 - 음식물을 몇 번 씹고 삼켰니?
 - 씹기 어려운 음식이 있니?

• 음식을 씹은 횟수를 관찰기록지에 작성한다.
 - 음식을 30번 씹은 친구는 누구니?
 - 음식을 많이 씹으니 입안에 있는 음식물이 어떻게 달라졌니?
 - 음식을 씹으면 씹을수록 우리 입 안에 생기는 건 뭘까?

마무리

• 음식물 씹는 횟수 조사하기 활동을 평가하며 마무리한다.
 - 음식을 조금만 씹었을 때와 여러 번 씹었을 때 목 넘김이 어떻게 달랐니?
 - 음식이 잘 소화되었다는 걸 어떻게 알 수 있었니?

유의사항

• 점심 먹기 전 깨끗하게 손을 씻는다.
• 바른 자세로 앉아 먹을 수 있도록 이야기 나눈다.
• 다양한 음식을 먹어볼 수 있도록 상호작용 나눈다.

✚ 아동의 세계로 들어가기

교사가 가지는 규칙과 기대가 아동이 나타내는 사회정서적 기능 수준에 부합할 수 있다면 교사는 일상생활 속에서 아동의 협력을 더 잘 이끌어낼 수 있습니다. 아동과 놀이할 때 아동의 발달수준을 고려하여 할 수 있는 행동과 할 수 없는 행동을 살펴보며 놀이합니다. 만일 교사의 규칙과 기대가 너무 높다면 아동의 현재 사회정서능력에 맞도록 눈높이를 맞춥니다.

유아

음식물의 소화 과정

생활주제	• 꼭꼭 씹어 먹어요.
활동목표	• 우리 몸 속 소화기관을 안다. • 소화기관에 따라 하는 일을 구분한다. • 음식물이 소화되는 과정을 이해한다.
누 리 과정요소	• 의사소통 > 읽기 > 책 읽기에 관심 가지기 • 신체운동 · 건강 > 건강하게 생활하기 > 바른 식생활하기 • 자연탐구 > 탐구하는 태도 기르기 > 탐구 과정 즐기기
중 심 축 행동발달	• 언어화, 실행, 탐색
활동자료	• '꼭꼭 씹어 먹어요' 그림책, 소화기관 퍼즐, '냠냠 쩝쩝 꾸륵꾸륵 속 보이는 뱃속 탐험' 그림책, 음식물 소화 과정 교구
활동내용	**도입** • '꼭꼭 씹어 먹어요' 그림책을 읽는다. • 우리 몸의 소화기관 퍼즐 맞추기를 하며 이야기 나눈다. 　- 몸 속 소화기관은 어떤 것들이 있니? 　- 각각의 소화기관은 어떤 역할을 할까? **전개** • '냠냠 쩝쩝 꾸륵꾸륵 속 보이는 뱃속 탐험' 그림책을 보며 음식의 소화 과정에 대해 이야기 나눈다. 　- 입으로 들어간 음식은 어디로 여행을 갈까? 　 (식도 → 위 → 십이지장 → 소장 → 대장 → 항문) 　- 입안에서 볼 수 있는 것은 무엇이 있니? 　- 치아, 혀, 침은 소화에 어떤 도움을 줄까?

- 음식의 소화 과정을 조작하며 소화 과정에 대해 이야기 나눈다.
  - 음식이 다음으로 간 장소는 어디일까?
  - 음식이 '위'에 가서 어떤 운동을 할까?
  - 위에서 음식물은 어떻게 되었을까?
  - 위에서 소화가 안 되면 몸은 어떻게 될까?
  - 위에 나쁜 음식은 무엇일까?
  - 음식물이 소화되는 데 걸리는 시간은 얼마나 될까?

<table>
<tr><td>마무리</td></tr>
</table>

- 음식의 소화 과정 활동을 평가하며 마무리한다.
  - 우리가 먹는 음식은 어디로 이동했니?
  - 소화가 다 된 음식은 어떻게 되었니?
  - 우리 몸 밖으로 어떻게 배출되었니?

<table>
<tr><td>유의사항</td></tr>
</table>

- 소화기관 퍼즐 맞추기 활동 시 음식물의 이동 경로에 따라 순서대로 맞추어볼 수 있도록 한다.
- 활동이 끝난 후 제자리에 스스로 정리할 수 있도록 안내한다.

활동사진

 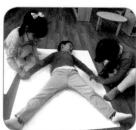 

✚ 아동의 방식대로 행동하고 대화하기

아동기는 아동들이 할 수 있는 일보다 할 수 없는 것이 많습니다. 자기 입장에서 생각하고, 가지지 못하면 떼를 쓰고, 감정이 상하면 바로 표출합니다. 혹시 아동과의 상호작용에 아동이 어른이 되기를 강요하지는 않으시나요? 아동이 자신의 정서와 감정을 먼저 느끼고 자신이 왜 그런 감정을 느끼게 되었는지 먼저 이야기하게 해보세요. 그리고 아동 수준에 적합한 기대로 아동을 바라봐주세요.

건강한 똥 책 만들기

03

생활주제	• 꼭꼭 씹어 먹어요
활동목표	• 음식물의 소화 과정과 배출 과정을 안다. • 건강한 똥에 대해 안다. • 음식물이 소화되어 똥으로 배출되는 과정을 책으로 만들어본다. • 우리 몸 속 소화기관을 안다.
누 리 과정요소	• 의사소통 > 쓰기 > 쓰기에 관심 가지기 • 자연탐구 > 과학적 탐구하기 > 물체와 물질 알아보기 • 신체운동·건강 > 건강하게 생활하기 > 바른 식생활하기
중 심 축 행동발달	• 의사소통, 주도성, 문제해결, 실행
활동자료	• 음식물의 소화 과정 그림 자료, 다양한 종이, 필기구류

활동내용

도입
- 음식의 소화 과정에 대해 다시 이야기 나눈다.
  - 음식이 위에서 어디로 내려갔을까?

    (음식 → 식도 → 위 → 소장 → 대장 → 항문 → 똥)
  - 소장은 어떤 곳일까?
  - 음식이 소장에서 다음으로 간 장소는 어디일까?
  - 대장은 어떤 곳일까?

전개
- 음식이 배출되는 과정에 대해 이야기 나눈다.
  - 대장에 있는 음식물 찌꺼기는 어디를 통해서 밖으로 나가니?
  - 음식이 소화되었다는 걸 어떻게 알까?
  - 음식이 소화되고 배출될 때를 어떻게 알까?
- 방귀를 뀌어본 경험에 대해 이야기 나눈다.
  - 배가 아팠던 적이 있니?
  - 방귀를 뀌어본 적 있니?

- 방귀는 왜 소리와 냄새가 날까?

- 방귀는 왜 나올까?

• 건강한 똥을 알고 책으로 만들어 친구들에게 소개한다.

- 건강한 똥이란 무엇일까?

- 물컹한 똥은 왜 나올까?

- 똥을 매일 누지 못하면 어떻게 될까?

- 하루에 똥은 얼마만큼 눌까?

유아

마무리

• 활동을 평가하며 마무리한다.

- 활동을 하면서 새롭게 알게 된 사실이 있니?

- 매일 건강한 똥을 싸려면 어떻게 해야 될까?

유의사항

• 음식을 씹는 것은 소화를 돕는 중요한 행동이기 때문에 밥과 반찬을 꼭꼭 씹어 먹을 수 있도록 교사가 본보기가 되어준다.

• 음식을 너무 오랜 시간 씹거나 물고 있는 행동은 치아에 안 좋은 영향을 미칠 수 있음을 알려주고 지도한다.

활동사진

RT 포인트

✚ 일상 중에 재미있게 상호작용하기

교사가 아동에게 하는 요청이나 제안에 대해 순응하기 보다는 떼를 쓰며 하지 않는 경우가 있습니다. 이럴 때는 아동에게 화를 내거나 혼내기 보다 일상을 게임으로 전환해보세요. 옷을 갈아입고 외출하는 것이 싫어 떼를 쓴다면 "자, 저기 우리 ○○이 방에 누가 먼저 가나 선생님이랑 내기할까? 방에 먼저 가서 옷을 꺼내는 사람이 이기는 거예요. 요이~ 땅"하며 게임으로 전환시켜 아동이 일상에 적극적으로 참여하게 해보는 것입니다. 아동은 이런 활동을 통해 자신을 조절하며 일상생활을 하는 능력을 발전시키게 됩니다.

퇴비 만들기

생활주제	• 꼭꼭 씹어 먹어요
활동목표	• 지구 환경에 관심을 갖는다. • 음식물 쓰레기를 재활용할 수 있다. • 과일 껍질로 유기농 퇴비를 만든다.
누 리 과정요소	• 자연탐구 > 탐구하는 태도 기르기 > 탐구기술 활용하기 • 자연탐구 > 과학적 탐구하기 > 생명체와 자연환경 알아보기 • 자연탐구 > 과학적 탐구하기 > 자연현상 알아보기
중 심 축 행동발달	• 탐색, 주도성, 문제해결
활동자료	• '지렁이가 흙 똥을 누었어' 그림책, 음식물 쓰레기(과일 껍질), 퇴비 만들 통, 발 효제, 식품 건조기, 퇴비 쌓기 그림 자료

활동내용

사전활동

• '지렁이가 흙 똥을 누었어' 그림책을 읽는다.
  - 땅 속 지렁이는 어떤 역할을 할까?
  - 지렁이가 흙을 건강하게 만드는 방법은 무엇일까?
  - 지렁이가 먹는 건 무엇일까?
  - 지렁이가 음식물을 먹고 싸는 것은 무엇일까?
  - 지렁이 똥이 건강한 흙을 만들어주는 이유는 무엇일까?

도입

• 음식물 쓰레기를 재활용할 수 있는 방법에 대해 이야기 나눈다.
  - 음식물 쓰레기는 어디로 갈까?
  - 음식물 쓰레기를 땅에 묻으면 어떻게 될까?
  - 음식물 쓰레기를 재사용할 수 있는 방법은 뭐가 있을까?

• 음식물 쓰레기를 다시 사용할 수 있는 방법을 조사한다.
  - 재활용할 수 있는 음식과 없는 음식에는 뭐가 있을까?
  - 재활용할 수 없는 음식물 쓰레기는 어떻게 해야 할까?
  - 과일 껍질, 채소 껍질을 다시 쓸 수 있을까?

전개	

- 과일 껍질을 발효시키는 사진 자료를 본다.
  - 과일 껍질을 어떻게 발효시킬 수 있을까?
  - 발효시키기 위해 필요한 것은 무엇일까?
- 과일을 먹고 남은 껍질을 모아 음식물 건조기에 넣고 건조되는 과정을 관찰한다.
  - 건조기 속 과일 껍질은 어떻게 변화되었니?
- 퇴비를 만들 통에 마른풀, 음식물(건조된 과일 껍질), 마른풀, 카파, 발효제 순으로 쌓는다.

마무리	

- 퇴비를 만든 후 활동을 평가하고 마무리한다.
  - 퇴비를 섞은 식물의 흙은 어떠니?
  - 퇴비를 넣은 식물과 그렇지 않은 식물과 비교하면 어떤 점이 다를까?
  - 활동하면서 어렵다고 느낀 점은 무엇이었니?
  - 활동하면서 즐거웠던 것은 무엇이니?

유의사항	

- 퇴비를 만드는 통은 유아가 열지 않도록 약속을 정한다.
- 발효제를 뿌릴 때에는 교사가 하도록 한다.

활동사진

 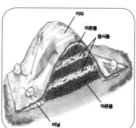 

RT
포인트

✚ 하나 주고 하나 받기

아동과의 일상생활 중에 아동의 반응을 얻기 위해 아동이 반응한 만큼 또는 그 이하의 행동 또는 언어를 주고 받아 보세요. 아동과 서로 주거니 받거니 하는 차례 중 교사가 하는 횟수나 길이를 조금씩 줄여보세요. 아동과 함께하는 상호작용은 단순하고 구체적인 행동이나 말로 이루어집니다. 교사는 자신의 차례를 마친 후에 아동의 자신의 차례를 수행할 때까지 기다려 줍니다. 아동의 발달정도는 특별히 교사와 놀이하는 동안 반응적인 교사의 상호작용을 통해 향상됩니다.

유아

나눔은 더하기 (÷=+)
프로그램

현대자동차
남양연구소
어린이집

1. 주제 선정 배경

아동기나 청소년기 나눔의 경험은 성인기의 나눔과 봉사 활동에 영향을 준다고 한다(김영옥, 홍혜경, 이현경, 이규림, 2014). 이 연구는 아동과 청소년기에 봉사 경험이 있는 사람의 66%가 성인이 되어서 봉사 활동에 참여하고 있는 반면, 어린 시절 봉사의 경험이 없는 사람이 성인이 되어서 봉사에 참여하는 경우는 33.2%에 불과하다고 밝히고 있다. 또한 국내연구에서도(서현선, 2005) 어린 시절 나눔의 경험과 교육이 성인이 되어서의 기부와 자원봉사 참여에 긍정적인 영향을 미치는 것으로 나타났다.

나눔 교육의 중요성과 당위성에 대한 인식은 과거에 비해 사회 전반으로 많이 확산되었다. 그러나 현실을 보면 여전히 학교와 가정, 그리고 사회에서 우리 아이들이 더불어 사는 삶, 즉 나누는 삶의 의미와 친사회적 가치를 교육받을 기회는 매우 제한적이다(이경은, 강철희,2007). 우리 어린이집은 나눔에 관한 프로그램을 소재로 선택하여 활동을 계획하고자 한다.

2. 프로그램의 기대효과

1) 유아기 시절 다른 사람에게 관심을 갖고 온정을 베푸는 행동, 즉 나눔이 습관화되면 유아기 시절뿐만 아니라 성인이 되었을 때 사회구성원 역할에도 긍정적인 영향을 끼친다.
2) '나눔은 더하기' 프로그램은 나눔의 가치를 알고 나눔을 몸소 실천해보는 프로그램이다. 일 년 동안 진행되는 프로그램을 통하여 유아가 나눔의 기쁨을 느끼고 친사회적 태도를 기른다.

3. 프로그램 연간계획

월	생활 주제	프로그램 주제	도담뜰 활동	그림책
3	어린이집과 친구	친구가 생겼어요	• 홍길동(가명) 어린이 1:1 결연 • 나눔 마인드맵	고마워, 정말 고마워! 글·그림: 카르마 윌슨 역: 장미란 출판사: 주니어RHK
4	봄 동식물과 자연	불편함을 이해해요	• 장애인의 날 • 내가 만약 불편하다면?	눈이 되고 발이 되어 글: 박윤규 그림: 유근재 출판사: 한솔수북
5	나와 가족	사랑을 나눠요	• 내가 할 수 있는 나눔 • 신체 쿠폰 나눔 • 솜사탕 희망 나눔	다다의 의자 글·그림: 송혜원 출판사: 한솔수북
6	우리 동네	이웃과 함께해요	• 우리 동네 청소 • 나눔 장터 • 우체국 견학 • 희망나무 사진전	우산이 제일 좋아 글: 제니퍼 로이드 그림: 애슐리 스니이퍼스 역: 김현하 출판사: 노란우산
7	건강한 안전	행복해요	• 1차 교사 봉사 꿈을 키우는 집 봉사 • 건강한 간식을 나눠요 • 미니 장터	행복한 의자 나무 글·그림: 랑 슈린 역: 박지민 출판사: 북뱅크
8	여름 교통기관	아름다운 세상	• 팝콘 요리 • 영화 '아름다운 세상을 위하여' 감상 • 2차 교사 봉사 꿈을 키우는 집 봉사	꽹과리 꽹 호랑이 글: 김향수 그림: 하효정 출판사: 한솔수북
9	가을과 열매	나눔으로 함께 행복한 우리	• 1:1 결연 아동과 편지 주고받기 • 결연 아동과의 행복한 만남	지구를 위한 한 시간 글: 박주연 그림: 조미자 출판사: 한솔수북

유아

다다의 의자

글·그림: 송혜원 | 출판사: 한솔수북

다다는 많은 의자들을 수집한다. 자신의 것이지만 필요한 동물 친구들에게 알맞게 나누어주었을 때 기뻐하는 친구들의 표정을 보면서 다다도 뿌듯해한다는 내용의 책이다.

선정이유 자신이 실천할 수 있는 나눔을 생각해보고, 가족에게 실천해보며 유아들이 다다처럼 나눔의 기쁨을 느낄 수 있을 것으로 기대하며 선정하였다.

5월 활동

내가 할 수 있는 나눔

01

생활주제	• 나와 가족
활동목표	• 그림책을 통해 나눔에 대해 관심을 갖는다. • '나눔'에 대한 자유로운 생각을 이야기 나눈다.
누 리 과정요소	• 의사소통 > 말하기 > 낱말과 문장으로 말하기 • 사회관계 > 나를 알고 존중하기 > 나를 알고 소중히 여기기
중 심 축 행동발달	• 공동주의, 사회적 놀이
활동자료	• '다다의 의자' 그림책, 포스트잇, 화이트보드, 보드마카

활동내용	도입 • '다다의 의자' 그림책을 읽고 이야기 나눈다.
	    - 주인공은 누구일까?
	    - 주인공은 지금 무엇을 하고 있니?
	    - 다다에게 무슨 일이 생긴 걸까?
	    - 의자를 나누어주었을 때 다다의 기분이 어땠을까?
	    - 내가 만약 다다였으면 어떻게 행동했을 것 같니?

전개

- 나눔을 했던 경험이 있는지 이야기 나눈다.
  - 다다와 같이 무엇인가를 나누어준 경험이 있니?
  - 꼭 물건만 나누어줄 수 있는 걸까?

- 우리 반에서 실천하고 싶은 나눔을 이야기 나눈다.
  - 어린이집에서 초록나무반 친구들과 함께 할 수 있는 나눔은 어떤 것이 있을까?
  - 포스트잇에 적어서 생각을 모아보자.
  - 비슷한 생각끼리 모아볼까?
  - 실천할 수 있는 나눔을 정리해보자.

마무리

- 초록나무반 또는 어린이집에서 할 수 있는 나눔 계획을 세운다.
  - 모금 활동을 하기 위해 우리가 어떻게 알릴 수 있을까?
  - 어떤 준비물이 필요하겠니?
  - 동생들과 함께 할 수 있는 나눔은 무엇이 있을까?

확장활동

- 나눔 모금함과 나눔 박스 그리고 모금 안내판을 만들어 현관 입구에 구성한다.
- 모금함과 나눔 박스에 물건이 얼마나 모였는지 알아본다.

활동사진

RT
포인트

✿ ✚ 하나 주고 하나 받기

아동은 교사와 같은 속도와 수준으로 상호작용할 수 있는 능력이 없습니다. 따라서 교사가 아동과 하나 주고 하나 받는 상호작용을 하기 위해서는 아동과 같은 수준으로 자신의 속도와 자극의 양을 줄여야 합니다. 이렇게 아동과 하나씩 조화를 이루며 아동의 수준대로 상호작용할 때 아동은 자신의 능력을 나타낼 기회를 빈번히 얻게 됨으로써 자신감과 통제감을 키울 것이고 교사도 아동과의 상호작용이 즐거워질 것입니다.

가족 쿠폰

생활주제	• 나와 가족
활동목표	• 가족을 대상으로 나눔을 실천할 수 있다.
누 리 과정요소	• 의사소통 > 말하기 > 느낌, 생각, 경험 말하기 • 사회관계 > 가족을 소중히 여기기 > 가족과 협력하기
중 심 축 행동발달	• 공동주의, 신뢰
활동자료	• 나눔 쿠폰

활동내용

도입
- 어버이날 부모님께 할 수 있는 나눔은 무엇이 있는지 알아본다.
  - 5월 8일은 무슨 날일까?
  - 작년 어버이날 기억이 나는 일이 있다면 친구들에게 말해보자.
- 부모님은 무엇을 좋아하시는지 찾아본다.
  - 부모님은 집에서 어떤 일을 가장 힘들어하시니?
  - 부모님 대신 내가 할 수 있는 일은 무엇일까?
  - 내가 어떻게 할 때 행복해하시니?

전개
- 초록나무반 나눔 쿠폰을 만든다.
  - 나눔 쿠폰 중 내가 실천할 수 있는 내용으로 쿠폰을 꾸민다.
  - 나눔 쿠폰 내용에는 어떤 것들을 적을 수 있을까?
  - ○○는 엄마 도와드리기 내용을 적었구나.
  - △△는 안마해드리기 나눔을 하고 싶구나.

마무리
- 유아가 만든 나눔 쿠폰을 가정으로 보낸다.
- 유아가 부모님께 나눔 쿠폰을 실천한 뒤 사진으로 찍어 미션 일기에 작성하도록 한다.
- 가정 연계 활동 후 미션 일기를 친구들 앞에서 발표한다.

- 어린이집에서 할 수 있는 나눔 쿠폰을 만들어본다.
- 나눔 쿠폰을 실행해보고 나의 마음이 어땠는지 이야기 나눈다.

활동사진

RT
포인트

✚ 아동의 세계로 들어가기

아동과 놀이할 때 아동을 세심하게 관찰하면서 아동이 다양한 상황에서 나타내는 미세한 표시와 소리를 주의 깊게 살핍니다. 아동에게 무엇을 하도록 제안하기에 앞서 먼저 아동의 행동을 관찰하면서 아동이 한 행동과 왜 그렇게 했을지 결과를 보고 아동의 행동과 의도 사이의 관계를 생각해봅니다. 예를 들어 비가 오는 날 아동이 빗소리를 들으며 신발장에서 비올 때 사용하는 우산이나 장화를 꺼냈다면 아동이 비오는 날 외출했던 기억을 떠올린 것이지요. 이렇게 일상의 상황과 연결하여 아동의 의도를 파악할 수 있습니다.

홍보지 만들기

생활주제	• 나와 가족
활동목표	• 홍보지의 기능에 대해 알 수 있다. • 솜사탕 나눔 활동을 알리는 홍보지를 만든다.
누 리 과정요소	• 예술경험 > 예술적 표현하기 > 미술 활동으로 표현하기 • 의사소통 > 말하기 > 느낌, 생각, 경험 말하기
중 심 축 행동발달	• 자신감, 표현성, 공동주의
활동자료	• 도화지, 다양한 필기도구

활동내용

도입

• 어린이날에 대해 이야기 나눈다.
- 어린이날은 어떤 날일까?
- 어린이날이 기다려지는 이유가 뭘까?
- 어린이날이 왜 기쁠까?
- 어린이날이 슬픈 친구들도 있을까?

전개

• 솜사탕 나눔을 위한 홍보지를 만든다.
- 홍보지에는 어떤 내용을 적을까?
- 어떤 색으로 만들어야 눈에 띌까?
- 어떤 문구를 적어야 사람들이 기억하기 쉬울까?

• 친구들이 만든 홍보지를 함께 본다.
- 전달하려는 내용이 잘 담겨 있는 홍보지는 무엇이니?
- 일시, 장소가 정확하게 적혀 있는지 보자.

마무리

마무리

- 교사는 홍보지를 스캔한 뒤 인쇄한다.
  - 몇 장을 인쇄해야 할까?

- 유아들과 함께 인쇄가 잘 되었는지 확인한다.
  - 색상이 잘 표현되었니?
  - 크기는 적당하니?

- 언제 홍보지를 들고 나갈지 정한다.
  - 몇 시에 어떤 장소에 사람들이 가장 많이 모일까?

활동사진

RT
포인트

✚ 아동의 행동에 의미있는 것처럼 반응하기

아동과 상호작용할 때 아동에게 질문을 하기보다는 사물의 이름을 말해주거나, 놀이를 할 때의 상황을 반영하여 말해주기, 아동과 함께하는 놀이가 즐겁고 재미있다는 것을 표현해 주면서 지금이 아동이 하고 있는 것과 관련된 정보를 제시해 줍니다. 예를 들어 아동이 나무에 무엇을 걸고 놀이를 하고 있다면 아동과 함께 걸기 놀이를 하면서 "○○이가 나무에 ○○를 걸었네." 하고 반응해주는 것입니다.

솜사탕 희망 나눔 거리 홍보

04

생활주제	• 나와 가족
활동목표	• 지역주민들에게 솜사탕 희망 나눔을 홍보한다. • 나눔의 방법을 실천해본다.
누 리 과정요소	• 사회관계 > 다른 사람과 더불어 생활하기 > 사회적 가치를 알고 지키기 • 의사소통 > 말하기 > 느낌, 생각, 경험 말하기
중 심 축 행동발달	• 협동, 공동주의
활동자료	• 유아들이 만든 솜사탕 희망 나눔 홍보지. 테이프

활동내용

도입
• 홍보를 나가기 전 유아들과 홍보하는 동선에 대해 이야기 나눈다.
  - 어디를 먼저 가는 것이 좋을까?
  - 그 장소에 가면 누굴 만날 수 있을까?
  - 만나는 사람에 따라 어떻게 이야기를 할까?
  - 어떤 사람에게 홍보지를 줘야 솜사탕을 사갈 수 있을까?

전개
• 벽보를 붙인다.
  - 사람들이 잘 볼 수 있는 높이에 붙여보자.
  - 테이프를 뜯을 때 손이 다치지 않게 조심하자.

마무리
• 만나는 동네 주민들에게 솜사탕 희망 나눔 행사를 알린다.
• 하원 시간에 어린이집 학부모에게 솜사탕 희망 나눔 행사를 알린다.

유의사항

• 경비 아저씨에게 벽보를 붙여도 되는지 허락을 맡은 뒤 지정된 장소에 붙인다.
• 나중에 정리할 수 있도록 붙인 장소를 기억한다.

활동사진

RT 포인트

✚ 아동의 행동에 의미있는 것처럼 반응하기

아동은 자신의 초기 언어적 행동이 다른 사람에게 영향을 미치는 정도에 따라 의도적인 의사소통도 하게 됩니다. 아동이 할 수 있는 행동이라면 그것이 무엇이든지 심지어 명확하지 않더라도 그것에 의미를 두고 반응해 주는 것이 필요합니다. 아동이 자신의 언어로 자신의 행동과 경험을 말할 때 우선 잘 들어줍니다. 그리고 "그래", "그랬어" 등과 같이 긍정적인 반응으로 피드백합니다. 예를 들어 어린이집에서의 경험을 이야기 하고자 한다면 즐겁게 들어줍니다. 그리고 아동이 의사전달하려는 것을 가치롭게 여긴다는 의미가 전달되도록 즐겁게 웃으며 반응해줍니다.

우산이 제일 좋아

글: 제니퍼 로이드 | 그림: 애슐이 스나이퍼스 | 역: 김현하 | 출판사: 제니퍼 로이드

엘라에게 우산은 본래 필요와 상관없이 그저 집착하는 장난감 같은 존재이다. 하지만 엄마의 호통에 못 이겨 우산을 나누어주러 간 그날, 갑작스런 소나기에 엘라는 우산의 진정한 역할과 필요성을 깨닫게 된다.

선정이유 그림책을 통해 아끼는 우산을 필요한 사람들에게 나누어주는 것의 서운함과 기쁨을 함께 느끼며 남을 돕는다는 것이 얼마나 즐겁고 뿌듯한 일인지 느낄 수 있게 하기 위해 이 도서를 선정했다.

6월 활동

어린이집 주변 청소   01

생활주제	• 우리 동네
활동목표	• 우리 동네를 위해 할 수 있는 나눔을 찾아본다. • 우리 동네를 위한 쓰레기 줍기 나눔을 실천한다.
누 리 과정요소	• 의사소통 > 말하기 > 느낌, 생각, 경험 말하기 • 사회관계 > 사회에 관심 갖기 > 지역사회에 관심 갖고 이해하기
중 심 축 행동발달	• 공동주의, 자기조절
활동자료	• 비닐 봉지, 위생장갑, 집게

활동내용

유아

도입
- 생활 주제와 관련하여 우리 동네를 위해 우리가 할 수 있는 나눔에 대해 생각해본다.
  - 우리가 살고 있는 곳은 어디니?
  - 우리 동네에는 어떤 것들이 있을까?
  - 우리 동네를 위해 할 수 있는 나눔은 어떤 것이 있을까?

전개
- 유아들의 생각을 모아 우리가 실천할 나눔을 정한다.
  - 우리 동네를 깨끗이 청소하는 것이 좋겠다.
  - 어떻게 청소를 하면 좋을까?
  - 나눔을 실천하기 전에 무엇을 준비해야 할까?
- 어린이집 주변을 산책하며 쓰레기 줍기 나눔을 실천한다.

마무리
- 나눔을 실천하고 난 느낌을 이야기 나눈다.
  - 쓰레기가 얼마나 모였니?
  - 우리 동네에 있는 쓰레기를 주우며 어떤 생각이 들었니?
  - 나눔을 실천했을 때 기분은 어떠니?
  - 깨끗해진 동네를 보면서 다른 사람들은 어떤 마음이 들까?

확장활동
- 우리 동네 이야기를 컷 동화로 만들어보기를 한다.

활동사진

RT 포인트

✚ 작은 행동에도 즉각적으로 반응하기

아동은 자신이 만들어내는 언어표현이나 행동에 의미있게 반응해줄 때 아동은 자신이 한 표현에 의도를 만들어 점차 결과를 기대하며 행동할 수 있게 됩니다. 아동이 만드는 모든 표현이나 몸짓은 의사소통이 될 수 있으므로 더욱 자주 즉각적으로 반응해줄수록 아동은 다른 사람과 상호관계 속에서 의미 있는 교환방식을 더욱 빨리 배우게 됩니다.

나눔은 더하기(÷ = +) 장터

생활주제	• 우리 동네
활동목표	• 희망 메아리를 통해 1:1 결연을 맺은 길동이(가명)를 위한 모금 활동을 할 수 있다. • 물건을 판매하는 과정을 통해 경제 개념을 경험할 수 있다.
누 리 과정요소	• 사회관계 > 다른 사람과 더불어 생활하기 > 사회적 가치를 알고 지키기 • 의사소통 > 말하기 > 느낌, 생각, 경험 말하기 • 자연탐구 > 수학적 탐구하기 > 기초적인 측정하기
중 심 축 행동발달	• 협동, 공동주의, 주도성, 문제해결
활동자료	• 유아들이 가정에서 가져온 물건 • 텃밭에서 수확한 고추(6~8개씩 포장함) • 부모 체험 코너 재료(리본핀, 머리띠 만들기, 가방) • 교사가 만든 머리띠, 리본 • 꽃표(물건을 살 때 사용하는 화폐 개념), 현수막, 모금함, 가격표 • 장터 음식(씨리얼, 음료, 부침개, 커피 등), 책상, 돗자리 등

활동내용

도입
- 장터의 환경 구성을 한다.
  - 가게마다 간판을 만들어 가게를 알리자. 어떤 이름이 좋을까?
  - 이 가게에는 어떤 물건들을 놓아야 할까?

전개
- 부모님과 함께 장터에 참여한다.
- 개인장터를 신청한 영유아는 한 코너를 맡아 판매를 한다.
  - 장터에서 팔 물건들을 소개해보자.
  - 이 물건은 얼마에 팔 거예요?

- 장터 물건 구입에 필요한 꽃표를 은행에서 산다.
  - 천원을 꽃표로 바꾸면 몇 장을 받을 수 있을까?
  - 가지고 있는 꽃표로 살 수 있는 물건들을 찾아보자.

- 먹거리 장터에서 음식을 사서 먹는다.
  - ○○는 어떤 음식을 먹고 싶니?
  - 누구와 나누어 먹을까?

- 체험 코너에서 머리띠 만들기를 체험한다.
  - 머리띠를 만들어 선물해줘도 좋겠구나.
  - 가위를 사용할 땐 조심해서 하자.

- 물건 장터에서 필요한 만큼 물건을 산다.

마무리
- 장터 활동을 해본 느낌을 이야기 나눈다.
  - 장터 활동을 해보니 어떤 점이 가장 재미있었니?
  - 나에게는 필요 없는 물건이 다른 친구들에게는 필요하다는 것을 알게 되었구나.

확장활동
- 장터에서 팔고 남은 물건 정리 후, 놀이터에서 미니 장터를 열어 지역 주민들에게 물건을 팔아보는 경험을 한다.

활동사진

RT 포인트

✚ 질문 없는 의사소통하기

아동과 상호작용할 때 아동에게 질문을 하기보다는 사물의 이름을 말해주거나, 놀이를 할 때의 상황을 반영하여 말해주거나, 아동과 함께하는 놀이가 즐겁고 재미있다는 것을 표현해 주면서 지금이 아동이 하고 있는 것과 관련된 정보를 제시해주는 것입니다. 예를 들어 아동이 나무에 무엇을 걸고 놀이를 하고 있다면 아동과 함께 걸기 놀이를 하면서 "○○이가 나무에 ○○를 걸었네."하고 반응해주는 것입니다.

유아

희망나무 사진전

03

생활주제	• 우리 동네
활동목표	• 나눔의 다양한 방법에 대해 관심을 갖는다. • 사진전 모금 활동을 통해 기부를 경험한다.
누 리 과정요소	• 사회관계 > 다른 사람과 더불어 생활하기 > 공동체에서 화목하게 지내기 • 예술경험 > 예술적 표현하기 > 예술 활동으로 표현하기
중 심 축 행동발달	• 협동, 자신감, 표현성
활동자료	• 카메라, 유아들의 활동 사진, 나무집게, 포스터, 모금함

활동내용	**도입**	• 유아들과 모금 방법을 생각해본다. 　- 영식이를 돕기 위해 우리가 물건을 사려면 돈이 필요하구나. 　- 돈을 모으려면 어떤 방법이 있을까?
	전개	• 어린이집에서의 활동 사진을 인화하여 사진전을 하기로 한다. 　- 사진을 어디에 게시하면 가장 잘 볼 수 있을까? 　- 현관 나무에 사진을 걸어 부모님들이 등·하원 때 볼 수 있도록 하자. • 희망나무 사진전 기부금의 사용처를 부모에게 안내한다. 　- 우리가 희망나무 사진전 포스터를 만들어 이젤에 게시하자. 　- 부모님께 모금한 돈을 어떻게 사용할 것인지 설명해줄 수 있겠니? • 교사는 유아의 어린이집 활동 사진을 인쇄하여 나무에 전시한다. 　- 나무집게로 나무에 사진을 달아보자.

마무리

- 모금함 통을 배치한다.
- 사진전 완료 후 모금된 금액을 정리하여 학부모에게 안내한다.

확장활동

- 사진전에 사용된 사진은 교실 앨범으로 사용한다.

활동사진

RT 포인트

✿ ✚ **질문 없는 의사소통하기**

아동은 교사나 어른들의 지시를 따르기 보다 스스로 무언가를 해보려고 시도하거나 교사를 이끄는 활동을 좋아합니다. 주도성이 있는 아동은 자신의 놀이방향을 스스로 선택하고 결정합니다. 교사는 아동이 가장 관심이 있어 하고 아동이 주도하는 활동을 지지해 줍니다. 아동의 반응이 느리더라도 기다려주며 놀이에 참여함으로써 아동의 주의를 끌 수 있고 아동은 이러한 경험을 통해 통제감을 발달시킬 수 있습니다.

내 꿈을 찾아 떠나는 직업 탐험 여행

현대자동차
남양연구소
어린이집

1. 주제 선정 배경

유아기 직업에 대한 가치관은 성인이 전달하는 정보에 의존하여 형성된다. 또한 유아기는 직업의 중요성이나 다양성을 인식하여 미래 직업에 대한 꿈을 키우기에 가장 기초적인 시기이다. 따라서 유아들이 놀이나 여러 체험으로 다양한 직업을 경험해보며 이 사회의 한 구성원으로서 직업에 대한 올바른 가치관과 태도를 기를 수 있도록 하는 것이 필요하다.

5세 누리과정의 사회관계 영역에서는 '자신을 존중하고 다른 사람과 더불어 생활하는 능력과 태도를 기른다'를 목표로 설정하였다. 세부 내용은 '내가 할 수 있는 일을 스스로 한다, 다양한 직업에 관심을 갖는다.' 등으로 구성되어 있다. 이와같이 누리과정에서도, 유아가 자율성과 주도성을 기르며, 다양한 직업의 세계를 알아봄으로써 사회·경제적으로 우리 사회가 유지되는 기초적인 원리에 대해 이해하는 것을 중요하게 다루고 있다.

'현대자동차남양연구소 어린이집'은 부모가 동일 직장에서 대부분 같은 업종에 종사하고 있고, 또한 영아기부터 가정과 어린이집이 밀접하게 연계되어 있어 다양한 직업에 노출될 기회가 적었다. 남아들의 경우 만 4세 때부터 자신의 미래 직업에 대한 선호도가 부모의 직업군으로 매우 편중되는 경향이 있었고, 다른 직업에 대해서는 소극적인 관심과 태도를 나타냈다.

따라서 이 프로그램을 통하여 다양한 직업을 직·간접적으로 경험해보고, 직업과 자신에 대한 이해를 구체적으로 형성해갈 수 있도록 진행하고자 한다.

2. 프로그램의 기대효과

1) 유아들이 다양한 직업에 대해 흥미를 갖고, 각 직업이 갖는 고유의 역할, 중요성, 필요성에 대한 이해를 넓힐 수 있다. 미래 사회에는 더욱 다양한 직업이 있음을 이해하며 직업에 대한 올바른

가치관과 태도를 기를 수 있다.

2) 만 5세 유아들이 직업 탐험을 하며 유능감을 기르고, 자신에 대해 올바르게 인식과 긍정적인 자아 개념을 형성할 수 있게 된다.

3) 유아가 미래 사회의 유능한 인재로서 진로를 탐색하고 민주 시민의 기초를 형성하도록 돕는다.

3. 프로그램 연간계획

월	생활 주제	활동명	그림책
4	봄과 동식물	1. 나를 알아요 2. 농업 분야 - 농부 3. 예술 분야 - 디자이너 4. 직업 체험 (견학)	어른이 되면 글: 다니엘 포세트 그림: 샤를로트 라바론 출판사: 한솔교육
5	소중한 가족	1. 우리 가족이 하는 일 - 우리 가족의 직업 소개 - 나는 우리 가족 슈퍼맨! 2. 소비자 경제 분야 직업- 요리사 - 마법의 제빵사가 되어요 3. 서비스 분야 직업 - 선생님 - 선생님이 최고야! - 나는 ○○선생님이 될래요 4. 직업 체험 (군평항 견학) - 어촌 마을의 직업	도토리 마을의 빵집 글·그림: 나카야 미와 역: 김난주 출판사: 웅진 주니어 우리 선생님이 최고야 글·그림: 케빈 행크스 역: 이경혜 출판사: 비룡소
6	우리 동네	1. 공공 서비스 직업 - 환경미화원 - 우리 동네 직업 찾아보기 - 고마운 직업 동시 - 고마운 직업을 가진 분들께 감사 편지 전달하기 2. 경영 분야 직업 - 상품 판매원 - 우리 동네 장터놀이 - 우리 가게 포스터 - 3종 쿠키 만들기 - 시원한 여름 부채 - 우리 가게 성공 전략! 3. 직업 체험(행사) - 꿈을 나누는 장터	잠꾸러기 수잔의 토마토 글·그림: 히로노 다카코 역: 박숙경 출판사: 한림 행복한 청소부 글: 모니 카페트 그림: 안토니 보라틴스키 역: 김경연 출판사: 풀빛

월	생활 주제	활동명	그림책
7	우리 동네 / 신나는 여름	1. 과학 분야 직업-의사, 의사 　- 수의사 모습이 궁금해요 　- 동물사랑 수의사 　- 의사 선생님이 돼요 2. 예술 분야 직업-운동선수 　- 내가 잘하는 운동 소개하기 　- 초록나무 올림픽 3. 직업 체험 　- 마도 보건소 방문 　- 문화관 체육시설에서 운동 경기	모그와 수의사 글·그림: 주디스 커 역: 문영식 출판사: 한솔교육 치과 의사 드소토 선생님 글·그림: 윌리엄 스타이그 역: 조은수 출판사: 비룡소 동물들의 첫 올림픽 글·그림: 문종훈 출판사: 웅진 주니어
8	교통과 안전	1. 공학 분야 직업-건축가 　- 세계의 유명한 건축물 감상 　- 트리하우스 원목 블록으로 집짓기 　- 재활용품 빌딩 지어보기 　- 우리 동네 피라미드 집 찾기 2. 공학 분야 직업-자동차 설계 디자이너 　- 나만의 특별한 자동차 　- 초록나무반 모터쇼 　- 특별한 자동차 찾기 3. 직업 체험 (견학) 　한국 잡월드, 삼성교통박물관 견학	특별한 자동차를 가지고 싶어요 글: 새·상 이야기 그림: 김상덕 출판사: 키움북스 아기 늑대 세 마리와 못된 돼지 글·그림: 유진 트리비자스 출판사: 시공 주니어
9	교통과 안전 / 세계 속의 우리나라	1. 예술 분야 직업-화가 　- 미술 영역: 나의 꿈을 그려요 　- 대소집단 활동: 우리들의 직업 백과사전 만들기 2. 언론·문학 분야 직업-작가 　- 언어 영역: '나의 꿈' 동시 지어보기 　- 음률 영역: '꿈' 노래 개사하여 부르기 　- 대소집단 활동: 내 미래 모습 인터뷰 3. 직업 체험 (견학) 　- 경찰서 견학	도서관 생쥐 2 글·그림: 다니엘 커크 역: 박선주 출판사: 푸른 날개 그리미의 꿈 글·그림: 레오 리오니 역: 김서정 출판사: 마루벌

어른이 되면

글: 다니엘 포세트 | 그림: 샤를로트 라바론 | 역: 이정주 | 출판사: 한솔교육

어른이 되면 어떤 직업을 가진 사람이 될지 주인공이 상상하는 다양한 꿈과 직업에 대해 어린이의 눈높이로 이야기를 한다. 내가 하고 싶은 일이 있지만 어린이라서 할 수 있는 일의 한계가 있고, 나중에 지금보다 더 큰 꿈을 이룰 거라는 기대를 하게 된다.

선정이유 '어른이 되면'은 어른이 되면 무엇이 될지 상상해보고, 내가 좋아하는 일과 잘하는 일이 무엇인지 생각하여 나의 꿈을 찾는 과정을 이해하는 데 도움이 된다.

유아

4~5월
활동

내가 잘하는 것 소개하기   01

생활주제	• 나와 직업의 이해
활 동 명	• 내가 잘하는 것 소개하기
활동목표	• 동화를 읽으며 내가 할 수 있는 일에 대해 관심 가진다. • 어른이 되었을 때의 모습에 기대하는 마음을 가진다.
누 리 과정요소	• 의사소통 > 읽기 > 책 읽기에 관심 가지기 • 의사소통 > 말하기 > 느낌, 생각, 경험 말하기 • 사회관계 > 나를 알고 존중하기 > 나를 알고 소중히 여기기
중 심 축 행동발달	• 공동주의, 언어화, 사회적 놀이
활동자료	• '어른이 되면' 그림책, 색도화지, 색연필, 하트 풍선, 리본 끈

활동내용	사전활동	• '어른이 되면' 그림책을 읽고, 내용에 대해 이야기 나눈다.

• '어른이 되면' 그림책을 읽고, 내용에 대해 이야기 나눈다.
  - 주인공은 어른이 되면 어떤 사람이 되고 싶다고 했니?
  - 지금 주인공이 할 수 있는 일은 무엇이었니?
  - 이 친구처럼 나중에 하고 싶은 일이 있니?

도입

• 자신이 잘하는 것을 생각해보며 이야기 나눈다.
  - 우리가 잘할 수 있는 일은 무엇일까?
  - 내가 가장 좋아하는 일, 잘하는 일이 무엇인지 소개해볼까?

• 유아들의 개별 사진과 활동을 소개한다.

전개

• 자신에 대해 글과 그림으로 표현한다.
  - 내 사진을 어떻게 꾸미면 좀 더 멋진 사진이 될까?
  - 친구들에게 나를 소개하려면 어떤 내용을 알려야 할까?
  - 내가 가장 좋아하는 일은 무엇이니?

• 친구들에게 자신을 소개한다.
  - 우리 반 친구들에게 나에 대해 소개해보자.
  - 친구들이 나중에 어른이 되면 어떤 사람이 되고 싶다고 했니?
  - 친구가 좋아하는 일에 대해 어떻게 생각하니?
  - 내가 잘하는 일과 친구가 잘하는 일이 같니?

마무리

• 자신이 잘하는 일을 더 잘하려면 어떻게 해야 하는지 이야기
  나눈다.
  - 우리가 잘하는 일을 앞으로 더 잘하기 위해서는 어떻게 해야 할까?
  - 우리가 지금 할 수 있는 일은 무엇일까?
  - 어른이 되서 꿈을 이루면 기분이 어떨 거 같니?

확장활동

• 유아들이 알고 있는 다양한 직업을 마인드맵으로 표현한다.
• 풍선 위에 자신이 잘하는 것, 미래 꿈을 써서 하늘로 날려본다.
• 도담뜰에 다양한 책 속에서 만난 직업에 대한 자신의 생각을
  써본다.

유의사항	• 유아들이 서로 간에 잘하는 일을 존중할 수 있도록 안내한다.
	• 여러 가지 직업에 대해 성역할, 선입견 등이 형성되지 않도록 확장적 사고로 상호작용한다.

활동사진

활동평가

• 유아들의 사진을 부착한 색도화지를 제시하여 그 위에 자신이 잘하는 것과 좋아하는 것을 자유롭게 글과 그림으로 표현하였다. 친구들 앞에서 자신이 잘하는 것을 자신 있게 소개해 보았고 내가 잘하는 것과 친구가 잘하는 것이 서로 다름을 이해할 수 있었다. 또한 유아들이 소개하는 시간을 가지면서 노래를 부르거나 발레, 축구 등으로 신체 표현을 하며 적극적으로 잘하는 것을 소개하며 자신감을 가졌다.

RT 포인트

 질문 없는 의사소통하기

아동과 일상 중에 놀이를 할 때 질문을 하지 말아 봅니다. 질문을 많이 하면 할수록 아동은 자신의 놀이 활동을 주도하는 기회가 줄어들게 되고 놀이에 방해를 받거나 흐름이 끊기게 됩니다. 이를 위해서 교사는 아동이 하는 활동을 통제하거나 아동에게 지시하는 횟수를 줄여 아동이 놀이에 자발적으로 참여하고 탐색할 수 있도록 합니다. 놀이를 통해 얻어진 자발성은 문제에 직면했을 때, 같은 장난감으로 다른 놀이를 할 때도 스스로 주도적으로 시도해보게 합니다.

유아

그리미의 꿈

글·그림: 레오 리오니 | 역: 김서정 | 출판사: 마루벌

생쥐 부부는 외아들 그리미가 의사가 되길 원하며 기대가 컸지만, 그리미는 미술 관에서 그림을 본 후 화가가 되기로 결심을 하고 꿈을 키워 나간다. 훗날 자신의 미술 작품에 '나의 꿈'이라고 작품명을 짓고 꿈을 이룬 행복감을 느끼게 된다.

선정이유 '그리미의 꿈'은 다양한 예술 분야 직업을 이해하고, 넓은 세상 속에서 스스로 꿈을 발견 해 나가는 즐거움을 갖게 한다.

4월 활동

가방 디자이너가 되어요

02

생활주제	• 나와 직업의 이해
활 동 명	• 가방 디자이너가 되어요.
활동목표	• 에코백을 디자인하며 가방 디자이너에 관심을 갖는다. • 디자인 패션쇼를 경험한다.
누 리 과정요소	• 사회관계 > 나를 알고 존중하기 > 나의 일 스스로 하기 • 예술경험 > 예술적 표현하기 > 미술 활동으로 표현하기 • 예술경험 > 예술적 표현하기 > 극놀이로 표현하기
중 심 축 행동발달	• 사회적 놀이, 자신감, 표현성
활동자료	• '그리미의 꿈' 그림책, 에코백, 패브릭 전용 크레용

활동내용	유아

사전활동

- '그리미의 꿈' 그림책을 읽어보고, 예술 관련 직업에 대해 이야기 나눈다.
  - 생쥐 부부와 그리미는 각자 어떤 꿈이 있었니?
  - 미술관에 간 그리미는 어떤 생각이 들었을까?
  - 그리미처럼 미술을 좋아하는 사람들은 어떤 일을 할 수 있을까?
  - 화가와 디자이너는 어떤 점이 다를까?

도입

- 다양한 디자인의 에코백을 사진으로 감상한다.
  - 이런 모양의 가방을 본 적 있니?
  - 이런 가방을 '에코백'이라고 한단다.
  - 가방마다 디자인이 다양한데, 가장 마음에 드는 건 어떤 거니?
- 에코백 디자인 활동에 대해 소개한다.

전개

- 가방 디자이너 직업에 대해 알아본다.
  - 가방 디자이너는 어떤 일을 하는 사람일까?
  - 가방 디자이너는 무엇을 잘해야 할까?
  - 가방 디자이너는 어떤 것에 관심이 많을까?
  - 또 어떤 그림을 그리는 디자이너가 있을 거 같니?
- 도화지에 내가 꾸미고 싶은 에코백의 밑그림을 그린다.
  - 가방 디자이너가 된다면 어떤 가방을 만들고 싶니?
  - 이 에코백에 어울리는 그림은 어떤 그림일까?
  - 가방을 만들기 전에 먼저 종이 위에 내가 만들고 싶은 가방의 모양을 그려보자.
- 무지 에코백 위에 패브릭 크레용을 이용해 디자인 그림을 그린다.
  - 에코백 위에는 어떤 도구로 그림을 그려야 할까?
  - 사인펜으로 그림을 그리게 되면 어떻게 될까?
  - 에코백 위에 그린 그림들이 지워지지 않으려면 어떻게 해야 할까?

마무리

- 자신이 디자인한 에코백을 친구들에게 소개한다.
  - 자기가 디자인한 에코백을 어떻게 생각하니?
  - 에코백에 이 그림을 그린 이유가 있니?
  - 다른 사람들은 이 가방에 대해 어떻게 생각할까?
  - 어른이 돼서 내가 가방 디자이너가 된다면 어떤 기분일까?

확장활동	• 가방 패션쇼를 꾸미며 패션모델이 되어 풍선 런웨이를 걸어본다.
	• 런웨이에서 다양한 포즈를 취하며 나만의 에코백을 소개한다.

유의사항	• 에코백에는 패브릭 전용 크레용을 사용하여 번짐을 예방한다.
	• 미술 활동과 관련한 직업에는 화가뿐만 아니라 다양한 분야의 디자이너가 있음을 안내한다.

활동사진

활동평가

• 유아들이 의상 디자이너에 대해서는 관심이 있었는데, 다양한 에코백 디자인을 감상하며 가방 디자이너도 있음을 이해하게 되었다.

• 유아들이 직접 가방 디자인을 해보았는데, 선뜻 나서서 그림 그리기를 어려워하는 유아들이 있어서, 에코백 디자인 사진을 참고하여 유아들이 부분적으로 모방하며 자신만의 디자인으로 표현할 수 있도록 격려하였다. 이를 통해 각자 개성 있는 에코백이 완성될 수 있었다.

• 확장 활동으로 유아들이 패션모델이 되어서 에코백 가방 패션쇼를 개최하여 자신의 가방을 들고 런웨이를 걸어보며, 가방을 뽐낼 수 있는 자신 있는 포즈도 취해보았다.

• 활동을 통해 가방 디자이너, 패션모델 직업을 동시에 경험해보며 직업에 대한 관심을 넓힐 수 있었다.

RT 포인트

✚ **아동의 방식대로 행동하고 대화하기**

교사는 아동이 장난감과 사물을 자신만의 방법으로 놀이하고 주도할 수 있는 기회를 제공합니다. 가장 중요한 것은 아동이 사물을 가지고 자신의 방법대로 주도하며 놀이를 할 수 있도록 해주는 것입니다. 이를 통해 아동은 주도성을 향상시켜 나갈 수 있습니다.

도토리 마을의 빵집

글·그림: 나카야 미와 | 역: 김난주 | 출판사: 웅진주니어

도토리 마을에 사는 주인공 코페와 쿠페가 빵집 부모님을 돕기 위해 아이디어를 내 새로운 빵을 만들어내고 판매를 하게 된다. 제빵사의 노력으로 빵집에서 빵이 어떻게 만들어지는지 그 과정들을 흥미롭게 알게 된다.

선정이유 '도토리 마을의 빵집' 그림책을 통해 도토리 마을 이웃들의 생활 모습과 '제빵사' 직업을 이해하고, 부모님이 하는 일에 대해 이해할 수 있다.

5월 활동

우리 가족이 하는 일

03

생활주제	• 가족의 직업
활 동 명	• 우리 가족이 하는 일
활동목표	• 엄마, 아빠가 하는 일과 직업에 관심을 가진다. • 엄마, 아빠를 위해 내가 할 수 있는 일을 알고 실천한다.
누 리 과정요소	• 사회관계 > 나를 알고 존중하기 > 나의 일 스스로 하기 • 사회관계 > 가족을 소중히 여기기 > 가족과 협력하기 • 자연탐구 > 과학적 탐구하기 > 간단한 도구와 기계 활용하기
중 심 축 행동발달	• 사회적 놀이, 신뢰, 주도성, 문제해결
활동자료	• '도토리 마을의 빵집' 그림책, 가족사진, 샌드위치 만들기 재료 등

| 활동내용 | 사전활동 | • 유아의 부모님들이 하는 일에 대해 알아본다. |

사전활동

• 유아의 부모님들이 하는 일에 대해 알아본다.
- 부모님이 어떤 일을 하는지 알고 있니?
- 부모님이 하는 일에 대해 어떻게 생각하니?
- 친구 부모님이 하는 일 중에 관심 있는 직업이 있니?
- 같은 회사에 다니고 있어도 사람마다 하는 일은 다양하단다.

도입

• '도토리 마을의 빵집' 그림책을 읽어보고, 책 내용에 대해 이야기 나눈다.
- 이 그림책에서는 어떤 일을 하는 사람들이 있었니?
- 쿠페와 코페는 왜 빵을 만들었을까?
- 쿠페와 코페가 만든 빵은 도토리 마을에서 어떻게 되었니?

전개

• 제빵사 직업에 대해 이야기 나눈다.
- 제빵사는 어떤 일을 하는 사람일까?
- 내가 만약 제빵사가 된다면 어떤 빵을 만들어보고 싶니?
- 부모님을 위한 빵이라면 어떤 빵을 만들면 좋을까?
• 부모님을 위한 사랑의 샌드위치 만들기를 소개한다.
• 요리 재료를 이용해 사랑의 샌드위치를 만들어본다.
- 샌드위치에 들어가는 재료에는 어떤 것들이 있을까?
- 재료들이 잘 담아지려면 어떻게 해야 할까?
- 샌드위치를 좀 더 맛있게 만들기 위해서는 어떻게 하면 좋을까?
• 샌드위치를 포장하고 사랑의 편지를 써본다.
- 샌드위치를 어떻게 포장하면 좋을까?
- 부모님을 위해 어떤 사랑의 메시지를 써주고 싶니?
- 부모님이 우리가 만든 샌드위치를 드시면 어떤 기분일까?

마무리

• 가정에서 부모님을 위해 할 수 있는 일에 대해 이야기 나눈다.
- 어버이날을 맞이해서 부모님을 위해 어떤 일을 할 수 있을까?
- 부모님을 대신해서 내가 할 수 있는 일은 무엇이 있을까?
• 어버이날 행사를 준비한다.
- 우리가 준비한 샌드위치를 부모님께 어떻게 전달하면 좋을까?

확장활동

• 어버이날 행사로 부모님을 초대하여 유아들이 만든 사랑의 샌드위치를 직접 전달한다.
• 부모님을 위한 일을 하며 '우리 가족 슈퍼맨'이 되어본다.
• 부모님을 초청하여 부모님이 하는 일에 대해 알아본다.

유아

유의사항

- 샌드위치를 만들기 전에 손을 깨끗이 씻고 요리 활동 옷을 입고 준비한다.
- 샌드위치를 포장용기에 담을 때 수준에 따라 교사의 도움을 받아 용기에 담도록 한다.

활동사진

활동평가

- 유아들 부모님의 직업에 대해 알아보고 소개해보는 시간을 가졌는데, 어머님들의 직업은 현대자동차 직원으로 거의 비슷한 일에 종사하였고, 아버님들의 직업은 교수, 소방관, 공군 등 다양하게 나타나서, 유아들이 여러 직업에 흥미롭게 관심을 가지게 되었다.
- '도토리 마을의 빵집' 그림책이 가족 동화이며 제빵사 직업에 대한 내용을 담고 있어서, 제빵사와 관련된 연계 활동들이 진행되었다.
- 주인공 코페와 쿠페처럼 유아들이 부모님을 위해 사랑의 샌드위치를 만드는 '제빵사' 직업을 경험해보았다. 부모님을 위한 요리를 만드는 것이어서 유아들이 좀 더 정성을 다해 요리 활동에 임하는 모습을 보였다. 자신들이 제빵사가 되어 만드는 것이라고 생각하며 유아들이 직접 샌드위치를 만들고 포장하는 과정까지 진행하였다. 완성된 샌드위치가 동네 빵집에서 판매하는 샌드위치의 모습과 같다며 "진짜 제빵사가 된 거 같아요! 팔아도 될 거 같아요!"라고 말하며 일의 성취감을 느껴볼 수 있었다.

RT 포인트

✚ **아동의 세계로 들어가기**

교사의 기대가 아동의 생물학적인 성향과 기질에 맞게 부합하고 조화를 이룰 때 아동은 더욱 쉽게 행동할 수 있게 되고 더욱 협력할 수 있도록 만듭니다. 교사는 아동이 수행한 행동의 의도나 목적을 그대로 표현하면서 아동이 하는 활동이나 의사소통을 보다 복잡한 형태도 발전시킬 수 있습니다. 이를 통해 아동이 자신의 행동을 잘 통제할 수 있는 능력을 발달시킴에 따라 교사는 점차적으로 아동과 의견 일치를 보이거나 기대를 증가시킬 수도 있습니다.

책이랑 자연이랑 과학이랑 with me

1. 주제 선정 배경

유아가 자연과 만나는 경험은 매우 중요하다. 자연환경은 아이들이 보다 창의적이며 반성적인 사고자가 될 수 있도록 돕는 공간이며, 나아가 협동 작업의 기회를 갖게 하고, 유아 간 의사소통을 원활히 하게 한다. 오감을 통해 자연을 직접적으로 체험하고 경험함으로써 유아들은 자신을 자연 안에서 볼 수 있고, 자신을 둘러싸고 있는 자연을 친근감 있게 대면할 수 있게 된다. 그런 자연친화 교육은 '직접적'이고 '일상적'인 체험을 통해 이루어져야 되며, 가장 좋은 방법 중의 하나는 산책이라 할 수 있다.

주변을 산책하면서 볼 수 있는 자연물에 대해 흥미를 유발할 수 있도록 하며, 유아들이 직접 찾아보고 탐색하며 유아들이 관찰한 내용을 바탕으로 각 유아 주도적으로 유아만의 특색 있는 자연도감을 만들어보며 통합적 접근이 이루어질 수 있도록 하고자 한다.

2. 프로그램의 기대효과

1) 그림책에서 반복적으로 등장하는 자연에 관심을 가지고 간접적으로 경험하고 생태적 감수성을 기를 수 있다.
2) 도감 만들기 활동을 통하여 유아의 표상, 탐색, 예술성 수준을 높이고 미술표현 활동을 증진시킨다.
3) 자연물을 탐색하는 기회를 제공하여 유아들이 지역사회 안의 자연을 경험할 수 있다.
4) 자연이 선사하는 놀이를 즐기며 자연과의 공존, 생명 존중에 대해 생각해볼 수 있게 한다.
5) 자연현상 이해를 돕고 자연의 고마움과 생명 존중, 더불어 살아가는 관계적 가치를 인식한다.

▶ 프로그램의 추진 과정

1단계
전년도 프로그램
교사 평가

- 전년도 중점 프로그램 교사 평가
- 평가를 토대로 자료 분석

2단계
도담뜰 프로그램
방향 협의

- 그림책을 매개로 아동, 학부모, 교사 모두에게 의미 있는 활동과 연계 교육이 이루어질 수 있는 전개 방안 협의

3단계
연간 활동 계획 및
동화 선정

- 5가지 범주(오감각, 인성, 생태, 나눔, 예술)의 활동이 산책과 일상 생활에서 실행 가능하도록 연간 활동 계획
- 그림책을 매개로 한 전체적인 활동 방안 선정
- 매월 주제에 맞는 그림책 선정

4단계
가정 내
도담뜰 프로그램 안내

- 신학기 오리엔테이션을 통해 도담뜰 프로그램의 취지와 목적 및 세부 활동 방법 안내

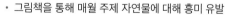
5단계
도담뜰 프로그램
실행

- 그림책을 통해 매월 주제 자연물에 대해 흥미 유발
- 산책 시 자연물을 유아 스스로 탐색 및 관찰
- 자연물을 이용해 통합적 놀이 개발 및 진행
- 유아들이 관찰한 주제 자연물을 도감에 기입

6단계
도담뜰 프로그램
평가

- 활동을 문서화하여 그림책 선정의 적절성 및 활동의 수정, 보완점 평가

유아

3. 프로그램 연간계획

월	생활 주제	활동명	그림책
3	어린이집 실외 놀이터 '꽃눈'	• 그림책 읽기 • 꽃눈 찾기 • 꽃눈 관찰하기 • 꽃눈 도감 만들기	내가 꽃을 피웠어요 글:정일근 그림: 정혜정 출판사:가교
4	서대문 문화체육회관 '진달래'	• 그림책 읽기 • 진달래 찾기 • 진달래 관찰하기 • 진달래를 이용한 신체표현하기 　(꼬꼬 닭 놀이) • 진달래 도감 만들기	심술꾸러기 까꾸 글: 프레데릭 디르 그림: 코랄리 갈리부로 역: 정선민 출판사: 더큰
5	서대문 자연사박물관 공룡놀이터 '토끼풀'	• 그림책 읽기 • 토끼풀 찾기 • 토끼풀 관찰하기 • 꽃반지, 꽃팔찌 만들기 • 토끼풀 도감 만들기	토끼는 숨기쟁이 글: 마쓰노 마사코 그림: 후루카와 노무코 역: 이기웅 출판사:길벗어린이
6	서대문 '홍제천'	• 그림책 읽기 • 물 찾기 • 홍제천 관찰하기 • 홍제천과 빈병을 이용해 물실로폰 만들기 • 물실로폰 자유롭게 연주하기 • 홍제천(물실로폰) 도감 만들기	지금 연못에는 글: 프랭크 세라피니 구성: 프랭크 세라피니 역: 김유리 출판사: 키즈엠
7	서대문 홍제천 '강아지풀'	• 그림책 읽기 • 강아지풀 찾기 • 강아지풀 관찰하기 • 강아지풀로 풀피리 불기 • 강아지풀로 풀씨름 하기 • 강아지풀 도감 만들기	우포늪이 왁자지껄 글·그림: 이인식 출판사: 한솔교육
8	서대문 홍제천 '민물고기'	• 그림책 읽기 • 민물고기 찾기 • 민물고기 관찰하기 • 민물고기에게 밥 주기 • 민물고기 도감 만들기	무지개 물고기 글·그림: 마르쿠스 피스터 역: 공경희 출판사: 시공주니어

월	생활 주제	활동명	그림책	
9	서대문 홍제천 '물레방아'	• 그림책 읽기 • 물레방아 찾기 • 물레방아 관찰하기 • 물레방아 신체표현하기 • 물레방아 도감 만들기	칠복 아가씨를 구하러 간 반쪽이 글·그림: 작가 미상 출판사: 기탄전래동화	
10	서대문 안산 잔디마당 '단풍잎, 은행잎'	• 그림책 읽기 • 낙엽 찾기 • 낙엽 관찰하기 • 모양별로 낙엽 모아보기 • 단풍잎, 은행잎 도감 만들기	페르디의 가을 나무 글: 줄리아 로린슨 그림: 티파니 비키 역: 선우미정 출판사: 느림보	
11	서대문 안산 벚꽃마당 '팥배나무 열매'	• 그림책 읽기 • 팥배나무 열매 찾기 • 팥배나무 열매 관찰하기 • 팥배나무 열매로 하트 모양 구성하기 • 팥배나무 열매 도감 만들기	사계절 글: 퍼트리샤 헤가티 그림: 브리타 데큰트럽 역: 서소영 출판사: 키즈엠	
12	서대문 안산 숲속 쉼터 '나무 기둥'	• 그림책 읽기 • 나무 기둥 찾기 • 나무 기둥 관찰하기 • 나무 기둥 신체표현하기 (통나무 평균대) • 나무 기둥 도감 만들기	바쁘고 바쁜 나무 이야기 글: 제니퍼 위드 그림: 리사포켄스텐 역: 아이생각 출판사: 키즈엠	
1	서대문 안산 기억 찾기 길 '씨앗'	• 그림책 읽기 • 씨앗 찾기 • 씨앗 관찰하기 • 씨앗을 담아 보관할 주머니 만들기 • 씨앗 도감 만들기	씨씨씨 글·그림: 낸시 엘리자베스 윌리스 역: 이주희 출판사: 가문비	
2	서대문 안산 벚꽃마당 '돌'	• 그림책 읽기 • 여러 가지 모양 돌 찾기 • 여러 가지 모양 돌 관찰하기 • 여러 가지 모양 돌을 이용해 돌탑 쌓기 • 여러 가지 모양 돌 도감 만들기	스톤 씨의 튼튼한 돌집 짓기 글: 양미애 그림: 강윤주 출판사: 한국글렌도만	

유아

내가 꽃을 피웠어요

글: 정일근 | 그림: 정혜정 | 출판사: 가교

봄에 볼 수 있는 목련이 꽃을 피우는 과정을 그림으로 표현한 책이다. 그림책 속 그림과 아이들 시선에 맞춰 자연의 아름다움과 신비로움을 풀어내는 그림책 내용을 통해 꽃이 피는 과정을 알 수 있다.

선정이유 '내가 꽃을 피웠어요'를 통해 봄에 피는 꽃인 목련뿐만 아니라 목련이 피기 전의 모습인 꽃눈에 대해 알아보며, 꽃이 피는 과정과 '꽃눈'에 대해 자연스럽게 관심을 유발할 수 있다.

3월 활동

내가 꽃을 피웠어요   01

생활주제	• 어린이집 실외 놀이터 '꽃눈'
활동목표	• 꽃눈에 관련된 동화를 읽고, 꽃눈에 대해 관심을 가진다. • 꽃눈을 직접 관찰해보고, 관찰해본 꽃눈을 도감에 기입한다.
누 리 과정요소	• 의사소통 > 듣기 > 동요, 동시, 동화 듣고 이해하기 • 의사소통 > 쓰기 > 쓰기에 관심 가지기 • 자연탐구 > 과학적 탐구하기 > 생명체와 자연환경 알아보기
중 심 축 행동발달	• 공동활동, 의사소통, 주도성, 문제해결
활동자료	• '내가 꽃을 피웠어요' 그림책, 도감 노트, 돋보기, 색연필, 사인펜, 매직

활동내용	사전활동	• 언어 영역에 주제 그림책을 비치한다.

<table>
<tr><td rowspan="5">활동내용</td><td>사전활동</td><td>

• 언어 영역에 주제 그림책을 비치한다.

• 유아들이 자유롭게 주제 그림책을 읽어본다.

• 교사가 읽어주는 '내가 꽃을 피웠어요' 그림책을 보며 꽃눈에 관심을 가진다.

   - 봄에 피는 꽃들은 무엇이 있을까요?

   - 창문으로 보이는 꽃처럼 생긴 것은 무엇일까요?

   - 여기 비슷한 꽃 모양이 동화책 속에 있구나.

</td></tr>
<tr><td>도입</td><td>

• 그림책을 보며 알아본 꽃눈을 실제로 본 경험에 대해 이야기 나눈다.

• 산책길에서 꽃눈을 찾아본다.

   - 그림책 속의 꽃눈을 자주 본 곳이 있나요?

</td></tr>
<tr><td>전개</td><td>

• 산책 중 꽃눈을 찾고 반복적으로 탐색 및 관찰해본다.

• 꽃눈을 자유롭게 관찰한다.

   - 여러 가지 색의 꽃눈이 있을까요?

   - 다양한 모양의 꽃눈이 있을까요?

   - 그림책 속에서 본 꽃눈과 다른 모습을 찾아볼 수 있나요?

   - 꽃눈 안에서 무엇이 나올까요?

   - 꽃눈의 변화에 대해 관찰해볼까요?

</td></tr>
<tr><td>마무리</td><td>

• 유아들이 관찰한 꽃눈을 도감에 기입한다.

• '꽃눈' 이름과 관찰한 날짜를 기입한다.

   - 우리가 찾아본 꽃눈을 어떻게 표현해볼 수 있을까요?

   - 친구들이 가지고 온 도감 노트에 그림으로 표현해볼까요?

</td></tr>
<tr><td>확장활동</td><td>

• 채집한 꽃눈을 교실에 제시하여 꽃눈의 변화를 관찰한다.

</td></tr>
<tr><td></td><td>유의사항</td><td>

• 유아들이 꽃눈을 관찰하고자 따려고 하는 모습을 반복적으로 보이므로 자연을 보호하며 관찰하는 방법에 대해 안내한다.

</td></tr>
</table>

유아

[사전활동] 주제 그림책 자유롭게 읽기 및 듣기

[도입] 꽃눈 찾아보기

[전개] 꽃눈 관찰하기

[마무리] 꽃눈 도감 만들기

[확장활동] 꽃눈의 변화 관찰하기

활동평가

- 사전에 그림책을 읽으며 꽃눈에 대해 알아보고, 매일 있는 실외 활동 중 책에서 보았던 꽃눈을 관찰해보았다. 유아들이 처음에는 그림책에서 본 꽃눈을 알아보았으나 길게 관심을 유지하지 못하였다. 하지만 꽃눈이 변화함에 따라 유아들이 계속 꽃눈을 관찰해볼 수 있었다.

- 지속적으로 꽃눈을 살펴본 후 꽃눈 도감을 작성해보았는데, 유아들이 같은 꽃눈을 관찰했음에도 불구하고 각기 다른 생김새로 표현하여, 각 유아별로 개성 있는 꽃눈 도감을 만들어볼 수 있었다. 유아들이 쉽게 관찰할 수 있도록 꽃눈들 중 떨어진 것을 교실로 가지고 와서, 꽃눈의 변화를 다시 한 번 교실에서 관찰해볼 수 있도록 해야겠다.

RT
포인트

✚ 작은 행동에도 즉각적으로 반응하기

아동의 표정 변화, 언어, 작은 행동에 적극적으로 반응해 주세요. 아동의 반응에 관심을 가지고 있다는 것, 수용할 용의가 있다는 것을 보여주기만 해도 아동은 다음 행동을 더 잘 표현할 것입니다. 아동의 작은 행동에도 머리를 쓰다듬어 주거나 신체적 접촉을 해주세요. 아동은 교사와 소통하려는 시도를 더 즐기게 되고 좋아하게 됩니다.

유아

토끼는 숨기쟁이

글: 마쓰노 마사코 | 그림: 후루카와 노부코 | 역: 이기웅 | 출판사: 길벗어린이

토끼풀에 토끼가 숨는다는 상상이 재미있는 그림책으로, 아기 토끼들이 토끼풀 사이에 꽂인 척 숨어서 꿀벌과 족제비, 늑대의 눈을 속이며 숨바꼭질하는 즐거움을 담았다. 쉬운 단어를 반복적으로 사용해 리듬감을 살리고, 따뜻하고 서정적인 그림을 통해 아기 토끼들이 마음껏 뛰노는 느긋하고 여유로운 공간을 표현하였다.

선정이유 '토끼는 숨기쟁이'의 주인공인 토끼는 유아들이 관심을 쉽게 가질 수 있는 동물로, 토끼에 대한 관심을 통해 주변에서 쉽게 접할 수 있는 토끼풀을 찾아보도록 유도할 수 있다. 또한 그림책 속 내용과 연계하여 실제 토끼풀의 모양에 자연스럽게 관심을 갖도록 할 수 있다.

5월 활동

토끼는 숨기쟁이

02

생활주제	• 서대문 자연사박물관 공룡 놀이터 '토끼풀'
활동목표	• 그림책을 통해 토끼풀에 관심을 가진다. • 다양한 식물에 관심을 가지고 탐색 및 관찰한다. • 토끼풀의 생김새를 직접 관찰해보고, 관찰해본 토끼풀을 도감에 기입한다.
누 리 과정요소	• 의사소통 > 듣기 > 동요, 동시, 동화 듣고 이해하기 • 의사소통 > 쓰기 > 쓰기에 관심 가지기 • 자연탐구 > 과학적 탐구하기 > 생명체와 자연환경 알아보기
중 심 축 행동발달	• 공동활동, 의사소통, 주도성, 문제해결

활동자료	• '토끼는 숨기쟁이' 그림책, 도감 노트, 돋보기, 색연필, 사인펜, 매직

활동내용

사전활동
- 언어 영역에 주제 그림책을 비치한다.
- 유아들이 자유롭게 주제 그림책을 읽어본다.
- 교사가 읽어주는 '토끼는 숨기쟁이' 그림책을 보며 토끼풀에 관심을 가진다.
  - 토끼들이 좋아하는 풀의 이름을 알고 있나요?
  - 네잎클로버를 알고 있나요?
  - 네잎클로버의 다른 이름은 무엇일까요?

도입
- 그림책을 보며 알아본 토끼풀을 실제로 본 경험에 대해 이야기 나눈다.
- 실외 활동 중 지역사회 산책길에서 토끼풀을 찾아본다.
  - 그림책 속의 토끼풀을 자주 본 곳이 있나요?

전개
- 산책 중 토끼풀을 찾고 반복적으로 탐색 및 관찰해본다.
- 오감과 돋보기를 이용하여 토끼풀을 자유롭게 관찰한다.
- 토끼풀을 이용해 꽃반지, 꽃팔찌를 만들어본다.
  - 토끼풀의 생김새는 어떤가요?
  - 토끼풀의 잎 개수를 세어볼 수 있나요?
  - 토끼풀을 이용해 해볼 수 있는 놀이는 무엇이 있을까요?
  - 그림책처럼 토끼들이 토끼풀 속에 숨어 있는지 같이 찾아볼까요?

마무리
- 유아들이 관찰한 토끼풀을 도감에 기입한다.
- '토끼풀' 이름과 관찰한 날짜를 기입한다.
  - 우리가 찾아본 토끼풀을 어떻게 표현해볼 수 있을까요?
  - 친구들이 가지고 온 도감 노트에 그림으로 표현해볼까요?

확장활동
- 그림책 속 내용을 회상하며 토끼풀 속에 숨어 있는 토끼들을 찾아보는 극놀이를 진행한다.

유의사항
- 토끼풀을 이용한 팔찌의 경우 또래와 함께 시도해보아야 하므로 또래가 매듭을 지어볼 수 있도록 기다리는 과정을 격려해준다.

유아

활동사진

[사전활동] 주제 그림책 보기

[도입] 토끼풀 찾아보기

[전개] 토끼풀 관찰 및 꽃반지, 꽃팔찌 만들기

[마무리] 토끼풀 도감 만들기

[확장활동] 그림책 내용 회상하며 토끼풀 찾아보기

• '토끼는 숨기쟁이' 그림책을 통해 평소 주위에서 쉽게 볼 수 있는 토끼풀에 관심을 가져볼 수 있는 시간을 가졌다. 동화를 통해 평소 익숙하게 보았던 풀과 꽃의 이름을 알아보고, '꽃'과 '토끼'와 같은 단어를 반복하며 읊어봄으로써 운율을 가진 운문의 느낌을 간접적으로 체험해보며 즐겁게 들어볼 수 있었다. 그림책을 본 후 실제 산책 중 토끼풀을 찾아보고 관찰해보기, 토끼풀을 이용해 또래와 함께 팔찌와 반지 만들기 활동을 하며 토끼풀을 이용한 놀이 활동이 이루어졌다. 또한 유아들이 좋아하는 토끼가 주인공인 그림책이다 보니 쉽게 내용을 회상하므로 그림책 속 내용처럼 토끼풀 사이에서 토끼 찾아보기 활동을 하는 등 책과 연계된 활동을 자연스럽게 진행해볼 수 있었다. 유아들이 관찰을 해 본 후 도감을 완성해보며 수집한 토끼풀을 말려 추후 비교해볼 수 있도록 해야겠다.

RT 포인트

 ＋ 아동의 행동에 의미 있는 것처럼 반응해주기

아동은 다른 사람에게 자신의 감정이나 요구를 전달하는 능력을 가지게 됨에 따라 점차 교사와 상호작용하는 것을 즐기고 발전시키게 됩니다. 아동의 의사소통은 교사나 어른이 자신의 행동을 마치 의미 있는 것처럼 대해줄 때 더욱 증진됩니다. 아동이 표현하는 것에 결과를 판단하거나 마치 사전의 정의처럼 설명하기보다 그대로 거울처럼 반영하듯 반영해 줍니다.

유아

지금 연못에는

글·그림: 프랭크 세라피니 | 역: 김유리 | 출판사: 키즈엠

호기심을 키우면서 관찰하는 즐거움을 자연스럽게 터득하도록 구성된 자연 그림책으로, 연못에서 흔히 볼 수 있는 동식물을 수수께끼처럼 놀이하는 구성으로 소개하고 있다. 동식물의 일부분을 확대한 사진을 보며 "지금 연못에는 무엇이 있을까요?"라고 묻는 과정을 통해 아이들의 궁금증을 불러일으킬 수 있다. 페이지를 넘기면 동식물의 전체 모습을 보여주면서 동식물에 대해 자세하게 설명하고 있다.

선정이유 '지금 연못에는'을 통해 연못에 사는 동식물의 일부분을 보여주고 무엇일지 유추해볼 수 있도록 하며, 실사로 된 사진 자료를 통해 유아들의 호기심을 자극할 수 있다.

7월 활동

지금 연못에는

03

생활주제	• 서대문 '홍제천'
활동목표	• 그림책을 통해 동네의 하천(홍제천)에 대해 관심을 가진다. • 물의 양에 따라 소리가 다름을 관찰한다. • 물을 이용하여 만든 악기를 관찰한 후 도감에 기입한다.
누 리 과정요소	• 의사소통 > 쓰기 > 쓰기에 관심 가지기 • 자연탐구 > 과학적 탐구하기 > 생명체와 자연환경 알아보기 • 예술경험 > 예술적 표현하기 > 음악으로 표현하기
중 심 축 행동발달	• 의사소통, 주도성, 문제해결, 자신감, 표현성
활동자료	• '지금 연못에는' 그림책, 도감 노트, 물병, 막대, 색연필, 사인펜, 매직

| 활동내용 | 사전활동 | • 언어 영역에 주제 그림책을 비치한다. |

사전활동
- 언어 영역에 주제 그림책을 비치한다.
- 유아들이 자유롭게 주제 그림책을 읽어본다.
- 교사가 읽어주는 '지금 연못에는' 그림책을 보며 물에 관심을 가진다.
  - 홍제천에 가본 경험이 있나요?
  - 물속에서는 어떤 동식물이 살 수 있을까요?

도입
- 그림책을 보며 알아본 연못, 강, 하천 등을 실제로 본 경험에 대해 이야기 나눈다.
- 실외 활동 중 지역사회 하천을 방문한다.
  - 그림책 속의 동식물을 찾아볼 수 있는 곳은 우리 동네에서 어디인가요?

전개
- 산책 중 하천을 찾고, 하천 주변을 돌며 반복적으로 탐색·관찰해본다.
- 오감을 이용하여 하천을 자유롭게 관찰한다.
- 하천의 물을 준비한 빈병에 담아 물실로폰을 만든다.
- 하천의 물을 이용해 만든 물실로폰으로 자유롭게 연주하며 소리를 들어본다.
  - 물이 흐르는 모습이 어떤가요?
  - 물속에 손을 담가보니 어떤가요?
  - 물이 흐르는 소리를 말로 표현해볼까요?
  - 물로 악기를 만들어볼 수 있을까요?

마무리
- 유아들이 관찰한 하천을 도감에 기입한다.
- '홍제천' '물실로폰' 이름과 관찰한 날짜를 기입한다.
  - 우리가 느껴본 홍제천을 어떻게 표현해볼 수 있을까요?
  - 친구들이 가지고 온 도감 노트에 그림으로 표현해 볼까요?

확장활동
- 하천에 발을 담가 물의 감각을 느껴본다.

유의사항
- 하천 탐색 중 모자, 신발 등이 빠질 수 있으므로 이에 대해 유의한다.

유아

활동사진

[사전활동] 주제 그림책 보기

[도입] 동네의 하천 방문하기

[전개] 홍제천 관찰 및 물실로폰 연주하기

  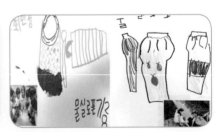

[마무리] 홍제천(물실로폰) 도감 만들기

[확장활동] 홍제천에 발 담그며 시원한 여름 보내기

- '지금 연못에는' 그림책을 통해 하천에 사는 동식물에 대해 관심을 가져볼 수 있었으며, 더 나아가 지역 하천인 홍제천에 관심을 가져볼 수 있도록 유도하였다. 홍제천을 방문하여 징검다리에서 유아들이 직접 물을 만져보면서 하천에 대해 관심을 가지고 오감을 이용한 관찰을 해볼 수 있었고, 홍제천의 물을 재활용품인 병에 담아 물실로폰도 만들어보았다.
- 재활용품과 자연물을 이용해 놀잇감을 만들어 놀이를 해보고, 이를 통해 환경을 아낄 수 있는 부분에 대해 이야기 나눌 수 있었고, 만 4세 유아들의 경우 처음으로 도감 만들기를 통해 자신들이 관찰할 것을 표현해볼 수 있었다.

RT
포인트

유아

✚ 아동의 방식대로 행동하고 대하기

아동과 상호작용할 때 "이렇게 해볼까?", "이건 어때?" 이런 형태의 질문을 하기보다는 아이가 관심을 보이는 사물의 이름을 말해주고 반영해주거나, 즐겁고 재미있다는 것을 표현해주면서 아동이 지금 하는 것과 관련된 정보를 제시해줍니다. 아동이 즐거움과 재미를 느끼는 활동을 계속 유지하도록 하면서 교사가 함께해 줄 때, 아동은 더욱 집중하며 어려운 시도에도 반복하여 도전하게 됩니다.

우포늪이 와자지껄

글: 이인식 | 그림: 조광현 외 | 출판사: 한솔교육

호기심을 키우면서 관찰하는 즐거움을 자연스럽게 터득하도록 구성된 자연 그림 책이다. 늪에서 흔히 볼 수 있는 동식물을 종류별로 나누어 구성하여 소개하고 있다. 늪에 사는 각 동식물의 그림 및 사진 자료, 이름, 서식지 등을 자세하게 소개하고 있다.

선정이유 '우포늪이 와자지껄' 그림책 내용 중에는 이해하기 어려운 요소도 있기는 하나, 평소 쉽게 접할 수 없는 생물들에 대해 관심을 가질 수 있고, 가까이에서 볼 수 없는 동식물들을 사진 자료로 살펴보며 물에 사는 동식물에 대해 자연스럽게 관심을 유발할 수 있다.

7월 활동

우포늪이 와자지껄   04

생활주제	• 서대문 홍제천 '강아지풀'
활동목표	• 그림책을 통해 하천 근처에 사는 동식물에 대해 관심을 가진다. • 풀의 종류와 모양 분류하기를 시도한다. • 풀을 이용해 다양한 놀이를 한 후 관찰한 강아지풀을 도감에 기입한다.
누 리 과정요소	• 의사소통 > 듣기 > 동요, 동시, 동화 듣고 이해하기 • 의사소통 > 쓰기 > 쓰기에 관심 가지기 • 자연탐구 > 과학적 탐구하기 > 생명체와 자연환경 알아보기
중 심 축 행동발달	• 공동활동, 의사소통, 주도성, 문제해결
활동자료	• '우포늪이 와자지껄' 그림책, 도감 노트, 돋보기, 색연필, 사인펜, 매직

활동내용	유아

사전활동

- 언어 영역에 주제 그림책을 비치한다.
- 유아들이 자유롭게 주제 그림책을 읽어본다.
- 교사가 읽어주는 '우포늪이 왁자지껄' 그림책을 보며 하천 근처 동식물에 관심을 가진다.
  - 홍제천에 가서 본 동식물들이 기억나나요?
  - 홍제천에서 본 동식물들을 그림책 속에서도 찾아볼까요?

도입

- 그림책을 보며 알아본 연못, 강, 하천 등을 본 경험에 대해 이야기 나눈다.
- 실외 활동 중 지역사회 하천을 방문하여 강아지풀을 찾아본다.
  - 동화책 속의 강아지풀을 많이 본 적이 있는 곳은 어디인가요?

전개

- 산책 중 하천 주변을 돌며 하천 주변 생물을 탐색 및 관찰해본다.
- 오감을 이용하여 그림책 속 동식물을 찾으며 자유롭게 관찰한다.
- 하천 주변 생물 중 강아지풀을 유아들 스스로 찾으며 관찰한다.
- 강아지풀을 이용하여 풀씨름하기와 풀피리 불기를 시도한다.
  - 강아지풀의 이름은 왜 강아지풀일까?
  - 강아지풀의 생김새를 돋보기로 살펴보니 어떻게 생겼나요?
  - 강아지풀을 만져보니 느낌이 어떤가요?
  - 강아지풀로 할 수 있는 놀이는 무엇이 있을까요?

마무리

- 유아들이 관찰한 강아지풀을 도감에 기입한다.
- '강아지풀' 이름과 관찰한 날짜를 기입한다.
  - 우리가 관찰해본 강아지풀을 어떻게 표현해볼 수 있을까요?
  - 친구들이 가지고 온 도감 노트에 그림으로 표현해볼까요?

확장활동

- 강아지풀을 이용해 또래와 간지럼 태우기 활동을 해보며, 자연물에 친숙하게 다가갈 수 있는 탐색 활동을 시도한다.

유의사항

- 강아지풀을 탐색하는 과정 중 많은 양의 자연물 채집은 하지 않도록 이야기 나눈다.

활동사진

[사전활동] 주제 그림책 보기

[도입] 홍제천에서 강아지풀 찾기

[전개] 강아지풀을 이용하여 풀씨름하기

[마무리] 강아지풀 도감 만들기

[확장활동] 강아지풀 이용하여 서로 간지럼 태우기

- '우포 늪이 와자지껄' 그림책을 통해 하천에 사는 동식물에 대해 관심을 가져보며 홍제천에서 볼 수 있는 동식물을 알아보았다. 그중 동네와 하천 주변에서 보기 쉬운 강아지풀을 찾아보고 탐색해보는 활동을 진행하며 유아들과 자연스럽게 강아지풀을 이용해 할 수 있는 놀이에 대해 고민하는 시간을 가질 수 있었다. 강아지풀로 풀씨름하기와 풀피리 불기 및 강아지풀로 간지럼 태우기, 높게 들어보기 등의 놀이를 또래와 함께 해볼 수 있었으며, 이 과정을 통해 자연스럽게 강아지풀을 오감으로 관찰해볼 수 있었다.
- 유아들이 강아지풀을 관찰하며 충분히 놀이할 수 있도록 한 후, 유아들이 관찰한 내용을 도감으로 기입해볼 수 있도록 해주었다. 만 4세 유아들의 경우 관찰한 것을 표현하기에 어려움을 보일 것이라 예상한 것과 달리 관찰한 생김새를 각 유아별로 특색 있게 표현하는 자유로운 활동이 이루어질 수 있었다.

유아

RT
포인트

✚ 의도를 명확하게 표현해 주기

아동은 매일 새롭게 배우는 단어의 수가 증가하면서 자신의 의견을 말로 표현하는 횟수도 늘어나게 됩니다. 아동은 자신이 현재 경험하고 있는 것과 관련된 감정이나 행동, 그리고 사물의 이름을 표현하기를 즐깁니다. 하지만 때로는 아동의 이런 표현이 다소 유창하지 않고 서툴 수 있습니다. 이럴 때에는 아동의 부정확한 표현을 수정하지 않고 아동의 의도에 맞추어 표현해줍니다. 아동은 자신의 표현에 부끄러워 하지않고 자주 표현하며 자신감을 키울 것입니다.

무지개 물고기

글·그림: 마르쿠스 피스터 | 역: 공경희 | 출판사: 시공주니어

깔끔하고 안정적인 구성으로 꼭 필요한 글과 그림만 담아냈기 때문에 이야기 자체에 집중하기가 쉬우며, 홀로그램 특수 인쇄 기법을 활용하여 아름다운 빛깔로 반사되는 비늘을 신비롭고 환상적으로 꾸며냈다. 아름다운 빛깔로 반사되는 비늘을 더욱 실감나게 표현한 그림책은 아이들의 눈과 마음을 사로잡고, 글로는 표현하기 어려운 무지개 물고기의 빛을 실감할 수 있게 해준다.

선정이유 '무지개 물고기'를 통해 아름다운 빛깔로 반사되는 비늘과 물고기에 관심을 가질 수 있으며, 다양한 색과 모양의 물고기를 찾아보는 것에 흥미를 유도할 수 있다.

6월 활동

무지개 물고기

05

생활주제	• 서대문 홍제천 '민물고기'
활동목표	• 그림책을 통해 근처 하천에 사는 물고기에 관심을 가진다. • 물에 사는 민물고기를 관찰한다. • 관찰한 물고기를 그림으로 표현하여 도감에 기입한다.
누 리 과정요소	• 의사소통 > 듣기 > 동요, 동시, 동화 듣고 이해하기 • 의사소통 > 쓰기 > 쓰기에 관심 가지기 • 자연탐구 > 과학적 탐구하기 > 생명체와 자연환경 알아보기
중 심 축 행동발달	• 공동활동, 의사소통, 주도성, 문제해결
활동자료	• '무지개 물고기' 그림책, 도감 노트, 돋보기, 색연필, 사인펜, 매직

활동내용	사전활동	• 언어 영역에 주제 그림책을 비치한다.

사전활동
- 언어 영역에 주제 그림책을 비치한다.
- 유아들이 자유롭게 주제 그림책을 읽어본다.
- 교사가 읽어주는 '무지개 물고기' 그림책을 보며 물고기에 관심을 가진다.
  - 홍제천에서 물고기를 본 적이 있나요?
  - 어떤 색의 물고기를 본 적이 있나요?
  - 황금 물고기를 본 경험이 있나요?

도입
- 그림책 속에 등장하는 물고기의 생김새에 대해 이야기 나눈다.
- 실외 활동 중 물고기를 볼 수 있는 지역사회 하천을 방문한다.
- 하천에서 물고기를 찾아본다.
  - 그림책처럼 물고기들이 많이 사는 곳은 어디인가요?

전개
- 산책 중 하천 주변을 돌며 물고기를 반복적으로 탐색 및 관찰해본다.
- 오감을 이용하여 물고기를 자유롭게 관찰한다.
- 물고기에게 밥을 주며 물고기의 움직임을 관찰한다.
  - 물고기의 생김새, 색은 어떤가요?
  - 가장 큰 물고기와 가장 작은 물고기를 찾아보아요.
  - 물고기는 어떤 밥을 먹을까요?
  - 물고기는 어떻게 움직이고 있나요? 물고기의 움직임을 표현해보아요.

마무리
- 유아들이 관찰한 물고기를 도감에 기입한다.
- '민물고기' 이름과 관찰한 날짜를 기입한다.
  - 각자 찾아본 물고기 중 가장 마음에 드는 물고기를 골라보아요.
  - 내가 좋아하는 물고기를 어떻게 표현해볼 수 있을까요?
  - 친구들이 가지고 온 도감노트에 그림으로 표현해볼까요?

확장활동
- 관찰해본 물고기의 움직임을 따라 신체 표현을 한다.

유의사항
- 물고기 관찰 중 울타리에 매달리거나 발을 내밀지 않도록 사전 약속 정하기를 한다.

유아

[사전활동] 주제 그림책 보기

[도입] 홍제천에서 민물고기 찾기

[전개] 민물고기 관찰하기 및 밥 주기

[마무리] 민물고기 도감 만들기

[확장활동] 민물고기 따라 신체 표현하기

활동평가

• '무지개 물고기' 그림책은 유아들이 가지고 있거나 도서관 등에서 쉽게 접해 본 경험이 있어 영상으로 표현된 '무지개 물고기'를 보았다. 영상 매체를 이용하여 그림책을 본 후, 언어 영역에 그림책을 비치하여 유아들이 자유롭게 읽어볼 수 있도록 하자, 유아들이 무지개 물고기와 유사한 홍제천에 사는 황금 물고기를 회상하며, 하천에 사는 물고기에 대해 관심을 가져볼 수 있었다. 홍제천을 방문하여 민물고기를 탐색해보는 과정을 통해 유아들이 각 물고기의 색과 모양, 크기 등을 자연스럽게 비교해볼 수 있었다. 유아들이 물고기의 움직임을 충분히 탐색하여 물고기의 움직임을 신체 표현해보는 확장 활동이 이루어진 후, 유아들이 관찰한 내용을 도감으로 기입해볼 수 있도록 해주었다.

RT
포인트

✚ 질문 없는 의사소통하기

아동과 놀이할 때 아동이 장난감의 원래 목적 이외에 다른 놀이를 하더라도 아동과 같은 방식으로 장난감을 가지고 놀이하거나 함께 활동합니다. 예를 들어 물컵을 가지고 놀다가 물컵을 뒤집어 블럭 놀이를 할 수도 있습니다. 이때 교사도 똑같이 반응해줍니다. 이렇게 교사가 따라가주는 것은 바로 아동의 관심에 반응해주는 것이며, 이러한 경험을 통해 아동은 통제감을 발달시킬 수 있게 됩니다.

유아

꿈틀꿈틀 행복 씨앗이 싹터요

대웅
어린이집

1. 주제 선정 배경

'인성'의 사전적 개념은 '사람의 품성'이다. 품성이란 타고난 성격과 품격을 의미하며, 품격은 사람된 모습을 뜻하는데 그 의미에는 인간됨의 가치척도가 내포되어 있다. 따라서 인성은 모름지기 추구해야 할 품성이나 덕목, 마음씨 등을 의미한다. 오늘날 우리가 말하는 인성은 도덕적 가치가 개입된 인격과 개인이 지닌 독특한 특성의 총체를 가리키는 성격이 결합되어 사용하고 있다(김영옥, 송혜린, 이현미, 2013).

인성 교육이란 생애 초기에 긍정적인 자아 개념을 확립하고 기본생활습관을 형성하도록 하는 것이다. 또 자신의 생활을 가족이나 공동체적 가치에 비추어 반성하고 점검해봄으로써 타인을 이해하고 배려하는 민주시민으로서의 가치·태도·행동을 함양하도록 하는 일이다. 따라서 유아에게 제공되어야 할 인성 교육은 유아가 사회적 가치와 규범을 내면화하고 개인 생활을 집단적 가치에 비추어 반성하고 점검해 나가는 방향으로 이루어져야 한다(김영옥 외, 2013).

2. 프로그램의 기대효과

1) 가족, 또래, 이웃 등 자신과 관계를 유지하고 있는 타인에 대해 알고, 타인을 배려하며 나누는 인성을 기를 수 있다.
2) 자연을 소중히 여기고 지키는 습관을 기른다.
3) 자신의 개인적인 책임을 다하며 타인과 협력하는 방법을 습득한다.
4) 가정과 연계를 통해 지속적인 인성 지킴 정보를 공유하고 소통함으로써 유아의 인성교육이 확장시킨다.

3. 프로그램 연간계획

월	생활 주제	활동명	인성 요소	인성 덕목 하위 내용	그림책
4	봄과 동식물	개구리	존중	생명 존중	열 마리 개구리의 봄맞이 글: 아도코로 히사코 그림: 나카가와 미치코 역: 김은경 출판사: 꿈소담이
				환경 존중	사랑에 빠진 개구리 글·그림: 맥스 벨트하우스 역: 이명희 출판사: 마루벌
5	나와 가족	가족	배려	가족을 위한 공감과 배려	돼지책 글·그림: 앤서니 브라운 역: 하은미 출판사: 웅진주니어
6	우리 동네	따뜻한 마음	나눔	나눔의 의의와 필요성 나눔의 실천	누리야, 어디 가니? 글: 이현 그림: 윤희동 출판사: 맹앤앵
				나눔의 참여	구리와 구라의 빵 만들기 글: 나카가와 리에코 그림: 야마와키 유리코 역: 이영준 출판사: 한림출판사
7	신나는 여름	에너지	협력	개인적 책임감	달 샤베트 글·그림: 백희나 출판사: 책읽는곰
				집단 협력	우리집 전기가 집을 나갔어요 글: 신순재 그림: 김고은 출판사: 소담주니어

유아

253

월	생활 주제	활동명	인성 요소	인성 덕목 하위 내용	그림책	
8	교통기관	교통	질서	기초 질서	우당탕 공룡 버스 글: 줄리아 리우 그림: 베이린 출판사: 키즈엠	
				법 질서	검피 아저씨의 드라이브 글·그림: 존 버닝햄 역: 이주령 출판사: 시공주니어	
9	우리나라	전통	효	부모님에 대한 효	효심 깊은 호랑이 글: 꿈꾸는 꼬리연 그림: 박현자 출판사: 한국가우스	
				지역사회 인사에 대한 효		
10	환경과 생활	개미	협력	집단 협력	네가 개미니? 글: 주디 앨런 그림: 튜더 험프리스 역: 선혜정 출판사: 다섯수레	
11	가을	나무	감사	자연에 대한 감사	도시의 마지막 나무 글·그림: 피터 카나바스 역: 이상희 출판사: 시공주니어	
					아낌없이 주는 나무 글·그림: 쉘 실버스타인 역: 이재명 출판사: 시공주니어	
12	겨울	기부	나눔	나눔의 실천	쿠키 한 입의 행복 수업 글: 에이미 크루즈 로젠탈 그림: 제인 다이어 역: 최현경 출판사: 책읽는 곰	
				나눔의 참여		

글: 아도코로 히사코
그림: 나카가와 미치코
역: 김은경
출판사: 꿈소담이

글·그림: 맥스 벨트하우스
역: 이명희
출판사: 마루벌

열 마리 개구리의 봄맞이

'열 마리 개구리의 봄맞이'는 겨울잠에서 깬 개구리들이 봄이 되어 친구들을 만나고, 겨울잠을 깬 다른 동물들도 만나는 이야기를 담고 있다.

사랑에 빠진 개구리

'사랑에 빠진 개구리'는 사랑에 빠진 개구리와 오리의 이야기를 통해 서로 다른 모습과 생각을 가졌어도 서로를 사랑할 수 있다는 것을 보여주는 책이다.

선정이유 봄이 되면 만날 수 있는 '개구리'를 소재로 한 그림책을 보면서 계절과 생명, 환경에 관심을 갖고, 생명과 환경을 존중하는 마음을 기를 수 있다.

유아

4월 활동

연못 꾸미기

01

생활주제	• 봄과 동식물
활동목표	• 개구리가 사는 곳에 대해 알아본다. • 다양한 모양의 블록으로 연못을 꾸며본다.
누 리 과정요소	• 자연탐구 > 과학적 탐구하기 > 생명체와 자연환경 알아보기 • 신체운동·건강 > 신체 조절과 기본 운동하기 > 신체 조절하기
중 심 축 행동발달	• 주도성, 문제해결, 통제감
활동자료	• '열 마리 개구리의 봄맞이' 그림책, '사랑에 빠진 개구리' 그림책, 파란 비닐, 벽돌 블록, 연못 사진, 테이프, 신문지, 개구리, 색종이

활동내용		

	도입	• 그림책 '열 마리 개구리의 봄맞이', '사랑에 빠진 개구리' 표지를 본다.
		    - 그림 속에 무엇이 있니?
		    - 어떤 내용일까?
		• 그림책을 듣는다.
		• 그림책을 듣고 난 후에 그림책의 내용에 대해 이야기를 나누어본다.

	전개	• 연못 사진 자료를 보며 연못 꾸미기에 대한 이야기를 나눈다.
		    - 연못에는 무엇이 있을까?
		    - 연못을 만들려면 무엇이 필요할까?
		• 다양한 자료를 이용하여 연못을 꾸며본다.
		    - 파란 비닐 위에 블록, 신문지, 색종이를 이용해서 연못을 만들어보자.

	마무리	• 완성된 연못을 이용하여 놀이를 해본다. - 우리가 만든 연못에서 우리가 개구리가 되어볼까?

활동평가

• 유아들이 개구리가 사는 환경에 대해 관심을 가지고, 실외 활동 시 개구리가 살 수 있는 환경을 찾아보고 또래와 함께 이야기를 나누는 모습을 보였다.
• 연못을 만드는 과정에서 개구리가 살 수 있는 자연 환경에 대해 발문하자, 연못, 냇가 등의 자연 환경을 깨끗하게 보호해야 한다는 이야기를 나눌 수 있었다.
• 유아들이 실천할 수 있는 내용으로 쓰레기 버리지 않기를 얘기하며 약속해 볼 수 있었다.

활동사진

연못 실물 사진 보기	연못 만들기	연못에서 개구리 놀이

RT 포인트

✚ 환경 변화시키기

아동은 놀이할 때 수많은 문제해결상황에 직면하게 됩니다. 예를 들어 블록으로 동물원을 만들어보려는 아동의 시도에서 무언가 불충분한 상황이 발생할 때 교사가 해결해주기 보다는 아동이 했던 부적합한 문제해결책을 그대로 함께해보면서 아동이 다른 해결책을 만들어내도록 지지하고 격려해줄 수 있습니다. 교사가 아동과 똑같이 블록을 한 개 더 쌓았지만 아동이 원하는 결과를 만들어내지 못했다면, 아동은 다른 해결책을 생각해보고 시도할 수 있게 됩니다.

개구리를 자연으로 돌려보내줘요 02

생활주제	• 봄과 동·식물
활동목표	• 개구리의 일생을 알고 탐색해본다. • 개구리가 살아가는 환경에 관심을 갖고 소중히 여긴다.
누 리 과정요소	• 자연탐구 > 과학적 탐구하기 > 생명체와 자연환경 알아보기 • 자연탐구 > 탐구하는 태도 기르기 > 호기심을 유지하고 확장하기 • 사회관계 > 다른 사람과 더불어 생활하기 > 사회적 가치를 알고 지키기
중 심 축 행동발달	• 주도성, 문제 해결, 탐색, 협동
활동자료	• 올챙이 수조, 올챙이, 카메라

유아

활동내용

도입
- 개구리의 성장 과정을 알아본다.
  - 개구리는 알을 낳을까? 새끼를 낳을까?
  - 개구리는 자라는 과정에 따라 이름이 달라. 같이 알아볼까?

- 과학 영역에서 개구리에 대한 탐색을 한다.
  - (사진을 보면서) 여긴 어디일까? 뭐가 보이니?
  - 우리가 키우는 개구리는 얼마만큼 성장했을까?

전개
- 개구리의 특성에 대해 이야기를 나눈다.
  - 개구리의 먹이는 무엇일까?
  - 개구리는 어디서 볼 수 있을까?

- 개구리를 자연으로 돌려보내주는 것에 대해 이야기를 나눈다.
  - 우리가 돌봐주지 않아도 개구리가 살 수 있는 방법이 있을까?
  - 어린이집 주변에 개구리가 살 수 있는 곳이 있을까?

마무리	• 개구리를 방생하고 인사를 나눈다.

- 치치와 아로미(키우던 올챙이의 이름)에게 인사해줄까?

활동평가

- 개구리를 직접 관찰함으로써 개구리의 성장 과정에 호기심을 갖고 적극적으로 탐구하는 모습을 보였다.
- 개구리가 사는 자연 환경을 직접 경험함으로써 부수적인 환경 요소에 대해 관심을 갖고 이야기 나눌 수 있었으며, 키우던 개구리를 자연으로 돌려보내면서 개구리가 보다 나은 환경에서 살아갈 수 있도록 자연 환경을 보호하고 존중해야 함을 이야기할 수 있었다.
- 자연을 존중하는 방법으로 길에 쓰레기 버리지 않기, 꽃 꺾지 않기, 등을 이야기하였다.
- 활동 후, 유아들이 밖에서 쓰레기 줍기를 하면서 "쓰레기 줍는 것도 자연을 존중하는 거죠?"라고 말하기도 하였다.

활동사진

| 올챙이 관찰하기 | 개구리와 인사 나누기 | 개구리 방생하기 |

✚ 아동의 방식대로 행동하고 대화하기

아동과 함께하는 일상생활과 놀이활동에서 발달적으로 적합한 규칙과 기대를 가지고 상호작용할 때 교사는 아동의 협력을 보다 더 잘 이끌어낼 수 있습니다. 만일 교사가 가지는 규칙과 기대가 아동이 나타내는 사회 정서적 기능 수준에서 할 수 있는 것에 부합한다면 아동은 외현적 행동문제를 나타내거나 부적응행동을 할 가능성은 더욱 낮아지게 될 것입니다.

RT 포인트

개구리 방생하기

생활주제	• 봄과 동식물
활동목표	• 개구리가 살아가는 환경에 관심을 갖고 소중히 여긴다. • 동물들이 살아가는 자연을 존중하는 방법을 알고 가족과 함께 실천한다.
누 리 과정요소	• 자연탐구 〉 과학적 탐구하기 〉 생명체와 자연환경 알아보기 • 자연탐구 〉 탐구하는 태도 기르기 〉 호기심을 유지하고 확장하기 • 신체운동·건강 〉 신체 조절과 기본 운동하기 〉 신체 조절하기
중 심 축 행동발달	• 주도성, 문제 해결, 탐색, 통제감
활동자료	• 올챙이 수조, 올챙이, 카메라

활동내용

도입	• 어린이집에서 개구리를 방생했던 경험에 대해 이야기를 나눈다. • 가정에서 키우던 개구리를 자연으로 돌려보내주는 것에 대해 이야기를 나눈다.
전개	• 개구리를 어디에 방생해줄지에 대해 이야기를 나눈다.
마무리	• 개구리를 방생하고 인사를 나누는 모습을 사진으로 찍어 알림장에 올린다.

활동평가	• 유아들이 어린이집에서 개구리를 키울 때 보다 관심과 사랑을 갖고 개구리를 키우는 모습을 보였으며, 직접 먹이를 찾아주거나 매일 아침 인사를 하는 등 긍정적인 상호작용을 하는 모습도 보였다.

- 개구리를 키우는 경험 후 가정에서도 지속적으로 동식물을 키우고자 하는 유아들이 많았다. 개구리를 시작으로 유아들이 보다 많은 동식물을 키우는 경험을 할 수 있도록 하여 생명과 환경을 존중하는 마음을 지속시킬 수 있도록 도와야겠다.

활동사진

RT
포인트

✚ 작은 행동에도 즉각적으로 반응하기

아동과 함께하는 시간 동안 아동이 하는 작은 행동에도 교사가 즉각적으로 반응한다면, 이러한 행동을 교사와 아동간의 의미 있는 상호작용으로 발전시켜 나갈 수 있습니다. 아동이 혼자서 하는 놀이나 혼잣말에도 즉시 반응함으로써 아동은 교사를 더 잘 인식하게 되고 사회적 교환활동에 더욱 잘 참여하게 되면서 다른 사람과 함께 하는 의사소통을 잘 할 수 있게 됩니다. 예를 들어, 아동이 흙을 만지며 '흙이다' 한다면 먼저 '손 닦아야지', '만지지는 말고'라고 하기보다 일단은 그대로 '흙'이라고 반응하고 아동의 행동을 관찰하고 이후 반응을 덧붙입니다.

글: 이현
그림: 윤희동
출판사: 맹앤앵

글: 나카가와 리에코
그림: 야마와키 유리코
역: 이영준
출판사: 한림출판사

누리야, 어디 가니?

'누리야, 어디 가니?'는 홍수가 난 앞마을을 도우러 가는 누리와 마을 사람들의 모습을 통해 나눔의 소중함을 보여주며, 많은 것을 가진 사람, 능력이 있는 사람만이 나누고 베푸는 것이 아님을 깨닫게 해주는 책이다.

구리와 구라의 빵 만들기

'구리와 구라의 빵 만들기'는 커다란 알을 발견한 구리와 구라가 힘을 모아 알로 빵을 만들고 친구들과 즐겁게 나누어 먹는 이야기를 통해 함께하고 나누는 것에 대한 즐거움을 느낄 수 있게 해주는 책이다.

선정이유 그림책을 통해 나눔이란 물질적인 것만이 아니라 내가 가지고 있는 것이면 무엇이든 나눌 수 있다는 것에 대해 함께 생각해볼 수 있고, 관련 활동을 통해 내가 가진 것을 타인과 나눔으로써 기쁨을 느낄 수 있다는 것도 체험할 수 있기 때문이다.

유아

6월 활동

치즈 케이크 만들기

01

생활주제	• 우리 동네
활동목표	• 재료의 변화를 탐색하고 관찰한다. • 유아들이 만든 음식을 또래와 동생들에게 나누어주는 경험을 한다.
누 리 과정요소	• 사회관계 > 다른 사람과 더불어 생활하기 > 친구와 사이좋게 지내기 • 자연탐구 > 과학적 탐구하기 > 물체와 물질 알아보기
중 심 축 행동발달	• 협동, 주도성, 문제해결
활동자료	• 볼, 거품기, 계란, 치즈 케이크 가루, 컵, 치즈 케이크 만드는 방법 판, 숟가락

활동내용	도입	• 동화 '구리와 구라의 빵 만들기'를 읽고 이야기를 나눈다. - 구리와 구라가 주운 알로 무엇을 만들었을까? - 구리와 구라는 구운 빵을 어떻게 했니? - 빵을 함께 나누어 먹으며 구리와 구라, 친구들의 마음이 어땠을까? • 친구들을 위해 할 수 있는 일들에 대해 이야기를 나눈다. - 우리도 구리와 구라처럼 친구들에게 나눠줄 수 있는 것이 있을까? - 무엇을 만들어 나누어보고 싶니?
	전개	• 치즈 케이크 재료와 만드는 방법을 살펴본다. - 여기 어떤 것들이 있는지 살펴볼까? - 이 재료들로 무엇을 만들 수 있을까? • 교사의 도움을 받아 치즈 케이크를 만든다.
	마무리	• 만든 케이크를 동생반과 조리사님, 교사들에게 나누어준다. - 우리가 만든 케이크를 누구에게 나누어주면 좋겠니? - 케이크를 나누어주면 기분이 어떨까?

활동평가

• 유아들이 만든 요리를 동생반 영아들과 조리사, 교사들에게 나누어줌으로써 나눔을 경험해볼 수 있었다. 유아들이 직접 케이크를 만드는 과정에 참여하고 자신들이 만든 케이크를 나누어주었다는 것에 뿌듯함을 느끼며 반복하여 이야기하는 모습을 보였다. 또 주변 사람들을 위해 다양한 나눔 (동생반 책 읽어주기, 음식 나눠주기 등)을 실천해보는 것을 이야기해볼 수 있었다.

활동사진

케이크 재료 섞기　　　　케이크 만들기　　　　케이크 나누기

✚ 아동의 세계로 들어가기

교사는 아동의 발달적 단계를 이해함으로써 아동이 현재 발달적 기능 수준에 적합한 대안적인 활동을 제공하여 아동이 사회적으로 적합한 행동을 하여 자기를 조절할 수 있도록 도와줄 수 있습니다. 예를 들어 식사시간에 돌아다니지 않는 것을 기대할 때는 교사가 아동의 발달수준에 적합한 집중시간을 인식하고 기대에 응하게 합니다. 또는 아동이 탁자 위의 꽃병을 자꾸 만진다면 만져서는 안 된다고 잔소리를 하기보다는 꽃병을 아동의 손에 닿지 않는 안전한 곳으로 치워주는 것입니다.

RT
포인트

나눔 장터 놀이

02

생활주제	• 우리 동네
활동목표	• '아름다운 가게'에 관심을 가지고, 그곳에서 하는 일에 대해 안다. • 놀이를 통해 내가 가진 것을 나누는 경험을 한다. • 나누는 것의 즐거움을 느낀다.
누 리 과정요소	• 사회관계 > 사회에 관심 갖기 > 지역사회에 관심 갖고 이해하기 • 사회관계 > 다른 사람과 더불어 생활하기 > 공동체에서 화목하게 지내기 • 예술경험 > 예술적 표현하기 > 극놀이로 표현하기
중 심 축 행동발달	• 자기조절, 자신감, 표현성
활동자료	• 나눔 장터 플래그, 가판대, 모형 돈, 여러 가지 놀잇감

활동내용

도입

• 아름다운 가게 사진 자료를 보며 이야기를 나눈다.
- 사진 속에 있는 장소가 무엇을 하는 곳 같니?
- 무엇을 파는 가게일까?

• 우리 동네 사람들을 위해 나눌 수 있는 것들에 대해 이야기를 나눈다.
- 도움이 필요한 사람들을 위해 우리가 나눌 수 있는 것들이 있을까?
- 집에서 안 쓰는 물건들이 있지. 어떤 것들이 있을까?

전개

• 나눔 장터를 구성하고 꾸민다.
- 어떤 나눔 장터를 만들고 싶니?
- 나눔 장터에서 무엇을 팔고 나누고 싶니?

• 나눌 수 있는 물건들을 진열하고 판매한다.

• 또래와 나눈 물건들을 살펴본다.
- 친구들과 나눔 장터에서 어떤 물건을 샀는지 살펴볼까?

활동평가

• 나눔 장터 놀이를 통해 유아들이 물질적인 나눔을 경험해보고, 나눔에는 물질의 나눔뿐만 아니라 재능 기부 등 다양한 나눔이 있음을에 대해 이야기 나눌 수 있었다.
• 놀이를 통해 나누는 경험을 하며 유아들이 즐거움을 느꼈고, 자신이 가지고 있는 것을 타인과 나눌 수 있다는 것을 알게 되었다.
• 활동 후, 가정과의 연계를 통해 집에서 사용하지 않는 물건들을 어린이집에 기부해볼 수 있었다.

활동사진

| 나눔 장터 물건 진열하기 | 나눔 장터 놀이 | 나눔 물건 친구와 바꾸기 |

RT 포인트

➕ **아동의 방식대로 행동하고 대화하기**

아동이 혼자 시도하는 일이 서툴러 답답하여 혹시 많은 것을 도와주고 있지는 않은가요? 아동은 발달에 적합한 수행을 하고 있는 중입니다. 당연히 아동은 어른보다 수행 속도나 처리결과가 느리고 미숙합니다. 따라서 아동과 함께 활동하거나 놀이할 때 아동의 발달수준을 고려하여 아동이 할 수 있는 행동과 할 수 없는 행동을 인식하여야 합니다. 만일 교사의 규칙과 기대가 너무 높다면 아동의 현재 사회정서능력에 맞도록 눈높이를 맞추어 줍니다.

따뜻한 마음을 나누어요　03

생활주제	• 우리 동네
활동목표	• 나눔의 필요성에 대해 인식하고, 알리려는 마음을 갖는다. • 다른 사람을 도울 수 있는 방법에 대해 생각해본다.
누　리 과정요소	• 사회관계 > 사회에 관심 갖기 > 지역사회에 관심 갖고 이해하기 • 사회관계 > 다른 사람과 더불어 생활하기 > 공동체에서 화목하게 지내기
중 심 축 행동발달	• 협동, 자기조절
활동자료	• 레몬, 설탕, 숟가락, 위생모, 물감, 현수막, 캠페인 띠

활동내용

도입
- 나눔 장터 현수막 만들기 및 홍보하기
  - 나눔 장터를 열기 위해 어떤 것들이 필요할까?
  - 나눔 장터가 열린다는 것을 어떻게 알릴 수 있을까?
- 레몬청 만들기

전개
- 나눔 장터 구성하기 및 물품 진열하기
- 레몬청 판매하기

마무리
- 나눔 장터 수익금 아름다운 가게에 전달하기

활동평가
- 직접 만든 레몬청을 부모님과 사업체에 판매하는 경험을 할 수 있었으며, 판매 중 "어려운 이웃을 도와요", "함께 나누어 주세요" 등을 반복하여 말하며 나눔의 의미와 필요성을 알고 나눔을 이끄는 모습을 보였다.
- 유아들이 레몬청을 판매하여 얻은 수익금을 아름다운 가게에 전달하면서 나눔을 경험할 수 있었다.
- "선생님, 다음에 또 기부해요!", "어려운 사람들에게 꼭 전달해 주세요." 등 적극적, 능동적으로 기부와 나눔 활동에 참여해볼 수 있었다.

활동사진

현수막 만들기

레몬청 만들기

레몬청 진열하기

레몬청 판매하기

나눔 장터 수익금 전달

RT
포인트

✚ 의도를 명확하게 표현해 주기

교사는 아동이 수행한 행동의 의도나 목적을 그대로 표현하면서 아동이 하는 활동이나 의사소통을 보다 복잡한 형태도 발전시킬 수 있습니다. 예를 들어 아동이 색블록을 가지고 주차장을 만들었다고 한다면 교사는 색블록을 가지고 자동차를 만들어 아동과 주차하는 놀이를 하여 놀이를 확장시킬 수 있습니다. 다만 교사가 아동의 놀이에 확장하는 것에 반응하지 않는다면 아동의 원래 놀이로 돌아가도록 합니다.

유아들은 개구리를 직접 기르면서 성장과정을 관찰하고 개구리가 살아가는 환경에 대한 지식을 터득할 수 있었다. 유아가 자신보다 작은 생명에 대한 존중을 생각해 볼 수 있었고, 생명체가 살아가는 주변 환경에도 관심을 가지는 계기가 되었다.

교사저널

평소에 준우는 개미가 나타나면 밟아서 죽여야 된다 생각하고 행동으로 옮겼다. 지나가는 개미를 발견하면 무조건 발로 밟아 죽어있는 모습을 확인하고는 돌아서서 발걸음을 옮겼다. 어린이집과 가정에서 개구리를 기르면서 준우는 어떻게 하면 개구리로 자라는지에 관심을 보이기 시작했고 개구리의 성장과정에 관심을 보였다. 개구리로 잘 자랄 수 있도록 밥풀을 먹이로 주고 올챙이가 숨 쉴 수 있는 돌멩이도 수조에 넣어주었다. 올챙이로 시작된 생명에 대한 이해가 다른 생명에 대한 이해로 넓힐 수 있었다. 동물에 대한 책을 보면서 주변 환경에서 살아가는 생명체에 대한 관심을 가지게 되었고 이전에 바깥놀이에서 개미를 죽이던 행동은 개미가 어디로 가는지 관찰하는 행동으로 변화되었다.

기존에 유아는 작은 생명에 대한 인식을 하지 않았다. 올챙이라는 생명을 통해 인간 이외의 생명에 대한 존재를 인식할 수 있었고, 유아가 작은 생명에 대해 이해할 수 있는 기회가 되었다. 올챙이를 아끼는 마음이 다른 동물, 곤충에 까지 미치게 되었고 다양한 생명을 존중할 수 있는 경험을 가질 수 있었다.

어린이집에서의 활동을 가정과 연계하기 위해 유아들에게 가정에서 올챙이를 길러 볼 수 있도록 분양하여 활동을 시작해 보았다. 올챙이를 가정으로 보낼 때 부모님들은 어떻게 키워야 할지 막막하다는 의견을 보였다. 유아들이 올챙이에 관심을 보이면서 부모님도 올챙이에 관심을 가질 수 있었다.

부모저널

- 일요일에는 아빠와 이마트에 가서 올챙이 밥도 사오고 올챙이 관찰도 계속되고 있습니다. (3월 30일 알림장)
- 아빠가 출장 후 집에 오셔서 올챙이 사는 물을 갈아 주셔서 더 깨끗한 시야에서 올챙이 관찰을 할 수 있었어요. 이러다 정말 개구리가 될 태세입니다. 하루 빨리 개구리로 키워서 방생하고만 싶은 엄마의 마음을 재민이가 알고 있을까요? (4월 2일 알림장)
- 올챙이 다리가 나오기 시작합니다. 아빠가 물갈이를 해 주셔서 관찰을 해보았네요. 관심을 갖고 관찰하는 재민이의 모습이 귀엽습니다. (4월 7일 알림장)
- 올챙이 뒷다리가 나와 더 큰 수조로 옮기고 관찰도 계속하고 개구리 책도 읽고 있어요. (4월 13일 알림장)

처음에 부모님들은 올챙이를 어떻게 키워야 하는지 난감해 했으며 빨리 올챙이가 개구리가 되어 풀어주고 싶은 마음이었다. 유아들이 올챙이를 키우는데 필요한 먹이와 올챙이가 좋아하는 주변 환경을 가정에서도 이야기하면서 부모님도 함께 올챙이를 기르는데 관심을 가지고 유아가 활동하는 데 적극적으로 지원하는 모습을 볼 수 있었다.

부록

01 연령별 추천 그림책

0세~첫돌

책	글	그림	출판사
강아지야! 넌 어떤 소리를 내니?	모 윌렘스	모 윌렘스	살림어린이
너는 누구니?	안체 담	안체 담	보림
냠냠냠 쪽쪽쪽	문승연	문승연	천둥거인
동물 소리 그림책	김충원	김충원	진선아이
안녕! 난, 루이야	이브 고트	이브 고트	키즈조선
엄마랑 뽀뽀	김동수	김동수	보림
무지개가 부러운 펭귄	사이먼 머그퍼드	조 리그	보림
루이는 뽀뽀를 좋아해	이브 고트	이브 고트	키즈조선

1세~2세

책	글	그림	출판사
123 시장 놀이	엄미랑	최혜인	시공주니어
걸어 보아요!	안나-클라라 티드홀름	안나-클라라 티드홀름	사계절
곤충 친구 1 2 3	김경미	김경미	웅진주니어
괜찮아	최숙희	최숙희	웅진주니어
기린 다리에 쉬를 한 강아지	프란세스코 피토	베르나데트 제르베	보림
기린아, 너랑 똑같지?	행복의나무	노혜연 / 박혜선	큰북작은북
기분이 좋아요	한성옥	한성옥	천둥거인

책	글	그림	출판사
까꿍! 누굴까	윤아해,보린,유다정	조미자	언어세상(사파리)
꼬불꼬불 냠냠	후쿠다 도시오	후쿠다 도시오	한울림어린이
나 먼저 나 먼저 : 차례 지키기	엄미랑	주순교	시공주니어
나비잠	신혜은	장호	사계절
나의 크레용	초 신타	초 신타	보림
난 자동차가 참 좋아	마가렛 와이즈 브라운	김진화	비룡소
내 거야!	정순희	정순희	천둥거인
내 맘대로 할래: 황소고집 바로잡기	이지현	이민혜	시공주니어
내가 안 그랬어: 거짓말 안 하기	김영미	조은희	시공주니어
냠냠냠	윤아해,보린,유다정	신동준B	언어세상(사파리)
너는 누구니?	안체 담	안체 담	보림
네가 태어난 날엔 곰도 춤을 추었지	낸시 틸먼	낸시 틸먼	내인생의책
누가 숨겼지?	고미 타로	고미 타로	비룡소
누구게?	김난지	박수지	웅진주니어
누구야?	정순희	정순희	창비
눈을 감아봐	케이트 뱅크스	게오르그 할렌스레벤	아이세움
눌러 보아요	신진주	신진주	웅진주니어
달님 안녕	하야시 아키코	하야시 아키코	한림출판사
데이빗은 못 말려	데이빗 섀논	데이빗 섀논	지경사
도리도리 짝짜꿍	이상교	최숙희	언어세상(사파리)
동물 의식주 그림책	변정인	조은화	시공주니어
동물들아, 뭐하니?	루퍼스 버틀러 세더	루퍼스 버틀러 세더	웅진주니어
동물친구 ㄱㄴㄷ	김경미	김경미	웅진주니어

책	글	그림	출판사
두드려 보아요!	안나-클라라 티드홀름	안나-클라라 티드홀름	사계절
둘이서 둘이서	김복태	김복태	보림
들어요	헬린 옥슨버리	헬린 옥슨버리	비룡소
또, 또, 또 해주세요: 세 가지 사랑 이야기	베라 B. 윌리엄스	베라 B. 윌리엄스	열린어린이
똑똑똑	다다 히로시	다다 히로시	우리아이들(북뱅크)
만져요	헬린 옥슨버리	헬린 옥슨버리	비룡소
말랑말랑	유애로	유애로	느림보
모두 다 아기야	김난지	김경미	웅진주니어
모두 안녕?	고미 타로	고미 타로	문학동네
모두 잠이 들어요	마가렛 와이즈 브라운	진 샬럿	비룡소
목욕탕에서 첨벙첨벙	마쓰타니 미요코	이와사키 치히로	프로메테우스
무지개가 부러운 펭귄	사이먼 머그퍼드	조 리그	보림
물고기가 좋아	인강 / 마거릿 아이즈 브라운	인강	보림
물어 보아요!	안나-클라라 티드홀름	안나-클라라 티드홀름	사계절
뭐하니?	유문조 기획	최민오	천둥거인
뭘 하는 거지?	고미 타로	고미 타로	문학동네
바무와 게로의 일요일	시마다 유카	시마다 유카	중앙출판사
배꼽 어딨지?	캐런카츠	캐런카츠	중앙출판사
배꼽손	나은희	신상우	한울림어린이
별 하나 꽁꽁	유다정,윤아해,보린	김정선	언어세상(사파리)
보아요	헬린 옥슨버리	헬린 옥슨버리	비룡소
북쪽 나라 자장가	낸시 화이트 칼스트롬	리오 딜런·다이앤 딜런	보림
불러 보아요	고선아	원혜영	사계절

책	글	그림	출판사
불어 보아요	차보금	김유대	사계절
빨주노초 내 장난감	엄미랑	최혜인	시공주니어
새를 삼킨 고양이	프란세스코 피토	베르나데트 제르베	보림
쑥쑥 봄이 와요	심조원	김시영	호박꽃
쓱싹쓱싹	유애로	유애로	느림보
악어 입으로 뛰어든 개구리	프란세스코 피토	베르나데트 제르베	보림
어디로 들어가지?	고미 타로	고미 타로	문학동네
어떻게 잡지?	고미 타로	고미 타로	문학동네
엄마 뽀뽀 아가 뽀뽀	남은희	우핀퀘이	아름다운사람들
엄마는 여우 아빠는 오소리	브리지뜨 뤼시나이	에브 타를레	얘기구름
옹기종기 냠냠	심조원	김시영	호박꽃
요술 손가락	고미 타로	고미 타로	문학동네
움직여요	헬린 옥슨버리	헬린 옥슨버리	비룡소
잡아 보아요	윤봉선	윤봉선	사계절
잡아 봐!	고미 타로	고미 타로	문학동네
찰싹	스티브 브린	스티브 브린	내인생의책
찾아 보아요!	안나-클라라 티드홀름	안나-클라라 티드홀름	사계절
찾았다, 우리 집	심스 태백	심스 태백	베틀북(프뢰벨)
치카치카 하나 둘	최정선	윤봉선	보림
코끼리처럼 키가 큰 생쥐	프란세스코 피토	베르나데트 제르베	보림
콩콩콩 도장 놀이	엄미랑	최혜인	시공주니어
쿨쿨쿨	보린,유다정,윤아해	신동준B	언어세상(사파리)
태워 보아요	홍진숙	윤정주	사계절

책	글	그림	출판사
톡톡톡톡	유애로	유애로	느림보
풍덩 시원해요	심조원	김시영	호박꽃

3세~4세

책	글	그림	출판사
가장 느리고 빠른 비니	아네트 헤르조그	에블린 다비디	큰나
강물의 여행	브리지트 시잔스키	버나뎃 와츠	파랑새어린이
개구쟁이 아빠	사토 와키코	사토 와키코	장수하늘소
거짓말 공주	메리앤 코카-레플러	메리앤 코카-레플러	책단배
검은 마을 하얀 마을	류보러	류보러	책읽는곰
겁내지 마, 핍!	카르마 윌슨	제인 채프먼	주니어랜덤
고양이 목에 방울 달기	정하섭	유승하	길벗어린이
고양이가 된 하루코	아오키 히로에	아오키 히로에	을파소
곤충의 숲	타다 사토시	타다 사토시	문학수첩리틀북스
곤충의 숲으로 놀러오세요	타다 사토시	타다 사토시	문학수첩리틀북스
곰 세 마리가 한집에 있어	잰 브렛	잰 브렛	문학동네
공룡 숲	조지 맥클레멘츠	조지 맥클레멘츠	해와비
공주와 개구리	빅토리아 색슨	롤레이 보브	예림당
구두 발자국	김홍모	김홍모	북스
구름머리 방	문정회	마야 셸리야	애플트리테일즈
구름빵	백희나	백희나	한솔수북
군고구마 잔치	사토 와키코	한수연	한림출판사

책	글	그림	출판사
궁금한 게 많은 뽀메로	로마나 바데스쿠	벤자민 쇼드	파인앤굿
그곳에는	마리루이즈 피츠패트릭	마리루이즈 피츠패트릭	별천지
그렇지만 나는 잠이 안 와	이상교	권혜영	작은책방
까만 크레파스와 괴물 소동	나카야 미와	나카야 미와	웅진주니어
깜부야, 우리 숲을 지켜줘!	김학민	노미영	형설아이
꼬마 거미의 특별한 초대	멜로디 칼슨	수잔 레이건	두란노키즈
꼬미와 신기한 모자	나리타 마사코	나리타 마사코	킨더랜드
꼬불꼬불 냠냠	후쿠다 도시오	후쿠다 도시오	한울림어린이
꼴찌 강아지	프랭크 애시	프랭크 애시	마루벌
꼼짝도 하지 않기!	토니 퓨슬	토니 퓨슬	뜨인돌어린이
꽃가마 탄 호랑이	조미라	정민정	한솔수북
꿈이 자라는 밤에	메리 베스 오언스	메리 베스 오언스	책그릇
나 정말 아프단 말이야	로렌 차일드	김난령 옮김	국민서관
나도 장수풍뎅이	김남길	신응섭 구춘서	계림북스
나도의 우산	송이현		아이즐북스
나처럼 예쁘게 말해 봐!	바버라 M. 주세	제니퍼 플레카스	주니어랜덤
내 이름은 이자벨라가 아니야	제니퍼 포스베리	마이크 리트윈	맹앤맹
내 입 속에 충치 가족이 살아요!	니시모토 야스코	니시모토 야스코	살림어린이
내가 먼저야	헬렌 레스터	린 먼싱어	보물창고
내가 최고야	루시 커진즈	루시 커진즈	시공주니어
내게 금지된 17가지	제니 오필	낸시 카펜터	열린어린이
내 물건	삼성출판사유아교육연구소	여서진	삼성출판사
너는 기적이야	최숙희	최숙희	책읽는곰

책	글	그림	출판사
네가 좋아	에밀리 그래빗	에밀리 그래빗	어린이 작가정신
노래하지 않는 피아노	정명화	김지혜	비룡소
누구랑 놀까	김근희	김근희	휴먼어린이
눈사람 밥이 가르쳐준 비밀	마크 킴볼 몰튼	캐런 힐러드 굿	예꿈
늑대가 돌아왔다	진 크레이그헤드 조지	웬델 마이너	다산기획
늑대와 일곱 마리 아기 염소	그림형제	IGFA	흙마당
다투고 화해하고 우리는 친구!	노버트 랜다	팀 원즈	세상모든책
단골손님	선자은		언어세상(사파리)
달 샤베트	백희나	백희나	스토리보울
대포 속에 들어간 오리	조이 카울리	로빈 벨튼	베틀북 (프뢰벨)
도리도리 짝짜꿍	이상교	최숙희	언어세상(사파리)
돈키호테	다니엘 로요 (원작:미겔 데 세르반테스)	잉드레 주이아르	다섯수레
동물 친구랑 종알종알 말놀이 동시	문삼석	강영수	글송이
동생이 뚝 태어났어	신희진	신희진	시공주니어
딸꾹질 한 번에 1초	헤이즐 허친스	케이디 맥도널드 덴톤	우리아이들(북뱅크)
때	백은하	장그리다	을파소
똑똑똑	다다 히로시	다다 히로시	우리아이들(북뱅크)
루이는 뽀뽀를 좋아해	이브 고트	이브 고트	키즈조선
마녀 위니와 슈퍼 호박	밸러리 토머스	코키 폴	비룡소
마녀 위니의 생일 파티	밸러리 토머스	코키 폴	비룡소
막걸리 심부름	이춘희	김정선	언어세상(사파리)
만약 내가 갓난아기라면……	이브 타렛	이브 타렛	은나팔
만약 내가 사자라면……	이브 타렛	이브 타렛	은나팔

책	글	그림	출판사
만약 내가 새라면……	이브 타렛	이브 타렛	은나팔
만약 내가 생쥐라면……	이브 타렛	이브 타렛	은나팔
말랑말랑	유애로	유애로	느림보
메주 꽃이 활짝 피었네	이명랑	신가영	중앙출판사
모두 깜짝	쪼오 신따	쪼오 신따	창비
몬스터, 제발 나를 먹지 마세요!	카를 노락	카를 크뇌이트	다른세상
몰리의 벙어리장갑	린 플로드	미취 베인	맑은가람
문제가 생겼어요!	이보나 흐미엘레프스카	이보나 흐미엘레프스카	논장
물어보길 참 잘했다!	이찬규	심윤정	애플비
민들레를 사랑한 기니피그 아삭이	샬럿 미들턴	샬럿 미들턴	내인생의책
바다표범 구출기	다이앤 맥나잇	도로시 에멀링	미세기
바무와 게로의 일요일	시마다 유카	시마다 유카	중앙출판사
밥	재미난책보	안지연A	어린이아현
배고픈 여우 콘라트	크리스티안 두다	율리아 프리제	하늘파란상상
벌 할아버지	로리 크레브스	발레리아 시스	도서출판 세용
베오울프	제임스 럼포드	제임스 럼포드	보물창고
변기엔 누가 앉을까?	안드레아 웨인 폰 쾨닉스뢰브	안드레아 웨인 폰 쾨닉스뢰브	키득키득
별 하나 꽁꽁	유다정,윤아해,보린	김정선	언어세상(사파리)
북촌 나들이	임현아	임현아	낮은산
블루 피플	화리데 칼라트바리	마르크 샤갈	큰나
빨간 모자	샤를 페로	게오르그 할렌스레벤	샘터
뽀뽀는 정말 싫어!	줄리아 자먼	에리카 제인 워터스	주니어랜덤
사랑과 사랑	오스카 브르니피에	자크 데프레	미래아이

책	글	그림	출판사
산타를 만났어	군 구미코	코로보클	킨더랜드
산타할아버지, 우리 집에도 오시나요?	이미애	강성남	프리미엄북스
삶의 의미	오스카 브르니피에	자크 데프레	미래아이
새 친구 세모돌이	고정욱	문동호	여름숲
생쥐 신랑	홍영우	홍영우	보리
선과 악	오스카 브르니피에	자크 데프레	미래아이
숫자 전쟁	후안 다리엔	후안 다리엔	파란자전거
숲 속에 누가 들어왔어요	진 스토익, 칼 샘스	칼 샘스, 진 스토익	예림당
숲의 길	이형진	이형진	느림보
쉿, 내 말 좀 들어 봐!	아델하이트 다히메네	젤다 마를린 조간치	소년한길 (한길사)
신데렐라	마샤 브라운	마샤 브라운	시공주니어
실수해도 괜찮아	케이트 뱅크스 그	보리스 쿨리코프	보물창고
싫어, 싫어, 싫어!	세자르 페르난데즈 가르시아	조르디 세일즈	푸른날개
아기호랑이에게 줄무늬를 그려줘	안드레이 우사초프	알렉산드라 융에	고려원북스
아라의 신발	이혜옥	이혜옥	아이즐북스
아마존 숲의 편지	잉그리드 비스마이어 벨링하젠	잉그리드 비스마이어 벨링하젠	해솔
아빠처럼	프랭크 애시	프랭크 애시	마루벌
아주 영리한 물고기	크리스토퍼 워멀	크리스토퍼 워멀	비룡소
안녕! 난, 루이야	이브 고트	이브 고트	키즈조선
안녕, 여긴 열대 바다야	한정기	서영아	비룡소
안성맞춤	김명희, 임재해	최정인	언어세상(사파리)
애완 공룡 티라노	페드로 페니조또	페드로 페니조또	푸른날개
야호, 나도 자전거 탈 수 있다!	사코 모모미	사코 모모미	국민서관

책	글	그림	출판사
어디로 소풍 갈까?	사토 와키코	사토 와키코	한림출판사
어떡하지?	케런 헤일리스	찰스 퓨지	미세기
어떻게 똥을 닦지?	하인츠 야니쉬	필리프 구센스	어린이 작가정신
어제의 해님은 어디로 갔을까?	군 구미코	이모토 요코	크레용하우스
얼굴이 빨개져도 괜찮아!	로르 몽루부	로르 몽루부	살림어린이
엄마 말 안 들으면… 흰긴수염고래 데려온다!	맥 바네트	애덤 렉스	다산기획
엄마 뽀뽀 아가 뽀뽀	남은희	우핀뤠이	아름다운사람들
엄마랑 뽀뽀	김동수	김동수	보림
엄마의 마음	우치다 린타로	아지토 게이코	도서출판 세용
여우와 거위	안토니 슈나이더	헬가 반쉬	큰나
여우와 토끼가 잘 자라고 말할 때	카트린 셔러	카트린 셔러	예림당
열무의 하얀 깃털	민정영	민정영	느림보
열한 번째 양은 누굴까?	미지 켈리	러셀 아요토	국민서관
오세암	정채봉, 이혜옥	마고 21	삐아제어린이
오줌싸개 할래요!	하세가와 요시후미	하세가와 요시후미	주니어랜덤
오카리노는 심심해!	실비에 아우자리 루톤	실비에 아우자리 루톤	맑은가람
온 세상을 노래해	리즈 가튼 스캔런	말라 프레이지	웅진주니어
올리비아 고양이 길들이기	조 퍼디	쉐인 존슨	효리원
올리비아 식사 예절 배우기	에밀리 솔린저	가이 워릭	효리원
왕과 씨앗	에릭 매던	폴 헤스	국민서관
왕재수 없는 날	패트리샤 레일리 기프	수잔나 나티	보물창고
외동딸이 뭐가 나빠?	케리 베스트	소피 블랙올	비룡소
요술 정원	P. K. 할리난	패트리스 바톤	주니어김영사

책	글	그림	출판사
우리 삼촌 앤디 워홀의 고양이들	제임스 워홀라	제임스 워홀라	바다어린이
우리 선생님은 괴물	마이크 탈러	자레드 리	보물창고
우리 형이니까	후쿠다 이와오	후쿠다 이와오	아이세움
우물에 빠진 아기용	줄리 사익스	멜라니 윌리엄슨	맑은가람
울었어	나카가와 히로타카	초 신타	문학동네
원숭이랑 나랑	에밀리 그래빗	에밀리 그래빗	어린이 작가정신
유치원에 처음 가는 날	코린 드레퓌스	나탈리 슈	키다리
이불 나라의 난쟁이들	오치 노리코	데쿠네 이쿠	베틀북 (프뢰벨)
이야기가 맨 처음 생겨난 이야기	정해왕	김상균	좋은책어린이
임금님과 호밀빵	파멜라 엘렌	파멜라 엘렌	키다리
자린고비	정하섭	문종훈	웅진주니어
자신만만 1학년	양승현	장숙희	아이즐북스
작은 토끼 마시멜로	클레어 터레이 뉴베리	클레어 터레이 뉴베리	시공주니어
잠	재미난책보	김경복	어린이아현
전학 온 친구	에런 블레이비	에런 블레이비	도서출판 세용
제왕나비와 박주가리	헬렌 프로스트	레오니드 고어	마루벌
조금만	타키무라 유우코	스즈키 나가코	한림출판사
좋은 일이 생길 거야	로즈앤 통	유진 김 닐란	노란상상
주사위 던지기	프리츠 라이버, 사라 L. 톰슨	데이비드 위즈너	문학동네
진짜 헨젤과 그레텔 이야기	브리타 슈바르츠	이리스 하르트	청어람미디어
집	재미난책보	김경수	어린이아현
집이 제일 좋지?	엘리자베스 베이글리	제인 채프먼	세상모든책
책	재미난책보	김태형	어린이아현

책	글	그림	출판사
책	모디캐이 저스타인	모디캐이 저스타인	보물창고
치카치카 하나 둘	최정선	윤봉선	보림
카미유, 학교 가자!	피에르 크룩스	줄리 메르시에	다른세상
케이티가 그랬어!	로리앤 시오메이즈	로리앤 시오메이즈	맹앤앵
쿨쿨쿨	보린,유다정,윤아해	신동준B	언어세상(사파리)
쿵쿵쿵	훠테메 마쉬하디 로스탐	아푸러 노바허르	큰나
큰 늑대 작은 늑대	나딘 브룅코슴	올리비에 탈레크	시공주니어
키 크기, 준비 땅!	소피 파이퍼	조지 버키트	큰북작은북
키 한 뼘, 마음 두 뼘	로마나 바스데쿠	벤자민 쇼드	파인앤굿
타샤의 열두 달	타샤 튜더	타샤 튜더	윌북
텔레비전 없으면 못 살아!?	글렌 맥코이	글렌 맥코이	미세기
톡톡톡톡	유애로	유애로	느림보
투명인간이 되다	잔니 로다리	알렉산드로 산나	파랑새어린이
트럭은 부지런해요	바이런 바튼	바이런 바튼	보물창고
포인세티아의 전설	토미 드 파올라	토미 드 파올라	비룡소
피터와 늑대	로리오트	요르크 뮐러	비룡소
필로 판즈워스 이야기	캐슬린 크럴	그레그 카우치	봄나무
핑계는 이제 그만	웨인 W. 다이어, 크리스티나 트레이시	스테이시 헬러 버드닉	나무생각
하나, 둘, 셋,치-즈!	로렌 차일드	김난령 옮김	국민서관
하늘을 날고 싶은 공주	플로렌스 패리 하이드	레인 스미스	내인생의책
하얀공주 수가 사랑에 빠졌어요!	마크 킴볼 몰튼	캐런 힐러드 굿	예꿈
한 조각의 꿈	플로랑스 랑글로와	플로랑스 랑글로와	파인앤굿
할머니와 고양이	패트리샤 폴라코	패트리샤 폴라코	보물창고

책	글	그림	출판사
할아버지는 1학년	에마뉘엘 부르디에	엘렌 조르주	문학동네
형광색을 발명하여 꿈을 이룬 두 형제 이야기	크리스 바턴	토니 퍼시아니	문학동네
호랑이와 고양이는...	오시마 에이타로	오시마 에이타로	우리아이들(북뱅크)
호박에는 씨가 몇 개나 들어 있을까?	마거릿 맥나마라	G. 브라이언 카라스	봄나무
혹부리 할아버지	송언	이형진	국민서관
황금률	아일린 쿠퍼	가비 스비아트코브스카	두레아이들
훌러덩	나카가와 히로타카	후지모토 토모히코	뜨인돌어린이

5~6세

책	글	그림	출판사
가슴으로 낳았대요	임희옥	서연희	아이코리아
가장 느리고 빠른 비니	아네트 헤르조그	에블린 다비디	큰나
감자에 싹이 나서	김성종	김성종	낮은산
강물의 여행	브리지트 시잔스키	버나뎃 와츠	파랑새어린이
개구쟁이 아빠	사토 와키코	사토 와키코	장수하늘소
개똥이 첫돌 잔치	이지현	정은희	중앙출판사
거울 속에 누구요?	조경숙	윤정주	국민서관
거인의 집	클라스 베르블랑크	클라스 베르블랑크	느림보
거짓말 공주	메리앤 코카-레플러	메리앤 코카-레플러	책단배
거짓말 세마디	이용포	김언희	시공주니어
검은 땅에 핀 초록빛 꿈: 노벨 평화상 수상자 왕가리 마타이	클레어 A. 니볼라	클레어 A. 니볼라	베틀북(프뢰벨)
검은 마을 하얀 마을	류보러	류보러	책읽는곰

책	글	그림	출판사
겁내지 마, 핍!	카르마 윌슨	제인 채프먼	주니어랜덤
고맙습니다	전광, 박보영	강윤미	생명의말씀사
고양이 목에 방울 달기	정하섭	유승하	길벗어린이
고양이 소동	에즈라 잭 키츠	에즈라 잭 키츠	비룡소
고양이가 된 하루코	아오키 히로에	아오키 히로에	을파소
곤충의 숲	타다 사토시	타다 사토시	문학수첩리틀북스
곤충의 숲으로 놀러오세요	타다 사토시	타다 사토시	문학수첩리틀북스
곰 세 마리가 한집에 있어	잰 브렛	잰 브렛	문학동네
공룡 숲	조지 맥클레멘츠	조지 맥클레멘츠	해와비
공주와 개구리	빅토리아 색슨	롤레이 보브	예림당
교사를 위한 아동권리협약	임희옥	황유리	아이코리아
구두 발자국	김홍모	김홍모	북스
구름머리 방	문정회	마야 셀리야	애플트리테일즈
구름의 왕국 알람사하바	윤지회	윤지회	보림
군고구마 잔치	사토 와키코	한수연	한림출판사
궁금한 게 많은 뽀메로	로마나 바데스쿠	벤자민 쇼드	파인앤굿
그곳에는	마리루이즈 피츠패트릭	마리루이즈 피츠패트릭	별천지
그렇지만 나는 잠이 안 와	이상교	권혜영	작은책방
그림 도둑을 찾아라	아서 가이서트	아서 가이서트	비룡소
글자가 사라진다면	윤아해, 육길나, 김재숙	혜 경	뜨인돌어린이
까만 크레파스와 괴물 소동	나카야 미와	나카야 미와	웅진주니어
깔깔깔 웃음이 번지는 노랑	신자은	신민재	뜨인돌어린이
깜부야, 우리 숲을 지켜줘!	김학민	노미영	형설아이

책	글	그림	출판사
꼬꼬닭 빨강이를 누가 도와줄래?	제리 핑크니	제리 핑크니	열린어린이
꼬마 거미의 특별한 초대	멜로디 칼슨	수잔 레이건	두란노키즈
꼬마 해적 샤키: 보물섬의 비밀	유타 랑로이터	질비오 노이엔도르프	맑은가람
꼬마해녀와 물할망	선자은	윤정주	언어세상(사파리)
꼬미와 신기한 모자	나리타 마사코	나리타 마사코	킨더랜드
꼬부랑 꼬부랑 할머니	김기택	염혜원	비룡소
꼬부랑 할머니	권정생	강우근	한울림어린이
꼴찌 강아지	프랭크 애시	프랭크 애시	마루벌
꼼짝도 하지 않기!	토니 퓨슬	토니 퓨슬	뜨인돌어린이
꽃가마 탄 호랑이	조미라	정민정	한솔수북
꿈이 자라는 밤에	메리 베스 오언스	메리 베스 오언스	책그릇
나 정말 아프단 말이야	로렌 차일드	로렌 차일드	국민서관
나는 꼬마 공주	캐런 카츠	캐런 카츠	중앙출판사
나는 둘째입니다	정윤정	정윤정	시공주니어
나는 떠돌이 개야	이상교	이형진	시공주니어
나는야 금피리 아스트리드	마리아 옌손	마리아 옌손	국민서관
나는야 꼬마거북 마젤란!	이브 번팅	마샤 윈본	예꿈
나도 장수풍뎅이	김남길	신응섭, 구춘서	계림북스
나도의 우산	송이현		아이즐북스
나랑 놀아 줘!	니코 드 브렉켈리어	로즈마리 드 보스	미래아이(미래M&B)
나무 도둑	올리버 제퍼스	올리버 제퍼스	주니어김영사
나무가 자라는 물고기: 목어 이야기	김혜리	김혜리	사계절
나비 엄마의 손길	크리스티앙 볼츠	크리스티앙 볼츠	한울림어린이

책	글	그림	출판사
나야, 나!	고경숙	고경숙	재미마주
나처럼 예쁘게 말해 봐!	바버라 M. 주세	제니퍼 플레카스	주니어랜덤
난 내 이름이 참 좋아!	케빈 헹크스	케빈 헹크스	비룡소
날아라 함께!	돈 프리먼	돈 프리먼	미세기
낱말 수집가 맥스	케이트 뱅크스	보리스 쿨리코프	보물창고
내 껍질을 돌려줘!	최승호	윤정주	비룡소
내 동생 달로 보내 버려!	로비 해리스	마이클 엠벌리	와이즈아이
내 방아, 안녕!: 이사 가는 날	크리스토프 르 만	마리알린 바뱅	시공주니어
내 방은 엉망진창	마티아스 소트케	슈테펜 부츠	미래아이
내 사랑 홀쭉양	윌리엄 스타이그	존 에이지	비룡소
내 이름은 이자벨라가 아니야	제니퍼 포스베리	마이크 리트윈	맹앤맹
내 입 속에 충치 가족이 살아요!	니시모토 야스코	니시모토 야스코	살림어린이
내가 먼저야	헬렌 레스터	린 먼싱어	보물창고
내가 미안해	크리스티앙 볼츠	크리스티앙 볼츠	한울림어린이
내가 이겼어, 아냐 내가 이겼어!	로렌 차일드	로렌 차일드	국민서관
내가 잘할 수 있을까요?: 유치원에 처음 가는 날	크리스토프 르 만	마리알린 바뱅	시공주니어
내가 최고야	루시 커진즈	루시 커진즈	시공주니어
내게 금지된 17가지	제니 오필	낸시 카펜터	열린어린이
내게 만약 엄마 아빠가 있다면	임희옥	에스더	아이코리아
냄새 고약한 치즈맨과 멍청한 이야기들	존 셰스카	레인 스미스	담푸스
냐옹이	노석미	노석미	시공주니어
너구리와 늙은 나무	데이비드 맥페일	데이비드 맥페일	예림당
너는 기적이야	최숙희	최숙희	책읽는곰

책	글	그림	출판사
네가 좋아	에밀리 그래빗	에밀리 그래빗	어린이 작가정신
넬리의 집	클라스 베르블랑크	클라스 베르블랑크	느림보
노란 코끼리	줄리 라리오스	줄리 패스키스	보물창고
노래하지 않는 피아노	정명화	김지혜	비룡소
누가 산타에게 선물을 준 걸까?	앙투완느 귈로페	앙투완느 귈로페	미래아이
누구랑 놀까	김근희	김근희	휴먼어린이
눈사람 밥이 가르쳐 준 비밀	마크 킴볼 몰튼	캐런 힐러드 굿	예꿈
느려도 괜찮아	에릭 브룩스	에릭 브룩스	한우리북스
늑대가 돌아왔다	진 크레이그헤드 조지	웬델 마이너	다산기획
늑대와 일곱 마리 아기염소	그림형제	IGFA	흙마당
늴리리 쿵더쿵!	차승자	차승자	비룡소
다른 사람이 말할 때 끝까지 잘 들어보렴	이찬규	남주현	애플비
다투고 화해하고 우리는 친구!	노버트 랜다	팀 원즈	세상모든책
단골 손님	선자은	이광익	언어세상(사파리)
단군 이야기	정하섭	임춘희	웅진주니어
달 샤베트	백희나	백희나	스토리보울
달님의 크리스마스	김세실	여서진	기탄교육
대별왕 소별왕	한태희	한태희	한림출판사
대포 속에 들어간 오리	조이 카울리	로빈 벨튼	베틀북 (프뢰벨)
더도말고 덜도말고 한가위만 같아라	김평	이김천	책읽는곰
도서관에 도깨비가 으히히히	상자휘	양완징	국민서관
돈이 뭐예요?	안드레아스 팔메르	페르 구스타프손	리브레
돈키호테	다니엘 로요	앙드레 주이아르	다섯수레

책	글	그림	출판사
돌부처와 비단장수	박지윤	박지윤	아지북스
동동동 아기돼지	이상교	장기석	작은책방
동생은 내가 좋은가 봐요: 동생이 태어났을 때	크리스토프 르 만	마리알린 바뱅	시공주니어
동생이 뚝 태어났어	신희진	신희진	시공주니어
두근두근 아슬아슬 디시와 스푼의 모험 이야기	미니 그레이	미니 그레이	와이즈아이
두두가 좋아!	오로어 제쎄	바바라 코르투에스	아이앤북
둥그렁 뎅 둥그렁 뎅	전래동요	김종도	창비
드로메다 이야기	레기네 테트렐	아나스타시아 테트렐	한우리북스
따라가면 안 돼요: 우리 아이 유괴 안전 가이드북	이혜용	서혜진	문공사
딸꾹질 한 번에 1초	헤이즐 허친스	케이디 맥도널드 덴톤	우리아이들(북뱅크)
딸랑새	서정오	홍영우	보리
때	백은하	장그리다	을파소
또야와 세발자전거	권정생	박요한	효리원
똑똑한 핀둘리	자넬 캐넌	자넬 캐넌	국민서관
뚜레 보물을 모으다	토마스 티드홀름	안나-클라라 티드홀름	느림보
뚜레 하늘을 날다	토마스 티드홀름	안나-클라라 티드홀름	느림보
리네의 보물찾기	다니엘라 붕게	다니엘라 붕게	한우리북스
마녀 위니와 슈퍼 호박	밸러리 토머스	코키 폴	비룡소
마녀 위니의 생일 파티	밸러리 토머스	코키 폴	비룡소
마마신 손님네	이상교	김도연	한림출판사
마법의 유치원 버스	고정욱	성은	여름숲
막걸리 심부름	이춘희	김정선	언어세상(사파리)
막스의 모험	고티에 다비드	마리 코드리	어린이 작가정신

책	글	그림	출판사
만약 내가 갓난아기라면……	이브 타렛	이브 타렛	은나팔
만약 내가 사자라면……	이브 타렛	이브 타렛	은나팔
만약 내가 새라면……	이브 타렛	이브 타렛	은나팔
만약 내가 생쥐라면……	이브 타렛	이브 타렛	은나팔
말하는 꾀꼬리와 춤추는 소나무	강소희	강소희	사계절
멋쟁이 낸시와 예쁜 강아지	제인 오코너	로빈 프레이스 글래서	국민서관
메리와 생쥐	비버리 도노프리오	바바라 매클린톡	베틀북(프뢰벨)
메주 꽃이 활짝 피었네	이명랑	신가영	중앙출판사
명희의 그림책	배봉기	오승민	보림
모두 깜짝	쪼오 신따	쪼오 신따	창비
몬스터, 제발 나를 먹지 마세요!	카를 노락	카를 크뇌이트	다른세상
몰리의 벙어리 장갑	린 플로드	미취 베인	맑은가람
못말리는 태키와 펭귄 사냥꾼	헬렌 레스터	린 먼싱어	우리아이들(북뱅크)
문제가 생겼어요!	이보나 흐미엘레프스카	이보나 흐미엘레프스카	논장
물어보길 참 잘했다!	이찬규	심윤정	애플비
민들레를 사랑한 기니피그 아삭이	샬럿 미들턴	샬럿 미들턴	내인생의책
바다에 간 코르크	마크 서머셋	로완	물음표
바다의 꿈	김세실	노성빈	여원미디어
바다표범 구출기	다이앤 맥나잇	도로시 에멀링	미세기
바람이 살랑	조미자	조미자	국민서관
바람이 좋아요	최내경	이윤희B	마루벌
바바야가: 러시아의 옛이야기	타이마르크 르 탕	레베카 도트르메르	비룡소
바부시카의 인형	패트리샤 폴라코	패트리샤 폴라코	시공주니어

책	글	그림	출판사
발맞춰 걷는 건 싫어!	장 프랑수아 뒤몽	장 프랑수아 뒤몽	미래아이
밥	재미난책보	안지연A	어린이아현
밥 먹기 싫어요!	안나 카살리스	마르코 캄파넬라	키득키득
방귀쟁이 며느리	신세정	신세정	사계절
배고픈 여우 콘라트	크리스티안 두다	율리아 프리제	하늘파란상상
뱀이 친구 구해요	마츠오카 다츠히데	마츠오카 다츠히데	달리
벌 할아버지	로리 크레브스	발레리아 시스	도서출판 세용
베로니카 넌 특별해	로저 뒤바쟁	로저 뒤바쟁	비룡소
베오울프	제임스 럼포드	제임스 럼포드	보물창고
베토벤의 기적 같은 피아노이사 39번	조나 윈터	배리 블리트	문학동네
벼룩이 세상을 바꿨다면?	발데마르 드리헬	발데마르 드리헬	문학동네
변기엔 누가 앉을까?	안드레아 웨인 폰 쾨닉스뢰브	안드레아 웨인 폰 쾨닉스뢰브	키득키득
복 타러 간 총각	김세실	최민오	시공주니어
봄을 만드는 요정	시빌 폰 올페즈	지그린드 숀 스미스 퀼트	미래아이
부바네 희망가게	아녜스 드 레스트라드	톰 샹	한우리북스
부엌 할머니	이규희	윤정주	보림
북적북적 우리 동네가 좋아	리처드 스캐리	리처드 스캐리	보물창고
북촌 나들이	임현아	임현아	낮은산
불: 밝히고 덥히고 태우는	재미난책보	김경복	어린이아현
블루 피플	화리데 칼라트바리	마르크 샤갈	큰나
빛으로 여는 세상	임선아	원유성	한우리북스
빨간 모자	샤를 페로	게오르그 할렌스레벤	샘터
빨간 모자	이모토 요코(그림 형제 원작)	이모토 요코	여명미디어(삼성당)

책	글	그림	출판사
빨간 코 빨간 귀	다비드 칼리	오렐리 귈르리	아룸주니어
빨강 빨강 빨강	발레리 고르바초프	발레리 고르바초프	예꿈
뽀뽀는 정말 싫어!	줄리아 자먼	에리카 제인 워터스	주니어랜덤
뿌루퉁 왕국 방실 왕자	존 A.로	존 A.로	국민서관
삐뽀삐뽀 119에 가 볼래?	리처드 스캐리	리처드 스캐리	보물창고
사고뭉치 꼬마 개구리 플록	야코프 마르틴 스트리드	야코프 마르틴 스트리드	어린이 작가정신
사랑과 사랑	오스카 브르니피에	자크 데프레	미래아이
사랑하는 내동생	샐리 로이드 존스	수 힙	미래아이
사자가 작아졌어!	정성훈	정성훈	한솔수북
산타를 만났어	군 구미코	코로보클	킨더랜드
산타할아버지, 우리 집에도 오시나요?	이미애	강성남	프리미엄북스
살아 있어	나카야마 치나츠	사사메야 유키	보물상자
삶의 의미	오스카 브르니피에	자크 데프레	미래아이
새 친구 세모돌이	고정욱	문동호	여름숲
생쥐 신랑	홍영우	홍영우	보리
선과 악	오스카 브르니피에	자크 데프레	미래아이
설탕 나라 초콜릿 행성	잔니 로다리	발레리아 페트로네	키득키득
세 엄마 이야기	신혜원	신혜원	사계절
소방관 아저씨의 편지	막스 한	이름트라우트 텔타우	한우리북스
소풍 가는 날 나 찾아 봐!	슈테파니 샤른베르그	슈테파니 샤른베르그	키득키득
소풍은 정말 즐거워!	다나카 신스케	다나카 신스케	주니어랜덤
솥찜질에 처하노라	한미경	한상언	웅진주니어
수수께끼 동시 그림책	조이스 시드먼	베스 크롬스	보물창고

책	글	그림	출판사
숫자 전쟁	후안 다리엔	후안 다리엔	파란자전거
숲 속에 누가 들어왔어요	진 스토익, 칼 샘스	칼 샘스, 진 스토익	예림당
숲의 길	이형진	이형진	느림보
쉿, 내 말 좀 들어 봐!	아델하이트 다히메네	젤다 마를린 조간치	소년한길(한길사)
시끌벅적 그림 친구들	크리스 투가스	크리스 투가스	책읽는곰
신데렐라	마샤 브라운	마샤 브라운	시공주니어
실수해도 괜찮아	케이트 뱅크스	보리스 쿨리코프	보물창고
싫어, 싫어, 싫어!	세자르 페르난데즈 가르시아	조르디 세일즈	푸른날개
싸우지 말고 사이좋게: 친구랑 싸우거나 부모님이 싸우는 걸 보았을 때	마리알린 바뱅	마리알린 바뱅	시공주니어
쓱쓱 싹싹 목욕탕	니시무라 토시오	니시무라 토시오	한림출판사
아기 배달부 황새	데이비드 J.올슨	린 먼싱어	한우리북스
아기 호랑이에게 줄무늬를 그려줘	안드레이 우사초프	알렉산드라 융에	고려원북스
아델과 사이먼, 미국에 가다!	바바라 매클린톡	바바라 매클린톡	베틀북(프뢰벨)
아라의 신발	이혜옥		아이즐북스
아마존 숲의 편지	잉그리드 비스마이어 벨링하젠	잉그리드 비스마이어 벨링하젠	해솔
아빠 놀이터	김태호	김태호	한솔수북
아빠 아빠 우리 아빠	마거릿 와일드	스티븐 마이클 킹	미래아이
아빠는 1등만 했대요	노경실	김진화	시공주니어
아빠는 나를 사랑해! · 엄마는 나를 사랑해!	로라 누메로프	린 먼싱어	주니어랜덤
아빠는 너를 사랑한단다	베스 무어	비벌리 L. 워런	두란노키즈
아빠는 너를 사랑해	앤드루 클레먼츠	R.W. 앨리	국민서관
아빠는 항상 너를 사랑한단다!	르네 구이슈	토마 바	큰북작은북
아빠를 화나게 하는 10가지 방법	실비 드 마튀이시욱스	세바스티앙 디올로장	어린이 작가정신

책	글	그림	출판사
아빠에게 가는 길	심스 태백	심스 태백	베틀북(프뢰벨)
아빠처럼	프랭크 애시	프랭크 애시	마루벌
아이, 심심해!	데이비드 루카스	데이비드 루카스	중앙출판사
아주 영리한 물고기	크리스토퍼 워멀	크리스토퍼 워멀	비룡소
아주 특별한 토요일	크리스티앙 로쉬	에블린 페브르	문학동네
아토피를 조심해	이현	픽토스튜디오	국민서관
안녕, 여긴 열대 바다야	한정기	서영아	비룡소
안녕, 할머니달님	도나 스테인맨	태마라 기온	키다리
안성맞춤	김명희	최정인	언어세상(사파리)
애완 공룡 티라노	페드로 페니조또	페드로 페니조또	푸른날개
애완동물 뽐내기 대회	에즈라 잭 키츠	에즈라 잭 키츠	비룡소
앨버트, 또 무슨 생각 하니?	라니 야마모토	라니 야마모토	책읽는곰
야, 생선이다!	나가노 히데코	나가노 히데코	책읽는곰
야옹야옹 콜린과 쿨쿨 상자	리 호지킨슨	리 호지킨슨	국민서관
야호, 나도 자전거 탈 수 있다!	사코 모모미	사코 모모미	국민서관
양말이 쭉쭉	리제 베치톨드	리제 베치톨드	키득키득
얘가 먼저 그랬어요!	가브리엘라 케셀만	펩 몬세르랏	고래이야기
어둠을 꿀꺽해 버린 도깨비	조이스 던바	지미	예림당
어디로 소풍 갈까?	사토 와키코	사토 와키코	한림출판사
어떡하지?	케런 헤일리스	찰스 퓨지	미세기
어떻게 똥을 닦지?	하인츠 야니쉬	필리프 구센스	어린이 작가정신
어른들은 왜 그래?	윌리엄 스타이그	윌리엄 스타이그	비룡소
어제의 해님은 어디로 갔을까?	군 구미코	이모토 요코	크레용하우스

책	글	그림	출판사
언젠가 나는요	에일린 스피넬리	로지 윈스테드	지경사
얼굴이 빨개져도 괜찮아!	로르 몽루부	로르 몽루부	살림어린이
얼음 소년	조원희	조원희	느림보
엄마 까투리	권정생	김세현	낮은산
엄마 말 안 들으면… 흰긴수염고래 데려온다!	맥 바네트	애덤 렉스	다산기획
엄마, 여기는 너무 심심해요!	바바라 파크	비비아나 가로폴리	애플비
엄마는 항상 네 곁에 있단다!	르네 구이슈	토마 바	큰북작은북
엄마의 마음	우치다 린타로	아지토 게이코	도서출판 세용
엄마의 여행 가방	선현경	선현경	비룡소
엘로이즈의 목욕 소동	케이 톰슨	힐러리 나이트	예꿈
여보세요, 할머니?	이언 와이브라우	데버러 올라이트	중앙출판사
여우와 거위	안토니 슈나이더	헬가 반쉬	큰나
여우와 토끼가 잘 자라고 말할 때	카트린 섀러	카트린 섀러	예림당
연필 하나	알랭 알버그	부루스 잉그만	주니어김영사
열무의 하얀 깃털	민정영	민정영	느림보
열한 번째 양은 누굴까?	미지 켈리	러셀 아요토	국민서관
오세암	정채봉, 이혜옥	마고 21	삐아제어린이
오소리가 우울하대요	하이어윈 오람	수잔 발리	보물창고
오소리의 이별 선물	수잔 발리	수잔 발리	보물창고
오줌싸개 할래요!	하세가와 요시후미	하세가와 요시후미	주니어랜덤
오카리노는 심심해!	실비에 아우자리 루톤	실비에 아우자리 루톤	맑은가람
온 세상에 기쁨이 가득	신자와 도시히코	오시마 다에코	책읽는곰
온 세상에 친구가 가득	신자와 도시히코	오시마 다에코	책읽는곰

책	글	그림	출판사
온 세상을 노래해	리즈 가튼 스캔런	말라 프레이지	웅진주니어
올리비아 고양이 길들이기	조 퍼디	쉐인 존슨	효리원
올리비아 식사 예절 배우기	에밀리 솔린저	가이 워릭	효리원
옴두꺼비 장가간 이야기	이미애(박영만 원저)	김세현	언어세상(사파리)
왕과 씨앗	에릭 매던	폴 헤스	국민서관
왕재수 없는 날	패트리샤 레일리 기프	수잔나 나티	보물창고
왜 나만 따라 해!	고여주, 위혜정	윤희동	휴이넘
왜 나만 혼나요?: 규칙을 어겨 혼이 났을 때	엘리자베스 드 랑빌리	마리알린 바뱅	시공주니어
외동딸이 뭐가 나빠?	케리 베스트	소피 블랙올	비룡소
요술 정원	P. K. 할리난	패트리스 바톤	주니어김영사
요술 항아리	이수아	이수아	비룡소
용감무쌍 염소 삼형제	아스비에른센, 모에	마샤 브라운	비룡소
우락부락 염소 삼 형제	폴 갈돈	폴 갈돈	시공주니어
우리 누나: 이서지 화백 풍속 그림책	김향수	이서지	한솔수북
우리 삼촌 앤디 워홀의 고양이들	제임스 워홀라	제임스 워홀라	바다어린이
우리 선생님은 괴물	마이크 탈러	자레드 리	보물창고
우리 엄빠	임희옥	전효훈	아이코리아
우리 할머니가 이상해요	울프 닐손	에바 에릭손	시공주니어
우리 형이니까	후쿠다 이와오	후쿠다 이와오	아이세움
우물에 빠진 아기용	줄리 사익스	멜라니 윌리엄슨	맑은가람
우웩	유다정	신숙	한우리북스
울었어	나카가와 히로타카	초 신타	문학동네
원숭이랑 나랑	에밀리 그래빗	에밀리 그래빗	어린이 작가정신

책	글	그림	출판사
위대한 탈출	토비 리들	토비 리들	마루벌
유령 도서관	데이비드 멜링	데이비드 멜링	주니어김영사
유치원에 처음 가는 날	코린 드레퓌스	나탈리 슈	키다리
유치원에서 나 찾아 봐!	슈테파니 샤른베르그	슈테파니 샤른베르그	키득키득
이건 막대가 아니야	앙트아네트 포티스	앙트아네트 포티스	베틀북(프뢰벨)
이불 나라의 난쟁이들	오치 노리코	데쿠네 이쿠	베틀북(프뢰벨)
이불에 지도를 그렸어요: 오줌싸개 버릇 고칠	엘리자베스 드 랑빌리	마리알린 바뱅	시공주니어
이상한 나라에 간 파울라	파울 마르	에바 무겐탈러	시공주니어
이야기가 맨 처음 생겨난 이야기	정해왕	김상균	좋은책어린이
이야기는 이야기	안미란(박영만 원저)	오승민	언어세상(사파리)
이야기하며 동물 접기	송이현	임지윤	아이즐북스
이제 아프지 않아요: 병원에 가거나 입원했을 때	크리스토프 르 만	마리알린 바뱅	시공주니어
인어는 기름 바다에서도 숨을 쉴 수 있나요?	유다정	박재현	미래아이
임금님과 호밀빵	파멜라 엘렌	파멜라 엘렌	키다리
자린고비	정하섭	문종훈	웅진주니어
자신만만 1학년	양승현	장숙희	아이즐북스
작은 토끼 마시멜로	클레어 터레이 뉴베리	클레어 터레이 뉴베리	시공주니어
잠	재미난책보	김경복	어린이아현
잠자기 싫어요!	안나 카살리스	마르코 캄파넬라	키득키득
저마다 제 색깔	레오 리오니	레오 리오니	마루벌
저승사자가 된 강림도령	송언	정보영	한림출판사
저승에 있는 곳간	이상교	이재현	웅진씽크빅
전학 온 친구	에런 블레이비	에런 블레이비	도서출판 세용

책	글	그림	출판사
정신없는 도깨비	서정오	홍영우	보리
제왕나비와 박주가리	헬렌 프로스트	레오니드 고어	마루벌
조금만	타키무라 유우코	스즈키 나가코	한림출판사
종이 한 장	박정선	민정영	비룡소
좋은 일이 생길 거야	로즈앤 통	유진 김 닐란	노란상상
주근깨가 어때서?	줄리안 무어	르웬 팜	책그릇
주사위 던지기	프리츠 라이버, 사라 L. 톰슨	데이비드 위즈너	문학동네
지도는 언제나 말을 해	김희경	크리스티나 립카-슈타르바워	논장
진짜 헨젤과 그레텔 이야기	브리타 슈바르츠	이리스 하르트	청어람미디어
집	재미난책보	김경수	어린이아현
집이 제일 좋지?	엘리자베스 베이글리	제인 채프먼	세상모든책
징!징!징! 바이올린	로이드 모스	마조리 프라이스먼	킨더랜드
책	재미난책보	김태형	어린이아현
책	모디캐이 저스타인	모디캐이 저스타인	보물창고
책 읽기 왕	주디 시라	마크 브라운	큰북작은북
치카치카 하나 둘	최정선	윤봉선	보림
치킨 마스크	우쓰기 미호	우쓰기 미호	책읽는곰
칭찬 받고 싶어요!	레베카 패터슨	메리 리스	미래아이
카미유, 학교 가자!	피에르 크룩스	줄리 메르시에	다른세상
캥거루가 춤을 춘다고?	재키 프렌치	브루스 와틀리	키득키득
커다란 나무 그늘	장 클로드 무를르바	나탈리 노비	느림보
커다란 순무	이모토 요코(러시아 민화 원작)	이모토 요코	여명미디어(삼성당)
케이티가 그랬어!	로리앤 시오메이즈	로리앤 시오메이즈	맹앤앵

책	글	그림	출판사
코끼리의 등	아키모토 야스시	아미나카 이즈루	보물상자
콩닥콩닥 콩닥병	서민정	서민정	사계절
쾅쾅 따따 우탕이네	정지영, 정혜영	정지영, 정혜영	웅진주니어
쿵쿵쿵	훠테메 마쉬하디 로스탐	아푸러 노바허르	큰나
크리스마스 전에 꼭 말해야 해!	고여주,위혜정	윤희동	휴이넘
큰 늑대 작은 늑대	나딘 브룅코슴	올리비에 탈레크	시공주니어
클라라의 환상 여행	에릭 로만	에릭 로만	뜨인돌어린이
키 크기, 준비 땅!	소피 파이퍼	조지 버키트	큰북작은북
키 한 뼘, 마음 두 뼘	로마나 바스데쿠	벤자민 쇼드	파인앤굿
타샤의 열두 달	타샤 튜더	타샤 튜더	윌북
태어날 아기는 어떤 색깔일까?	아들린 이작	안느 크라에	미래아이
태키의 신나는 모험	헬렌 레스터	린 먼싱어	중앙출판사
텔레비전 없으면 못 살아!?	글렌 맥코이	글렌 맥코이	미세기
토끼 뻥튀기	정해왕	한선현	길벗어린이
토끼 인형의 눈물	사키이 코마코	사키이 코마코	웅진주니어
투명 인간이 되다	잔니 로다리	알렉산드로 산나	파랑새어린이
편식 대장 냠냠이	미�첼 샤매트	호세 아루에고, 아리안 듀이	보물창고
포인세티아의 전설	토미 드 파올라	토미 드 파올라	비룡소
피터와 늑대	로리오트	요르크 뮐러	비룡소
필로 판즈워스 이야기	캐슬린 크럴	그레그 카우치	봄나무
핑계는 이제 그만	웨인 W. 다이어, 크리스티나 트레이시	스테이시 헬러 버드닉	나무생각
하나, 둘, 셋, 치-즈!	로렌 차일드		국민서관
하나뿐인 우리 동네	마크 하쉬먼, 바바라 개리슨	바바라 개리슨	JCR KIDS

책	글	그림	출판사
하늘을 날고 싶은 공주	플로렌스 패리 하이드	레인 스미스	내인생의책
하늘천 따지 가마솥에 누룽지	이상교	신세정	중앙출판사
하얀 공주 수가 사랑에 빠졌어요!	마크 킴볼 몰튼	캐런 힐러드 굿	예꿈
하지 마 형제	이소민	이소민	문학동네
한 조각의 꿈	플로랑스 랑글로와	플로랑스 랑글로와	파인앤굿
한글 우리말을 담는 그릇	남경완	정성화	책읽는곰
한나의 여행	사라 스튜어트	데이비드 스몰	비룡소
할까 말까?	김희남	윤정주	한솔수북
할머니와 고양이	패트리샤 폴라코	패트리샤 폴라코	보물창고
할아버지는 1학년	에마뉘엘 부르디에	엘렌 조르주	문학동네
할아버지의 벚꽃 산	마쓰나리 마리코	마쓰나리 마리코	청어람미디어
해를 품은 씨앗에게	수잔 마리 스완슨	마거릿 초도스 어빈	시공주니어
해와 달이 된 오누이	김성민	김성민	사계절
헨리의 자유 상자	엘린 레빈	카디르 넬슨	뜨인돌어린이
데이글로 형제	크리스 바턴	토니 퍼시아니	문학동네
형보다 더 커지고 싶어	스티븐 켈로그	스티븐 켈로그	비룡소
호랑이와 고양이는...	오시마 에이타로	오시마 에이타로	우리아이들(북뱅크)
호박에는 씨가 몇 개나 들어 있을까?	마거릿 맥나마라	G. 브라이언 카라스	봄나무
혹부리 할아버지	송언	이형진	국민서관
황금률	아일린 쿠퍼	가비 스비아트코브스카	두레아이들
훌러덩	나카가와 히로타카	후지모토 토모히코	뜨인돌어린이
흔들흔들 다리 위에서	기무라 유이치	하타 코시로	청어람미디어

02 부모와 교사를 위한 책

책	글	옮김	출판사
0-48개월꼭 읽어줘야 할 그림책	김희정		SEEDPAPER
2016 추천도서목록	학교도서관 도서추천위원회		학교도서관저널
교실 밖 아이들 책으로 만나다	고정원		리더스가이드
그림으로 읽는 아이들 마음	나카니스 요시오	김장일	사계절
그림책	최윤정		비룡소
그림책 골라주는 엄마	정종민 (이수경 사진)		이담
그림책 사냥을 떠나자	이지유		미래M&B
그림책 상상 그림책 여행	천상현, 김수정		안그라픽스
그림책에 흔들리다	김미자		낮은산
그림책 읽어주는 엄마	왕배정	이선애	한언
그림책 작가의 이해	서정숙, 김주희, 남규, 김유정, 최은영, 유은석		창지사
그림책 태담	김주희 (김미선 그림)		한울림
그림책, 읽어 주세요	조준영		웅진
그림책, 해석의 공간	이성엽		마루벌
그림책365	학교도서관 도서추천위원회		학교도서관저널
그림책과 예술교육	현은자, 강은지, 변윤희, 심향분, 최경		학지사
그림책미술놀이	김은숙		부즈펌
그림책에서 이야기책까지	와키 아키코	홍성민	현문미디어
그림책에게 배웠어	서정숙		샘터
그림책 육아 어떻게 시작할까	문윤희		샘터
그림책으로 읽는 아이들 마음	서천석		창비

책	글	옮김	출판사
그림책은 재미있다	다케우치 오사모	양미화	문학동네어린이
그림책을 보고 크는 아이들	이상금		사계절
그림책을 보는 눈	마리아 니코라예바, 캐롤 스콧	서정숙, 고선주, 송정	마루벌
그림책을 읽자 아이들을 읽자	최은희		우리교육
그림책의 모든것	마틴 솔즈베리, 모랙 스타일스	서남희	시공아트
그림책이 내게로 왔다	김상욱 외 춘천교대 아동문학교육연구소		상상의힘
그림책 족보	황경숙		마음상자
글쓰기 어떻게 가르칠까	이오덕		보리
나만의 특별한 그림책 만들기	한혜수 (김소영 그림)		풀과바람
날마다 달마다 신나는 책 놀이터	이숙현, 이진우		행복한아침독서
내 아이가 책을 읽는다	박영숙		알마
내 아이가 책을 좋아하게 하려면	곽정란		차림
내 인생과 글쓰기	윤구병 외 7명		작은책
내 인생의 성장소설	강애라 외		학교도서관저널
놀며 배우는 행복한 텃밭 놀이터	김심환, 이선미		노란우산
놀이로 배우는 자연-자연놀이	주셉 R. 쿠넬		현암사
놀이터 생각	귄터 벨치히	엄양선, 베버 남순	소나무
뇌가 좋은 아이	신성욱		마더북스
누리과정에 기초한 그림책을 활용한 주제중심 통합활동	양연숙, 송진영, 김윤경		신정
대한민국 짝짝 짝짝짝	인간성회복추진위원회		여명미디어
독서 지도 방법	Irwin`Baker	한철우	교학사
독서교육의 이론과 방법	신헌재`권혁준`우동식`이상구 편저		박이정
독서를 좋아하는 아이로 가르치기 위한 50가지 방법	캐시.A.제일러		문원

책	글	옮김	출판사
동물원 동물은 행복할까?	로브 레이들로	박성실	책공장더불어
동화, 이렇게 보세요	어린이도서연구회		웅진닷컴
마주이야기, 아이는 들어주는 만큼 자란다	박문희		보리
만화가 담아내는 세상	김낙호		학교도서관저널
매일매일 일어나는 독서의 기적	게일 보시, 조안 모저	윤예닮	파라주니어
보다, 읽다, 사귀다	박숙경		창비
삐딱한 글쓰기	안건모		보리
사막의 꽃	와리스 디리, 캐틀린 밀러	이다희	섬앤섬
산동네 공부방, 그 사소하고 조용한 기적	최수연		책으로여는세상
살아 있는 글쓰기	이호철		보리
선생님, 우리 그림책 읽어요	강승숙 (노익상 사진)		보리
세상을 향기롭게 만드는 배려 33가지	김은숙		영림카디널
소설이 묻고 과학이 답하다	민성혜 (유재홍 감수)		갈매나무
소설처럼	다니엘 페나크	이정임	문학과지성사
소중한 것들은 언제나 내 곁에 있다	김미선	김미선	청하
소중한 것은 사라지지 않는다	작은것이아름답다		마가을
수업중 15분 행복한 책읽기	도날린 밀러	정수안	다른
숲 유치원	장희정		호미
시작하는 그림책	박은영		청출판
시정신과 유희정신	이오덕		굴렁쇠
신나는 책놀이터	이숙현, 이진우		행복한아침도서
신나는 프로젝트 학습	정준환		상상채널
아동문학 입문	이원수		소년한길

책	글	옮김	출판사
아동문학과 비평정신	원종찬		창작과 비평사
아동문학론	릴리언 H. 스미스	김요섭	교학문학사
아동문학의 쟁점	원종찬		창비
아들, 제대로 알고 잘 키우기	카나모리 우라코 외 (김정숙 그림)	김숙	북뱅크
아름다운 삶, 아름다운 도서관	전국학교도서관담당교사		우리교육
아빠와 함께 그림책 여행	이루리		북극곰
아이들은 놀이가 밥이다	편해문		소나무
아이들은 어떻게 성장하는가	호머 레인	김영란	민들레
아이들은 이야기밥을 먹는다	이재복		문학동네
아이보다 더 아픈 엄마들	신의진		중앙M&B
아이와 통하는 부모는 노는 방법이 다르다	로렌스 J. 코헨(앙꼬 그림)	이주혜	양철북
아이와 함께 꼭 가봐야 할 박물관여행 101	길지혜		어바웃어북
아이의 영혼을 깨우는 특별한 놀이 50가지	페기 J 젠킨스	이승현	한문화
아침독서의 이상과 실천	하야시 히로시	가미야마 미나코, 홍이표	행복한아침독서
어느 게으름뱅이의 책읽기	이권우		한국출판마케팅연구소
어린이 그림책의 세계	마쓰이 다다시	이상금	한림
어린이 문학의 즐거움 1~2	페리 노들먼	김서정	시공주니어
어린이와 그림책	마쓰이 다다시	이상금	샘터
언제가 너도	앨리슨맥기 (피터 레이놀즈 그림)	김경연	문학동네
엄마 아빠, 나 정말 상처받았어!	이호철		보리
엄마, 이럴 땐 이런 동화를 드려 주세요	게를린데 오르트너	김경연	사계절
엄마가 읽어주어야 할 그림책은 따로 있다	심정민		중앙Books
엄마랑 아이랑 책에서 해답 찾기	김은정		신인문사

책	글	옮김	출판사
엄마와 나	박기범		보리
옛 아이들의 노래와 놀이 읽기	편해문		박이정
옛날 옛적에	막스 뤼티	김경연	길벗어린이
옛이야기 들려주기	서정오		보리
옛이야기와 어린이책	김환희		창비
옛이야기의 매력 1~2	브루노 베텔하임	김옥순, 주옥	시공주니어
우리 그림이 신나요 1, 2	이호신 엮음		현암사
우리 동화 바로 읽기	이재복		한길사
우리 문장 쓰기	이오덕		한길사
우리 반 일용이	김숙미 외	한국글쓰기교육연구회	양철북
우리 아이, 책 날개를 달아주자	김은하		현암사
우리 아이가 눈을 맞춰요	신영미, 정창교		롱셀러
우리 이렇게 놀아요	편해문, 놀이와 노래연구모임 '놀래?!' (소복이 그림)		소나무
우리글 바로쓰기 1~3	이오덕		한길사
우리나라 전래동요, 동시	김원석 (이한중 그림)		파랑새어린이
우리동네 어린이도서관 101% 활용법	김명하		봄날
우리아이에게 책날개를 달아주자	김은하		살림
웰컴 투 그림책 육아	전은주		북하우스
위로의 그림책	박재규 (조성미 그림)		지콜론북
유아교사의 그림책읽어주기	Sipe	서정숙	창지사
유아문학교육	서정숙, 남규		창지사
이수지의 그림책	이수지		비룡소
읽어주는 엄마 철학하는 아이	제나모어론	강도은	한권의책

책	글	옮김	출판사
잃어버린 육아의 원형을 찾아서	진 리들로프	강미경	양철북
자연의 밥상에 둘러 앉다	윤구병		휴머니스트
좋은 그림책의 기본	권승희		미진사
좋은 부모가 되기 위해 떠나는 10단계 여행	레이 턴불	장명숙	한울림
좋은 부모의 시작은 자기 치유다	비벌리 엔젤 글	조수진	책으로 여는 세상
즐거운 논학교	우네 유타카 (가이하라 히로시 그림)	이은선	열음사
지리 세상을 날다	전국지리교사모임		서해문집
창가의 토토	구로야나기 테츠코 (이와사키 치히로 그림)	김난주	프로메테우스
책 읽는 교실	여희숙		파란자전거
책 읽는 뇌	매리언 울프	이희수	살림
책 읽어주는 할머니	김인자 (이진희 그림)		글로연
책.어린이.어른	폴 아자르	햇살과 나무꾼	시공주니어
책벌레 선생님의 행복한 책읽기	권일한		우리교육
첫 아이 학교 보내기	주승준 (박경진 그림)		보리
쿠슐라와 그림책 이야기	도로시 버틀러	김중철	보림
판타지 동화 세계	이재복		사계절
프로젝트로 꽃피는 자율교육	기노쿠니어린이마을학원	김은산	우리교육
하루 15분그림책 읽어주기의 힘	김영훈		라이온북스
행복한 엄마 다른 별 아이	별이엄마		시아
행복한 책읽기	즈느비에브 파트	황선희	재미마주
현명한 아이로 키우는 독서 육아법	멤 폭스	공경희	중앙M&B
희망의 이유	제인 구달	박순영	궁리

참고문헌

강보경(2013). 그림책을 활용한 통합미술교육 프로그램이 유아의 창의적 표현에 미치는 영향: 만5세 누리과정을 중심으로.
　　　이화여자대학교 교육대학원. 석사학위청구논문.

권승희(2004). 좋은 그림책의 기본. 서울: 미진사.

권영례, 이영자(2010). 유아교육기관운영. 서울: 한국방송대학교 출판부.

교육과학기술부(2012). 누리과정 교사용지도서. 1-11.

교육과학기술부, 보건복지부(2013). 3-5세 연령별 누리과정 해설서.

김덕희, 류진순, 이상은(2010). 유아문학 교육의 이론과 실제. 서울: 동문사

김명화, 천혜경, 김세루. (2012). 역사동화를 활용한 교육활동이 유아의 리더십과 대인문제해결력에 미치는 효과. 어린이문학
　　　교육연구, 13(1), 247-266.

김민선(2015). 유아교사의 전문성 인식과 직무스트레스가 교사-유아상호작용에 미치는 영향. 덕성여자대학교 교육대학원 석
　　　사학위청구논문.

김영옥, 홍혜경, 이현경, 이규림(2014). 마음씨앗 가꾸기. 서울: 다음세대

김유나(2013). 돌봄 사회서비스 종사자의 감정노동이 소진에 미치는 영향에 관한 연구-일 가치감 및 조직지원인식의 조절효
　　　과 분석. 한국사회복지조사연구, 37(단일호), 123-148.

김정미(2008). 부모와 교사를 위한 반응성교수 교육과정. 서울: 학지사.

김정미(2009). 영유아의 모-아 상호작용과 중심축 발달행동과의 관계 분석. 유아특수교육연구, 9, 143-162.

김정미, Mahoney(2013). RT부모교육: 영유아 반응성 상호작용 중심. 서울: 창지사.

김현자, 조미영, 김가웅, 노희연, 서화니(2015). 아동문학. 서울: 창지사

김혜금(2010). 보육시설 유형과 이용시간에 따른 취업모의 취업에 대한 태도 및 보육서비스 질에 대한 인식. Family and
　　　Environment Research, 48(7), 111-118.

김희정(2015). 0-48개월 꼭 읽어줘야 할 그림책. 서울: 시드페이퍼

노운서, 노명희, 김명화, 백미열, 2013. 아동문학. 파주: 양서원

맹지나(2010). 그림책을 활용한 나눔교육 활동이 유아의 나눔에 대한 인식과 친사회적 행동에 미치는 영향. 이화여자대학교
　　　교육대학원 석사학위 청구논문.

마쓰이 다다시(2012). 어린이와 그림책(이상금 역). 서울: 샘터.

박춘희(2013). 동화를 통한 나눔 교육 활동이 유아의 친사회적 행동에 미치는 영향. 가천대학교 교육대학원 석사청구논문.

변윤희, 현은자(2004). 그림책을 활용한 유아예술교육 프로그램이 유아의 창의성에 미치는 효과. 유아교육연구, 24(5), 311-335.

백선미, 임선아(2015). 교사용 유아 인성 평가척도 개발 및 타당화. 교육학연구, 53(3).

서정숙(2011). 유아교사의 그림책 읽어주기: 유아의 문학적 이해 및 문학교육. 서울: 창지사.

서정숙, 김정원(2008). 유아문학교육 프로그램. 서울: 창지사.

서정숙, 남규(2010). 유아문학교육. 서울: 창지사.

서천석(2016). 그림책으로 읽는 아이들 마음. 서울: 창비

신설아(2011). 감각그림책 탐색에 그리기 활동에서 나타나는 유아의 그림 표현 및 언어표현. 한국교원대학교 대학원 석사학위
　　　청구논문.

안연옥(2004). 동화를 활용한 그리기 표현과 유아의 말하기 능력에 관한 연구. 경남대학교 교육대학원 석사학위청구논문.

양연숙, 송진영, 김윤경(2015). 그림책을 활용한 주제중심 통합교육. 서울: 신정.

엄미리, 조윤경(2013). 반응성 교수 교사교육이 교사의 주도행동과 발달지체 유아의 중심축 행동에 미치는 영향. 유아특수교육연구, 13, 173-199.

이규림(2013). 인성 동화를 활용한 철학활동이 유아의 언어능력과 친사회적 행동에 미치는 영향. 어린이문학교육연구, 14(4), 355-373.

이기숙, 김정원, 이현숙, 전선옥(2008). 영유아교육과정. 고양: 공동체.

이상금, 장영희(2001). 유아문학론. 서울: 교문사.

이상영(2014). 직장어린이집 물리적 환경에 대한 사업주와 원장 간의 인식비교. 숙명여자대학교 교육대학원 석사학위청구논문.

이승민(2015). 생태그림책을 활용한 동극활동이 유아의 행복감과 환경친화적 태도에 미치는 영향. 한국유아교육학회, 15(1), 494-494.

이차숙(2013). 그림책 코드 변화에 따른 그림책 읽기 지도 방법 탐색. 미래유아교육학회지, 20(4), 73-94.

정옥분(2012). 영아발달. 서울: 학지사.

조형숙, 박성혜, 박은주(2010). 생태 그림책으로 만나는 자연. 서울: 다음세대.

최영식(2010). 공공기관 직장보육시설 실내 공간 구성에 관한 연구. 청소년시설환경, 8(3), 89-99.

현은자, 강은진, 변윤희, 심향분(2007). 그림책과 예술교육. 서울: 학지사

현은자, 박현경, 장시경, 연혜민(2010). 유아교육기관에서의 교사보조 로봇에 대한 유아의 경험과 인식. 아동학회지, 31(1), 267-282.

Bjorhovde, P. O.(2002). Teaching philanthropy to children: Why, how, and what. *New directions for philanthropic fundraising, 2002*(36), 7-20.

Gestwicki, C. (2007). Developmentally appropriate practice: curriculum and development in early childhood. 3th edition. Thomsondelmarlearning.

MacDonald, J., & Grillette, Y.(1986) Communicating with persons with severs handicaps: Roles of parents and professionals. *Journal of the Association of Severe Handicaps, 11*(4), 255-265.

Mahoney, G.(2009). Relationship Focused Intervention(RFI): Enhancing the Role of Parents in Children's Developmental Intervention. *International Journal of Early Childhood Special Education, 1*(1).

Mahoney, G., & MacDonald, J.(2007). *Autism and developmental delays in young children.* United States of America: Pro-ed.

NAEYC(2007). http://www.naeyc.org

OECD(2014). http://www.oecd-ilibrary.org

Spodek, B.(1992. 7.31.~8.1). "유아교육 프로그램의 평가". 한국어린이 교육협회 주최 1992년도 하기 워크숍 교재. 유아교육 활동은 어떻게 선택하며 전개할 것인가 서울: 한국어린이육영회.pp 73~85.

Ward, D., Hales, D., Haverly, K., Marks, J., Benjamin, S., Ball, S., & Trost, S. (2008). An instrument to assess the obesogenic environment of child care centers. *American Journal of Health Behavior, 32*(4), 380-386.

한솔교육희망재단 중점 프로그램

도담뜰

펴낸이	한솔교육희망재단
전화	02-2001-5377 **팩스** 02-2001-5406
전자우편	hansol@hansolhope.or.kr
홈페이지	http:// www.hansolhope.or.kr

발행처	도서출판 나눔사
발행인	이충석
주소	서울특별시 은평구 은평터널로7가길 20. 303(신사동 삼익빌라)
전화	02)359-3429 **팩스** 02)355-3429
등록번호	2-489호(1988년 2월 16일)
전자우편	nanumsa@hanmail.net

발행일	2016년 6월 15일

ⓒ 한솔교육희망재단
ISBN 978-89-7027-186-6 73370

값 18,000원